多元觀點下清代法制

Legal system of Qing Dynasty
Diverse perspectives

陳惠馨 著

自　序

　　這本書延續我在2012年出版並在2014年再版《清代法制新探》一書研究脈絡；企圖透過多元觀點的研究視野重現清代法制的整體可能面貌。本書共分為十章；內容從《大清律例》出發，擴張到有關《欽定吏部則例》、《欽定戶部則例》及《欽定禮部則例》等清朝重要法規範分析。讀者從各章標題可以瞭解我對於清代法制研究提問與思考脈絡。

　　這十章標題包括：第一章清朝整體法制的面貌——一個需要被解開的謎；第二章儒家思想與清朝法制的模糊曖昧關係；第三章清朝十惡制度與儒家經典的關係；第四章透過《大清律例》與《吏部則例》再現清朝法規範整體面貌；第五章清朝財產制度的設計——以住房及田土相關法規範為例；第六章《欽定戶部則例》規範的蠲卹制度；第七章《欽定禮部則例》規範的宗教；第八章《大清律例》對於人民宗教信仰之管制；第九章清朝末年以來中國社會法律變遷——亞洲與歐洲法律交流以及第十章清朝法律制度在當代台灣的延續與斷裂。

　　當我在2014年9月開始構思本書架構時，原以為既然在三年前已經有完成第一本清朝法制研究成果的出版經驗；而且這本書主要彙整過去幾年來，有關清朝法制研究多篇論文成果出版；那麼這應該是一件容易完成的工作。沒有想到，這本書撰寫過程比我想像更為煎熬與困難。究竟要如何安排各章的結構一直無法定案。最後我理解到無法有滿意結構安排，主要因為我對於清朝法制整體面貌與時代背景掌握不足。為了降低不安感，2015年過年期間，我開始閱讀清朝皇帝實錄及大清會典相關史料。現在，雖然依舊覺得還沒有能力掌握清朝法制全貌。但是，透過閱讀史料，逐漸進入比較篤定書寫狀態。

　　2015年2月開始重新書寫並架構這本書內容，歷經四個多月持續的工作，終於完成這個工作。這本書，主要修改曾經發表過的論文並增加一些新的主題，例如第四章從《大清律例》與《吏部則例》再現清朝法規範整體面

貌；這篇論文也將在今年（2015年）6月於北京清華大學法學院《大清律例》國際研討會發表。

在本書即將出版之際，我特別要感謝過去二十年來，帶領我進入中國法制史研究大門的張晉藩教授及他所帶領中國政法大學法律史研究所團隊成員們，包括朱勇教授、張中秋教授及劉廣安教授等，以及協助我參與中國政法大學舉辦各項法制史相關會議的丹東老師與小劉老師。另外，有機會與高浣月教授、王宏治教授、郭成偉教授、李祝環教授、劉建渝教授及林乾教授等以及2011年認識田濤教授的對話，讓我對於中國法制史，尤其是清朝法制研究有更多元思考角度。

這本書中許多觀點與史料都是透過跟中國政法大學及在大陸其他大學進行法制史研究教授們對話而得到的靈感，由於人數眾多我無法一一列出他們的名字。但，其中我特別要感謝李貴連教授、周東平教授、蘇亦工教授、趙曉耕教授、馬小紅教授、朱騰教授、何勤華教授、范忠信教授、陳景良教授、徐世虹教授，徐忠明教授及杜金教授等。由於在各種有關法制史會議中，聆聽大家的發言，開啟我研究並思考清朝法制面貌各種想法與靈感。

當然，如果不是有機會跟台灣的張偉仁教授、黃靜嘉律師、高明士教授、戴東雄教授、那思陸教授、黃源盛教授、陳登武教授、陳俊強教授等，透過唐律讀書會或私下的對話，中國法制史的研究對我而言將是僅是法學觀點的關注，因為當代法學研究者很少以這個領域作為研究志業；透過跟他們交流讓我有史學研究視野。我更要感謝研究明代法制邱澎生教授與研究清朝法制賴慧敏教授，他們兩人無私提供許多研究史料與研究觀點並與我討論，讓我在清代法制研究可以超越法學觀點，有更多元面研究角度與方法。

在這本書出版之際，我更要向多年來跟我一起進行法制史研究的學生們致意。過去20年來，這些跟我進行法制史研究書寫論文或前來旁聽課程學生們對於中國法制史研究熱情與創意，讓我不斷得到刺激，並透過跟他們的對話開啟更寬廣思考路徑。這些學生包括梁弘孟教授、李玉璽教授、黃聖棻律師、張益祥博士生、洪屏芬律師、陳郁如博士、世偉博士生以及政大在職專班碩士李萬晉博士及黃偉倫建築師等人。而讓我不捨的是2014年益祥突然因病過世；益祥的碩士論文《清代民間買賣田產法規範之研究—以官方表述為中心》對於清朝田土相關法律制度的研究具有重要發現，並對我的研究有重

要啓發與意義。他關於清末司法與法學教育改革博士論文因爲早逝而無法完成。他的早逝是法制史學界重大損失，也留給親友們無限的不捨與哀傷。

我還要感謝這兩年來參加我開設之法制史專題研究課程並擔任我研究計畫助理：侑儒同學與孟如同學以及其他參與課程同學們。透過跟學生們在法制史研究課程、研究計畫或論文書寫過程討論，讓我在清代法制研究思考上越來越深入與具體。

我更要在本書中感謝台北大學文獻學畢業的陳重方碩士。重方同學在2011年到政大法學院參與我跟王曉丹教授與來自北京的梁治平教授開設「法律與文化」課程。重方同學後來持續參與我的課程並提供各種新法制史研究史料與資訊。這些史料與出版資訊讓我有機會直接透過閱讀各種原始檔案，瞭解傳統中國法制面貌。而跟政治大學法學院法制史專題的同學們，一起閱讀並研究清代的《欽定吏部則例》或《欽定戶部則例》的過程，豐富了我這本書許多內涵與角度。

作爲一個法學研究者，我持續對於明、清法律制度研究維持著高度好奇與興趣。我的好奇與興趣主要來自法律科學的專業迷惑。一方面，如何再現明朝與清朝法律制度完整性與多元性面貌，對於當代法律科學研究者是一個強大的挑戰；另外一方面，從法學理論與法哲學角度，找出清朝這樣一個體系完整，幾乎沒有規範縫隙的法律體制，卻在二十世紀末，逐漸自動或被迫退出世界法律舞台歷程的背後原因，對於當代法學知識與理論具有重要信息及重大意義。

這本書出版之後，我期待自己持續進行明朝與清朝法律制度研究與思考。我在2014年9月有機會前往香港中文大學參加澎生教授與永堅教授舉辦「明清法律與社會變遷」學術會議，開啓我對於明朝與清朝法律變與不變研究好奇。另外，在2013年年底，在台灣中央研究院明清史研討會作爲潘敏德教授《刑案匯覽》論文評論者，讓我得到對於清朝相類似審判檔案研究新觀點與新啓發。我期待在未來又更多類似機會讓我可以跟法制史研究同好一起進行有關中國傳統法制研究的討論與辯論。

藉著本書的出版，我想邀請不同地區進行傳統中國法制研究的每個人，不僅僅是法律人，一起共同思考，如何在繼受外國法律體制一百年之後，重新回看傳統中國社會曾有的法規範結構與內涵。本書作者認爲唯有當不同地

區華人社會開始反思自己當代社會法律體制應該如何發展時，才有可能創造一個融合自己社會傳統法規範體制與過去百年繼受或移植自外來國家或社會法規範體制的價值與精神之新法規範體制。

　　作為一個法規範研究者，本書作者認為研究清朝法制是二十一世紀中國文化影響地區學者（尤其是史學者與法學者）的必要使命。研究者需要從法規範史、法裁判史與法社會史或者法律與語言、法制度史以及法律與文化觀點，分析清朝法制。當代法制研究者一定要用具有主體性批判與反思觀點，在許多人共同合作下，從法規範理論分析清代法制與西方歐陸法律體制。唯有從法規範基本架構、原理、原則與具體的法規定與結構以及法規範與其他規範對於社會的影響與效力等角度出發，進行比較並藉此瞭解法規範對於不同法文化與不同地區人民的可能影響，才有可能真正理解清代法制整體面貌並理解清代或傳統中國法律體制跟西方或其他文化法規範體系在制度設計與實際操作面向的相同與相異之處。

　　在數位時代的來臨，當代的人想要研究清朝法制相對簡單。許多清朝法制相關史料在許多不同電子資料庫提供者努力下，在網路世界容易取得。本書作者在此特別要感謝中國哲學書電子化計畫，中國社會科學網網站，東京大學東洋文化研究所《漢籍善本全文影像資料庫》以及日本寺田浩明教授網頁《讀例存疑》提供的史料。沒有他們的努力，研究清朝法律整體面貌不可能如此愉悅與方便。

　　最後我還是要利用本書的出版感謝我的家人，他們陪伴我並讓我有很大空間遨遊於學術生活並進行創作。忠華不斷提供社會理論與當前政治與社會的觀察，開闊我在法制史研究觀點與視野；跟他的對話，讓我隨時在思考與研究中前進。

陳惠馨

2015年6月22日於涵碧園

目錄 | CONTENTS

第一章　清朝整體法制的面貌
　　　　——一個需要被解開的謎 ················· 001

一、前言 ······································· 001
二、研究清朝整體法制面貌對於當代華人社會的意義 ······· 002
三、清末變法讓清朝法制在歷史中消失了嗎?
　　——一個法理學與法社會學的提問 ·············· 004
四、結論 ······································· 008

第二章　儒家思想與清朝法制的模糊曖昧關係 ··········· 011

一、前言 ······································· 011
二、儒家思想有關君臣、夫妻及父子三綱關係論述不必然
　　引出十惡制度 ································· 013
三、四書:《論語》、《孟子》、《大學》及《中庸》
　　有關三綱關係論述 ····························· 016
四、結論 ······································· 029

第三章　清朝十惡制度與儒家經典的關係 ·············· 031

一、前言 ······································· 031
二、清朝《大清律例》規範的「十惡」制度 ············ 032

三、清朝牽涉十惡犯罪及凌遲處死執行情形 035

四、牽涉「十惡」並遭凌遲的案件 038

五、清朝透過《欽定禮部則例》強化人民對於三綱關係的
認同 044

六、繼受或移植西方法律制度百年之後，如何重新詮釋
儒家思想 053

七、當代華人社會如何融合儒家思想與當代移植於外國的
法律體系 056

八、結論 059

**第四章　透過《大清律例》與《吏部則例》再現清朝法
規範整體面貌** 061

一、前言 061

二、清朝法規範體系可能整體面貌：多樣性與多元性 063

三、《大清律例》與《吏部則例》關係 070

四、結論 080

**第五章　清朝財產制度的設計——以住房及田土相關法
規範爲例** 083

一、前言 083

二、近代歐陸有關「財產觀念」的論述與規範—以德國
爲主 086

三、清朝統治下的財產制度—延續明朝體系並加以修正 090

四、從清朝人民的「契」內容分析清代私人間財產關係

　　　　圖像 ……………………………………………… 102

　　五、清朝政府在人民買賣、典當田土過程的角色：
　　　　透過「契尾」確認徵稅 ……………………… 109

　　六、結論 ……………………………………………… 113

第六章　《欽定戶部則例》規範的蠲卹制度 ……… 117

　　一、前言 ……………………………………………… 117

　　二、清朝《欽定戶部則例》的版本與變化—以乾隆朝
　　　　為例 ……………………………………………… 119

　　三、何謂「蠲卹」制度—分析乾隆四十一年
　　　　《欽定戶部則例》相關規定 ………………… 120

　　四、清朝「恩蠲制度」的法規範與實踐 ………… 123

　　五、清朝《欽定戶部則例》蠲卹門有關災蠲與矜卹規範 … 136

　　六、清朝蠲卹制度與當代德國社會法法典體系比較
　　　　—談法律史比較方法 ………………………… 140

　　七、結論 ……………………………………………… 143

第七章　清朝法規範下的宗教活動──以《欽定禮部
　　　　則例》爲中心 ……………………………… 145

　　一、前言 ……………………………………………… 145

　　二、馬克斯・韋伯對於中國宗教的論述值得商榷 … 146

　　三、西方社會學者關於何謂宗教討論 …………… 148

　　四、清朝《欽定禮部則例》有關祭祀制度規定—以祭祀
　　　　通例為例 ………………………………………… 153

五、《欽定禮部則例》直省壇廟祠祭祀規定 ················ 162

六、結論 ·· 168

第八章　《大清律例》對於人民宗教信仰之管制 ······ 169

一、前言 ·· 169

二、宗教、政治與法律關係─比較德國與中國傳統社會 ···· 170

三、清朝有關人民信仰管理與限制規定 ························· 173

四、結論 ·· 182

第九章　清朝末年以來中國社會法律變遷──亞洲與
歐洲法律交流 ··· 185

一、前言 ·· 185

二、繼受外國法一百多年之後，亞洲與歐洲法學交流
現況 ··· 186

三、光緒二十八年（1902年）清朝學習西方刑法、
民法與商法歷程 ·· 189

四、光緒三十三年（1907年）清朝憲政編查館角色 ··········· 194

五、清朝憲政編查館收集德國、英國及日本有關憲政
相關資料 ··· 201

六、反思百年來亞洲與歐洲法律交流─以清末變法
經驗為中心 ·· 210

七、結論 ·· 214

第十章　清朝法律制度在當代台灣的延續與斷裂 ······· 217

一、前言 ·· 217

二、台灣1949到1990年戒嚴時期與動員戡亂時期的
　　法律制度 ·· 218

三、清朝區分「重罪」與「細事」審判體制以及其
　　在台灣可能延續 ·· 226

四、清朝對於第三人在審判角色設計與其在台灣訴訟
　　制度的變化 ·· 233

五、結論 ·· 239

第一章 | 清朝整體法制的面貌
—— 一個需要被解開的謎

一、前言

　　當代法制史研究者對於清朝法制討論主要圍繞在《大清律例》[1]。本書作者在過去幾年來，利用已經出版的清朝各部會則例以及各種網路資源，例如中國哲學書電子化計畫收藏之法規範與案例史料，以及東京大學東洋文化研究所整理《漢籍善本全文影像資料庫》等，開始認識到清朝整體法制多元面貌；也因此對於清朝法制研究與分析不再侷限在《大清律例》，而是嘗試從清朝不同層次法規範檔案中去認識清朝整體法制面貌[2]。例如，透過乾隆朝《欽定大清會典則例》與光緒朝的《欽定大清會典》瞭解清朝法規範多元面向並瞭解清朝的法規範體系與內涵變遷；透過《刑案匯覽》、《駁案新編》等瞭解到清朝，尤其是《大清律例》在實際運作時面向[3]。除此之外，透過故宮博物館所出版清朝之則例；楊一凡教授出版之清朝各地方檔案、省級法規範，本書作者也因此注意到清朝法制非常注重不同層級官員（省、府、縣層級官吏以及負責漕運、鹽政或織造事務官員）在進行統治管理時，法規範設計與實踐之關係。而不同地方層

1　參考張晉藩，《中國法律的傳統與近代轉型》，法律出版社，1997，頁216-226；何勤華，《中國傳統律學述要》，北京，商務印書館，2004，頁398-505；本書作者陳惠馨在2012年出版的《清代法制新探》也是以《大清律例》為主要討論對象，2014年8月，第二版，頁97-168。

2　當代越來越多研究者開始反思，將《大清律例》做為中國主要或甚至唯一法制的盲點；例如艾永明教授提出，中國法系並非以刑為主；參考艾永明，《保守視野下的中國傳統法律文化》，台北，元照，2012，頁3-16。

3　哲學書電子化計畫的網頁及漢籍善本全文影響資料庫，請參考網站：http://ctext.org/zh及http://shanben.ioc.u-tokyo.ac.jp/，上網日期：2015年1月9日。

級法制史料，例如省例、各種縣級審判檔案以及不同層級官員所寫的各種官箴書，也讓人看到整體清朝法制面貌與運作機制。

　　本書作者認為在二十一世紀的今日，透過各種清朝新出版之法規範與審判檔案等相關史料之出版，清朝整體法制面貌需要被以新的觀點與視野重現並審視。本書將從法學的觀點，從目前各種清朝法規範相關資料中去描繪清朝整體法制面貌。由於清朝法規範系統非常複雜與多元，個別研究者無法完成此一任務，因此，本書主要在於拋磚引玉，希望引發更多人一起重新描繪清朝整體法制可能面貌。

　　本書作者在多年來研究與閱讀清朝法制相關資料後，認為透過《大清律例》確實是認識清朝法制之重要途徑之一；但是清朝統治者並非僅靠《大清律例》統治中國。清朝整體法制之面貌具有多元性且系統之複雜超越想像。透過《大清律例》僅能認識清朝法制之部分面貌。作為一個清朝法制研究者，本書作者不禁要問：究竟是什麼因素讓二十世紀多數清朝法制史研究者以及二十一世紀多數學者與一般人多數認為清朝法制主要為《大清律例》？從知識論角度分析，這背後隱藏的原因為何？是一個值得進一步研究之議題。本書主要呈現作者研究清朝法制的歷程與脈絡，僅能描繪清朝整體法制的部分面貌。

二、研究清朝整體法制面貌對於當代華人社會的意義

　　2012年10月本書作者在台灣五南圖書出版《清代法制新探》一書，原以為這是一本冷門的書，不會有太多的讀者有興趣。沒想到這本書在2014年8月就再版[4]。在第二版序文中，本書作者一方面對於當代讀者對於清代法制議題的興趣與好奇感到興奮；另一方面，在書的再版序文中才對讀者說明，《清代法制新探》一書之內容還不足以呈現清代法制多樣性與系統性的面貌。

　　作為一個法學者，本書作者在2003年透過中央研究院近史所賴惠敏

─────────────────

4　《清代法制新探》一書第一版僅500本。

教授，有機會閱讀其從北京第一歷史檔案館買到之乾隆朝《刑科題本》微卷之檔案，開始對於清朝法制產生強烈好奇與興趣。在進行十多年閱讀清朝法制相關史料之後，本書作者於2012年出版《清代法制新探》一書。但，《清代法制新探》一書對於清朝整體法制的論述，明顯受到二十世紀清代法制研究成果影響；對於清朝法制的觀察與分析主要集中在《大清律例》以及跟《大清律例》有密切關係之審判文件，例如《刑科題本》或《刑案匯覽》等檔案。

　　在《清代法制新探》一書第二部分，本書作者回應清代的法律是什麼之提問時，僅著重在分析《大清律例》法典體例結構；尤其著重在有關「例」結構與變化討論；忽略對於清朝其他法規範，尤其是清朝各部會（內務府、旗人則例以及吏、戶、禮、兵與工等部）則例分析。

　　雖然作者在出版《清代法制新探》一書時，也提到清朝整體法制並不僅是《大清律例》，清朝整體的法制包含的面向比《大清律例》更廣更多元；但是《清代法制新探》一書還是沒有跳脫二十世紀多數清朝法制研究成果，以《大清律例》為核心論述清朝法制。

　　當代人或許會問，清朝法制不是在二十世紀初，隨者清朝統治者決定繼受西方法制並在中華民國於1920-40年代的立法行動中，逐漸在世界法律舞台消失了嗎？過去一百多年來，當代不同地區華人社會的法制不是已經繼受或移植歐陸（尤其是德、法）法律體制或者英、美國家法律體系了嗎？既然清朝法制已經在世界法律舞台消失，為何還需要從法學角度探討清朝法制？

　　本書作者認為作為一個當代在華人地區生活之法律人或一般人民，有必要針對清朝整體法制面貌進行研究或瞭解。因為清代法制中的某些制度與清代在法規範體制中設計的某些生命想像，至今依舊影響著華人社會。清朝法制對於當代華人社會的影響為何？可能在不同地區的華人社會各有不同，因此有必要進行研究與比較。而在進行當代不同地區華人社會的法制觀的分析與影響時，必須要先瞭解清朝法制可能整體面貌。

　　本書作者在《清代法制新探》第一章中曾經透過三個在台灣具有爭議

性的法律議題，例如死刑廢除、通姦罪除罪化以及性交易是否可以合法化等，說明傳統中國法制，尤其是清代法制對於當代台灣社會決定相關議題可能之影響，並以此說明清朝法制內在精神依舊影響並支配華人思維的可能。透過這樣的論述主要在說明清代法制研究在當代的重要意義[5]。

三、清末變法讓清朝法制在歷史中消失了嗎？──一個法理學與法社會學的提問

在本書中，本書作者企圖找出清朝整體法制之面貌，尤其嘗試對於清朝法制之分析超越《大清律例》之範圍並從清朝《欽定大清會典》、《吏部則例》、《禮部則例》、《戶部則例》或者《內務府則例》、《旗人則例》等法規範內容，分析清朝法制整體面貌並透過分析上述法規範彼此關係，說明清朝法制多樣性與多元面貌。

在進行清朝整體法制的分析之前，本書作者想從法理學、法社會學觀點分析當代人研究清朝整體法制之意義：如果清朝整體法制是多樣性與多元性命題是真的，那麼為何這樣一個多樣性與多元性的法規範體系無法在二十世紀初維持清朝之統治權？清朝為何會在二十世紀初，決定要拋棄這樣一個法律體制，學習來自遙遠西方歐陸法律體制？清朝末年以及民國以來，華人社會拋棄傳統中國法律體制的決定與過去一百年華人地區法規範體制的變遷與發展對於法學理論，或者法哲學理論的啟示意義為何？

另外，從法制史研究，值得進一步分析的是，不同地區的華人社會，在過去一百多年如何透過繼受外國法律體制，逐漸跟清朝的法制告別？在不同的生活層面，這些法規範的變遷如何進行？而從法社會學觀點也值得研究下面議題：清朝整體法律體制，在不同地區的華人社會真的已經走入歷史了嗎？如果是？他們脫離清朝法制的脈絡為何？僅透過改變法規範規定，就能改變一個社會嗎？在不同華人地區，是否在經過一百年之後，整體社會中法律制度或法律思維均已經由外來法律體制的內涵所取代？有無

5　參考陳惠馨，《清代法制新探》，台北，五南圖書，2014年8月，第二版，頁4-11。

可能，在不同地區華人社會，事實上還各自保留著某些清朝法律體制形式或價值內涵？上述這些都待更多當代法制史研究者與其他基礎法學研究者進一步研究。

　　從法社會學的角度，或許也可以進一步思考，如果清朝末年的變法確實使得原來受到清朝法律體制規範的華人地區社會法律體制跟清朝法律體制告別，那麼人類社會法律體制似乎確實僅要透過一個簡單的立法行動就有所改變嗎？究竟過去一百多年來，在不同地區的華人社會的立法與變法，以那些形式或路徑與方法，在社會中落實繼受自外國法律體制？這個繼受外國法的歷程在華人社會產生什麼樣變化與發展；而，這些發展究竟有無改變華人社會中多數人的思維與行為態度？不同地區的華人社會，是否目前已經各自發展出新法律體制並找到融合傳統法律體制與外來法律體制的方法？如果有，其更具體的結果為何？他們之間的相同與相異之處為何？都是法學上值得研究的現象。

　　當代法社會學研究者可以如何解讀或分析不同華人地區當代的法律體制？而，經過一百年，不同地區華人社會是否可能依舊還是在翻譯與學習外來法律體制歷程中？如果這樣，這種移植或翻譯外國法制的歷程還要繼續多久？法學研究者或者不同領域的研究者，可以如何分析外來法律體制對於華人社會產生什麼影響？今日不同地區的華人社會目前還存在有哪些共同核心價值嗎？這些共同核心價值是否跟我們學習的歐陸德、法或英、美地區社會核心價值是一樣的？在哪些地方我們卻又保留著傳統中國社會核心價值呢？

　　上面的提問不是任何個別研究者所能解答。但是，本書作者將嘗試透過分析清朝法制整體面貌的經驗，將個人多年來尋求答案的研究歷程跟讀者分享。本書作者認為要認識清朝法制有必要從清朝的開始與結束出發。在本書中，主要分享本書作者過去多年來思考清朝法制整體可能面貌的歷程並透過分析清朝法規範相關史料，尋找明末清初之際清朝法制的發端與後續發展以及清朝末年法規範體制的變化歷程，希望開啟讀者清朝整體法制認識之旅。

　　由於清朝的法規範資料太過龐大，除了《大清律例》之外，清朝之五朝「會典」，尤其是目前在網路上輕易可以看到之《欽定大清會典則例》、《大清會典事例》以及清朝各院、部、會「則例」的內容，都可以提供我們看到清朝法制的不同面向。究竟這些不同層次的法規範體制，其彼此的關係如何？當代法制史研究者又可以透過這些史料如何再現清朝法制整體面貌？清朝法規範的資料可以提供當代法學者哪些關於法規範理論與法哲學理論的思考？其彼此關係又為何？都需要更多研究者共同努力解開之謎。本書僅在此拋磚引玉，提出有限的個人研究成果。

　　乾隆十二年《欽定大清會典則例》提到

　　會典所載必經久常行之制，至各衙門事例有遞損遞益不可為典要者，遠則三五年，近或一二年，必當變通。若尺寸不遺一槩登載誠恐刊行未編更制已多，必有如聖諭所云紀載非實，一經指摘不覺爽然者，國家大經大法守之，官司布之。朝野百年以來，幾經考訂我皇上履中蹈和修明益備應請總括綱領載入會典，其中或間有疑似闕署尚須斟酌者則請旨取裁折至，當以垂萬世章程。若夫微文末義，縷晰條分，則吏、兵二部各有則例；禮部見纂通禮；刑部舊有律例，皆可隨時修改以適於治。其餘衙門未有則例者，即交與在館纂修分門編輯，仍照禮部原議，令各衙門委出賢能司官，專掌案冊，勿致貽悮。每修成會典一卷，即副以則例一卷，先發該衙門校勘，實無遺漏訛錯，然後進呈恭俟欽定要以 典為綱則例為目。[6]

　　上面這段話告訴我們，乾隆十二年時，會典所記載的是經久常行之制，各衙門事例有增有減，而在當時，顯然吏部與兵部各有則例；禮部則有通禮；刑部舊有律例，都是隨時可以修改，適應時代。

　　乾隆皇帝在奏摺中提到：

6　以上取自《欽定四庫全書》所收《欽定大清會典則例》，卷一，頁11，全文取自中國哲學書電子化計畫網頁，http://ctext.org/library.pl?if=en，上網日期：2015年1月10日。

　　其餘衙門未有則例者，即交與在館纂修分門編輯，仍照禮部原議，令各衙門委出賢能司官，專掌案冊，勿致貽悞。每修成會典一卷，即副以則例一卷。

　　從上面這段話可以瞭解爲何我們今日看到許多清朝各部會的則例，其編纂幾乎都完成於乾隆時代。另外，清朝在中央所設立各種不同統治機關，例如內務府、宗人府、都察院、理藩院等，其相互之間的關係爲何？透過這些不同單位之相關法規範，是否可能看出他們彼此之間權力關係？還有在京城之外，清朝外省地區不同層級之間衙門與官員關係爲何？當代法制史研究者是否能夠透過目前可見之各種省層級衙門資料，例如《福建省例》、《粵東省例》等以及清朝不同地區府、州、縣的各種官箴書與碑刻資料，更進一步瞭解清朝不同層級地方衙門法規範間層層關係？而，如何利用上述史料解開清朝整體法制面貌之謎，都是未來研究者可能進一步研究的重點。

　　除此之外，清朝的統治者對於人民生活控制或影響，僅運用當代人熟悉的法規範嗎？在法規範之外，清朝主要統治者滿人或者由滿人、漢軍與蒙古人所共同建構的統治者們，又運用了哪些機制或者哪些規範，例如習慣、風俗、道德或禮儀等，或者其他我們未知的規範與制度，以少數人統治中原地區多數漢人（民人），也都是未來研究清朝法制整體面貌時，值得尋找之答案。而，上述這些法規範或規範，究竟經由如何的途徑讓清朝人民有所認識？或者清朝人民是否認識這些法規範？應該都是具有挑戰的重要研究課題。

　　本書認爲要瞭解清朝整體法制的運作，有必要進一步探討傳統中國社會禮制、儒家思想、法家思想以及不同地區的風俗、習慣等，是否在以滿人爲中心的統治群體影響下，有所變化或者是否產生一個新的內涵與形式？清朝統治者是否已經改變傳統中國法規範結構並發展出針對不同族群，例如滿人、漢軍、蒙古人以及漢人的不同法規範，也值得進一步深入研究的課題。

　　另外，在清朝統治中國268年中，不同時期的法規範是否有不同具體的變化？滿人、漢軍、蒙古人或漢人之間，經過交流與共同生活是否有產生新的關係？其彼此間既有的文化與思維是否也因爲長期共同生活而互相影響並產生某種融合？或者不同族群之間，如何各自維持自己既有的法規範與法文化傳統並各自運作？這種既共同生活卻又能各自有不同法規範或法文化運作是否可能？目前還沒有更深入的研究成果與分析。

　　我們無法想像，清朝這種以少數滿人爲主，統治多數漢人的社會中，法規範如何維持著明朝既有體系與面貌？既然清朝統治者來自另一個文化圈；而且主要統治者之數量跟明朝人民比例相差懸殊，清朝統治者如何可能僅運用明朝法規範統治數量多於滿人百倍的漢人？清朝又如何發展新的法規範體制與新的統治團體，回應在中原地區新的統治局面？

　　當代研究者如何透過史料與超越《大清律例》研究視野，重新瞭解明朝法律制度與清朝法律制度相同與相異之處？除此之外，究竟中國人民在清朝268年統治之後，在生活各種面向有何改變？清朝人民的思維跟明朝時期，甚至唐、宋時期人民思維有無不同？如果有不同？在哪些地方有所不同？這些都是二十一世紀中國傳統法制研究的重要課題[7]。

四、結論

　　本書作者在《清代法制新探》一書基礎上，繼續分析清朝整體法制可能面貌。本書作者認爲，認識清代法制整體面貌對於當代法規範科學知識具有重要且深刻意義。如果當代法規範研究者能夠找出，清朝這套被統治者宣稱是承繼明朝法律體系且溯源至傳統中國以前的法規範體系，在運作將近268年之後，在世界舞台消失的原因，這對於法規範的本質與限制將會有新的認識。爲何清朝僅因爲幾次戰爭失利，就驟然放棄已經運作千年

7　日本學者上田信認爲，今日中國及中華人民共和國的領土幾乎與清朝十八世紀統治下的疆域相同。不僅國家的形狀，甚至連國家的經濟、社會結構也大多繼承了十八世紀的內容。參考（日）上田信著，高瑩瑩譯，《海與帝國，明清時代》，桂林，廣西師範大學出版社，2014，頁369-416。

的傳統中國法制並讓傳統中國法制，在過去百年多來，逐漸從華人社會與世界法規範舞台消失？而，不同地區華人社會過去百年來，如何進行法規範融合或者如何吸收或移植來自遠方國度的法律體制？新的外來的法規範體制究竟對於不同地區華人社會的影響如何？移植外國法律體制一百多年的不同地區華人社會目前法規範面貌為何？他跟傳統中國社會的法規範面貌有何不同？尋找上述的答案的想法是驅動本書作者研究清朝法律體制最重要的驅動力量。

當代不同地區華人社會的法律人以及一般人民應該都可以感受到當前歐陸德國，法國，乃至於英國，美國的法律體制至今依舊深刻地影響著自己社會法律體制。但清朝法制的影響呢？

本書作者認為，研究清朝整體法律體制，可以給予當代法規範理論重要的啟示與調整。透過瞭解清代整體法律體系之後，我們才能找出清朝法律體制為何在1900年前後，突然全面瓦解或被自己社會全面拋棄。如果瞭解清朝法律體制改變以及其在形式上全面消失的歷程以及背後因素，將可以說明法規範的本質與法規範對於社會發展的影響與侷限。

如本書作者在《清代法制新探》第二版序言提到，清朝末年以來，不同地區華人社會繼受或移植來自陌生且遙遠西方法制的經驗，似乎告訴當代法規範研究者，一個有綿密體系的法律制度還不足以支撐一個社會健全發展。一個社會所需要的法律體系，不僅僅在於他的綿密性與體系性；一個社會除了法規範體系外，還需要其他重要機制，才能面對新的變遷與新的挑戰。而這些其他重要機制或要素究竟是什麼？值得當代華人或者所有關心法規範理論的人共同思考與研究。

本書希望提供讀者認識清朝整體法制可能途徑。本書也希望提醒華人社會的每個人共同思考，在繼受外國法律體制一百年之後，如何重新回看自己社會曾有的法規範結構與內涵。當不同地區華人社會開始反思自己社會的法律體制應該如何發展時，才有可能創造一個融合自己社會傳統法規範體制內在價值與過去百年繼受或移植自外來國家的法規範體制精神的新

法規範體制。而作爲一個法學者，本書作者認爲唯有如此，不同地區華人社會之法規範才能爲人民創造可以幸福生活的環境[8]。

8　米健教授在其《比較法學導論》中對於未來世界法律體系提出「融合法律體系」的想法。參考米健
　　著，《比較法學導論》，北京，商務印書館，2013，頁277-292

第二章 | 儒家思想與清朝法制的 模糊曖昧關係[1]

一、前言

當代許多中國法制史研究者認為清朝法制主要精神在於延續儒家思想。但，本書作者認為原始儒家思想有關三綱（君臣、父子、夫婦）論述並不當然會發展出清朝法制體系。因為清朝法制主要是由一個外民族—滿人為主；在1644年從東北進入中原地區統治中國過程中創造發展出來的法律體系。這個法律體制是否真如清朝統治者所宣稱般，承繼中國（明代甚至更早的中國傳統），有待進一步釐清。這牽涉到統治者的宣稱背後有其統治正當性的考量。在二十一世紀，中國法制史研究者有必要更細緻檢驗清朝統治中國268年期間，法規範體制真實面貌以及清朝是否發展出有異於明朝或者傳統中國其他朝代的法律制度。

固然，從清朝《禮部則例》或《學政全書》說明清朝的選官考試制度確實將代表儒家思想的「四書」作為重要考試科目之一。而，四書所包含的《論語》、《孟子》、《中庸》、《大學》等確實是儒家思想的重要經典[2]。但，如果將四書內容中有關儒家三綱五倫思想相關論述加以分析，可以發現這些經典有關儒家三綱五倫的論述並不當然會可以導出清朝

---

1 本章係主要根據本書作者在2013年3月21-22日《中華法系與儒家思想國際研討會》發表〈儒家思想與傳統中國法制—一個法制史的考察觀點〉一文前半段修改。該篇論文後來改寫為〈儒家思想與清朝科舉考試、教育制度及法規範的關係—法制史考察觀點〉收於高明士教授編，《中華法系與儒家思想》，台北，國立台灣大學出版中心，2014，頁417-472。論文撰寫過程受到審查委員與西南政法大學俞榮根教授的建議在此感謝。

2 清朝在四書考試所運用的四書版本是否完全跟朱熹整理的版本或者秦漢時期的《論語》、《孟子》、《中庸》、《大學》內容完全一致，不是本文所能處理與討論的重點。

《大清律例》所設計與實踐，以十惡制度爲中心之法規範體系。因此，縱使清朝《大清律》法規範體系確實延續著明朝《大明律》法規範體系，但是清朝在中國統治268年法規範體系，在新統治者的詮釋、擴張與適用之後，可能已經改變了傳統中國既有三綱五倫法規範體系。而究竟這些改變如何進行？具體改變的內涵爲何，是本書作者企圖釐清的目標。

根據本書作者研究，清朝在統治中國初期，確實以《大清律》延續《大明律》法規範體系。但是，清朝統治者在統治中國過程中，不斷透過「例」的增加與修改，改變《大明律》內涵。表面上看起來，儒家思想所重視的君臣、父子、夫婦等三綱關係依舊維持不變，但是，透過修改《大清律》之例文以及增加各部會新訂定之《則例》，例如《欽定吏部則例》、《欽定戶部則例》、《欽定禮部則例》、《欽定兵部則例》《欽定工部則例》、《欽定內務府則例》、《欽定宗人府則例》及《旗人則例》等法規範，清朝已經建構一個不同於明朝的法規範體系。

清朝《刑案匯覽》、《刑科題本》及諸多審判文件中的記載，可以看到，儒家思想所強調君臣、父子及夫妻關係已經成爲絕對的上、下不平等關係。清朝統治者透過旌表制度以及殘忍的凌遲制度，維繫君臣、父子及夫妻關係。在清朝常見之凌遲執行跟儒家思想所強調仁、恕之道有很大背離[3]。本章重新檢驗原始儒家思想並嘗試釐清清朝法制與儒家思想關係。

本書作者認爲，華人社會（包括中國大陸、台灣、香港、澳門甚至新加坡）在過去一百多年來，放棄自己傳統社會的法律制度或者法律文化，希望透過西歐大陸地區或者英美地區的法律制度進行社會變革，經過一百多年努力，目前有必要反思已經發展數千年中國傳統法律制度，有哪

---

3 俞榮根教授認爲「禮義、仁或仁義、天道、天理便是儒家法哲學中的理想法，是儒家之法的價值本體」；高明士教授也提到，「平恕」是唐代持平執法的指標，他認爲這才是傳統法文化要做到的至高境界。參考俞榮根，《儒家法思想通論》，南寧，廣西人民出版社，1998，頁687-689；高明士，〈東亞傳統法文化的理想境界—「平」，收於高明士教授編，《中華法係與儒家思想》，頁21-22；關於清朝凌遲制度的執行請參考陳惠馨，〈旌表制度與凌遲處死制度對於三綱五倫關係的強化〉，收於《清代法制新探》，台北，五南圖書，2014年8月，第2版，頁267-298。

些法律思想或法律制度值得當代華人社會繼續延續並加以發展，有哪些法律思想與法律制度已經不符合當代全球視野下，共同追求之價值：保障人權、追求民主法治；也因此有必要加以排除？

在本章中，作者嘗試從「四書」內容說明儒家思想核心價值並說明清朝所發展並實踐之《大清律例》法律制度跟儒家原始思想間模糊與曖昧關係。本書作者認爲從原始儒家思想本質並不必然建構出以十惡概念爲核心的法律體制；且更不必然是清朝所執行跟十惡制度緊密結合的凌遲刑罰制度。當代法制史研究有必要更細緻的分析唐、宋、明、清時期以十惡爲核心的法規範體系之設計與運作並仔細的比較分析其相同與相異之處。

本書作者認爲當代華人社會如果想要延續儒家思想，必須先確定所欲延續的是哪個意義下的儒家思想。透過本章的論述，主要強調清朝法制主要建立在由少數滿人爲核心所組成的統治團體，透過主張延續明朝法律體制，統治以多數漢人組成的政治現實下融合並發展的法律體制。清朝法制表面上固然透過《大清律》承繼明朝法律體制；但，清朝統治者在統治中國歷程中，也逐漸透過修改《大清律》並訂定各部會《則例》，運作出一個新法律體制。這個新法律體制，在初期或許主要在限制或箝制漢人，但，從法規範所溢出的效果，最後也產生限制滿人與蒙古人之效果。當代法制史研究者，要瞭解清朝法律體制整體面貌，有必要先釐清儒家思想與清朝法制的眞正關係。

二、儒家思想有關君臣、夫妻及父子三綱關係論述不必然引出十惡制度

儒家思想內容博大精深。在中國不同朝代都有不同學者對儒家思想進行的新的詮釋。當代人在提到儒家思想一詞時，可能包含兩種不同內涵；有些人在談儒家思想時，將其當作傳統中國政治哲學、法律哲學思想源頭；而有些人在討論儒家思想時，則將他理所當然的視爲代表傳統中國

法律制度價值內涵象徵[4]。

　　本書作者則認為儒家思想作為政治哲學或法律哲學內涵與儒家思想作為傳統中國法律制度價值內涵象徵應該屬於兩種不同概念範疇。作為法律哲學的儒家思想雖然強調君臣、父子及夫婦關係，但其內涵主要從人的關係角度出發，探討三種對於個人生活最具影響「君臣、父子與夫妻關係」，在現代社會這種關係也可以引伸為人跟全球的關係以及人跟父母子女的關係還有人跟配偶或伴侶的關係。

　　而，儒家思想作為傳統中國法律制度價值內涵的象徵則是作為法律規範正當性理由，以清朝為例，當清朝將「四書」列為選舉官吏重要考試科目並將三綱關係建構成以十惡為核心的法律體系時，這個法律體制跟儒家思想本質已經有所不同。當代中國法制史研究者有必要釐清「四書」內容是否能夠當然導出傳統中國法律體制的十惡制度或者儒家思想能否導出清朝以凌遲刑罰威嚇人民之法律制度。

　　當代人在看十惡制度時，應該瞭解「十惡」制度是從隋朝開始逐漸成為中國傳統法制重要核心。不管在《唐律》、《大明律》或《大清律例》的（名例篇）第二條都可以看到有關「十惡」的規定。表面上看似歷經千年不變的十惡定義，卻因為《唐律》、《大明律》或《大清律例》整體規範內容改變與實踐，產生了不同的變化。例如在清朝違反十惡的行為最重的處罰是凌遲。但，清朝凌遲執行的頻繁性可能超過明朝。本書作者在2011年書寫《清代法制新探》一書時，曾經在網路上以「凌遲」二字作為關鍵字在網路進行搜尋。當時搜尋到不少清朝末年執行凌遲刑罰的圖片；而讓本書作者非常訝異的是這些圖片中被凌遲之人主要是女性。那些被凌遲的「女性」主要是以「殺死親夫」罪名被判刑並執行凌遲[5]。

　　當時本書作者也以「凌遲處死」作為關鍵字，在中央研究院所藏題

4　當代有關儒家思想討論與研究可參考網路之《儒家網》這是當代「大陸新儒家」之官方微博，網頁：http://www.rujiazg.com/，上網日期：2015年5月16日。

5　參考陳惠馨，《清代法制新探》，第2版，頁287。

本目錄70921筆中搜尋，並查到2372筆是跟凌遲處死有關題本。其中，清朝乾隆皇帝統治60年間共有956件凌遲案件；嘉慶皇帝統治25年間，約有350件凌遲案件；道光皇帝統治30年間，約有350件凌遲案件；咸豐皇帝統治11年間，約有70件凌遲案件。如果這些統計完整，那麼可以說從乾隆開始，清朝每一年執行的凌遲案件約在10-16件之多[6]。

　　不論清朝統治時期每年執行的凌遲案件量有多少；由於凌遲執行時所呈現的殘酷性實在不可言喻，每一次凌遲的公開執行，對於清朝人民所產生恐嚇效果及難以忘懷的恐怖之情可想而知，而其所產生巨大影響超越想像。而，由於凌遲案件主要是牽涉到跟三綱五倫價值密切關係之「十惡」犯罪類型；例如謀反、謀大逆案件，殺害祖父母、父母案件，殺害夫的案件。因此，每一次殘酷凌遲的執行等於都是統治者向人民宣誓三綱五倫上、下不平等關係價值觀並讓人民無法忘懷[7]。

　　清朝有關凌遲刑罰的執行是否跟中國其他朝代相似，在明朝或者唐、宋時期，凌遲執行是否存在？如果存在是否也如此頻繁，都是值得進一步研究的課題。可惜由於上述朝代相關史料的缺乏，想要進行相關研究相對困難。

　　傳統中國不同朝代法典中的「十惡」主要指：謀反、謀大逆、謀叛、惡逆、不道、大不敬、不孝、不睦、不義及內亂。而，其中「謀反、謀大逆、謀叛、大不敬」主要為了尊君抑臣而設。「惡逆、不孝、不睦、不義及內亂」則是針對父子、夫妻、長幼上下關係加以規範。

　　傳統中國不同朝代統治者，雖然都強調其所設計的法律制度主要是以儒家思想作為價值核心而發展。但是，到了清朝，十惡制度卻在清朝特殊情境下有了不一樣的變化。這個變化有可能改變傳統中國文化本質，但至今卻沒有被研究者加以重視。許多法制史研究者可能注意到明朝與清朝法律的延續性；卻忽略了清朝基於異族統治中國，少數統治多數的政治困

6　同前註，陳惠馨，《清代法制新探》，頁287

7　同前註，陳惠馨，《清代法制新探》，頁287

境。

表面上，清朝雖然宣稱延續明朝法律制度，但是，卻在各種法律制度，尤其是乾隆之後的《大清律例》透過『例文』的增刪以及清朝各部會所定訂的《則例》法規範，改變了繼承自明朝法律制度；尤其是改變《大明律》既有架構與本質[8]。可惜到目前有關比較明、清法律制度差異之研究仍舊不足。[9]

三、四書：《論語》、《孟子》、《大學》及《中庸》有關三綱關係論述

究竟清朝重要考試科目：四書如何論述三剛關係，值得分析。本書作者認為，從四書：也就是《論語》、《孟子》、《大學》及《中庸》內容，並無法導出清朝必然要以凌遲處罰違反三剛五倫規範的行為的規範設計與執行。

下面嘗試從中國古文獻有關三綱五倫論述說明原始儒家思想中討論的三綱關係，用以說明其與清朝法律體制規範三綱關係不同。

首先，《易經》中可以看到跟三綱有關的論述。《易經》論述中夫婦、父子關係先於君臣。《易經·十翼序卦下》提到：

---

8 本書作者認為清朝《大清律例》不僅擴張「十惡」制度的內容並在實踐中強化「十惡」有關凌遲處死案件的執行。透過「十惡」及「凌遲」制度清朝更深刻強化隋朝以來法律體制中所設定的三綱上下不平等的關係；參考陳惠馨，《清代法制新探》，同前註，頁282-287。

9 有關清朝法制之研究請參考下面書籍：瞿同祖著，范忠信／晏鋒譯，何鵬校，《清代地方政府》，北京，法律出版社，2003；朱勇譯（美），Derk布迪、Clarence莫里斯著，《中華帝國的法律》，南京，江蘇人民出版社，1993；陶希聖，〈清代州縣衙門刑事審判制度及程序〉，《食貨月刊》第1卷第1、2、3、4、5期，1971；那思陸，《清代州縣衙門審判制度》，台北，文史哲出版社，1982；滋賀秀三，《清代中國の法と裁判》，東京，創文社，1984；那思陸著，《清代中央司法審判制度》，台北，文史哲出版社，1982，初版；張偉仁輯著，《清代法制研究》，第一輯共三冊，台北，中央研究院歷史語言所專刊之七十六，1983年（民國71年）9月；邱彭生，陳熙遠編，《明清法律運作中的權力與文化》，台北，中央研究院聯經，2009，陳惠馨，《清代法制新探》，台北，五南圖書，2014年8月。

有天地然後有萬物，有萬物然後有男女，有男女然後有夫婦，有夫婦然後有父子，有父子然後有君臣，有君臣然後有上下，有上下然後禮儀知所交錯。夫婦之道不可以不久也，故受之以恒。

這段論述呈現儒家思考生命起源時，主要從天地、萬物、男女、夫婦、父子、君臣等關係出發。其中夫婦關係是重要核心。但是，《唐律》以及後來之《大明律》與《大清律》中，三綱的關係主要以君臣關係為核心，並向父子、夫婦關係延伸。究竟四書如何論述夫妻、父子與君臣關係有必要加以釐清。

(一)《論語》中有關夫妻、父子及君臣關係的論述[10]

分析四書中《論語》有關君臣、父子及夫婦重要論述，可以發現《論語》20篇內容中有關父子關係論述最多，其次才是有關君臣關係的論述；至於夫妻關係的論述則非常有限。

《論語》中有關父母子女關係的論述，主要表達其對於一個人應該如何對待父母的看法；其所表達的是一種期待並不具有強制性效果。這些論述之內容，從今日的觀點來看，並無不可接受之處。例如《論語》學而篇雖強調事父母要竭其力，事君要致其身；《論語》為政篇強調對待父母要「無違」，而無違主要指：父母生時事之以禮；死時，葬之以禮，祭之以禮。《論語》（八佾篇）強調事君對臣以禮，臣對君要忠；〈論語〉（顏淵篇）強調君君、臣臣、父父、子子的相互對待關係。

本書作者想在此再度強調，上述的論述都無法導引出違反這樣論述的行為時，必然要受到殘酷凌遲刑罰。下面分別說明《論語》20篇內容中有關夫妻、父母子女關係以及君臣關係的論述。從20篇內容可以發現，其對於父子關係的論述最多，其次才是關於君臣關係論述；至於有

---

10 本章中有關四書的內容主要取自中國哲學書電子化計畫網站http://ctext.org/mengzi/jin-xin-ii/zh，上網日期：2015年3月30日。

關夫妻關係的論述則非常有限。而，在關於父母子女關係論述則主要表彰「孝」的重要性。

1.《論語》中有關父母子女關係論述[11]

(1)《論語》（學而篇）討論孝弟、事父母與事君重要性，其內容如下：

有子曰：「其爲人也孝弟，而好犯上者，鮮矣；不好犯上，而好作亂者，未之有也。君子務本，本立而道生。孝弟也者，其爲仁之本與！」

子曰：「弟子入則孝，出則弟，謹而信，汎愛眾，而親仁。行有餘力，則以學文。」

子夏曰：「賢賢易色，事父母能竭其力，事君能致其身，與朋友交言而有信。雖曰未學，吾必謂之學矣。」

子曰：「父在，觀其志；父沒，觀其行；三年無改於父之道，可謂孝矣。」

《論語》學而篇雖強調事父母要竭其力，事君要致其身。主要強調觀察一個人要從他對於父母與上（長輩或君主）對應之道，並把孝弟作爲仁之本。

(2)《論語》（爲政篇）強調孝要「無違」並論述孝與父母子女應有關係：

孟懿子問孝。子曰：「無違。」。樊遲御，子告之曰：「孟孫問孝於我，我對曰『無違』。」樊遲曰：「何謂也？」子曰：「生事之

---

11 同前註：請參考下面網頁：http://ctext.org/analects/zh，中國哲學書電子化計畫，《論語》內容，上網日期：2015年3月30日。

　　以禮；死葬之以禮，祭之以禮。」

　　子游問孝。子曰：「今之孝者，是謂能養。至於犬馬，皆能有養；
　　不敬，何以別乎？」

　　《論語》爲政篇強調孝並不僅僅是能養父母，孝的重點在於「無
違」，而「無違」指的是生事之以禮；死葬之以禮，祭之以禮。也因
此，孝的重點在於以「禮」對待。（爲政篇）並未對於「禮」內涵加以論
述。

　　(3)《論語》（里仁篇）強調對於父母諫言及相處之道：

　　子曰：「事父母幾諫。見志不從，又敬不違，勞而不怨。」
　　子曰：「父母在，不遠遊。遊必有方。」
　　子曰：「三年無改於父之道，可謂孝矣。」
　　子曰：「父母之年，不可不知也。一則以喜，一則以懼。」

　　上述內容主要都在強調父母子女之間相處之道。從上述內容並無法導
出在清朝《刑案匯覽》所編的案件中，有關子女違反父母教令，造成父母
自己在趕毆子女時，跌斃死亡時，子女要受到死刑處罰的結果[12]。上述所
引《論語》論述內容允許子女對於父母諫言。

　　(4)《論語》（子路篇）提到「父爲子隱，子爲父隱直在其中」：

　　葉公語孔子曰：「吾黨有直躬者，其父攘羊，而子證之。」孔子
　　曰：「吾黨之直者異於是。父爲子隱，子爲父隱，直在其中矣。」

12　參考《刑案匯覽》卷三十四，威逼人致死的幾個案件，例如言行違犯至父母趕毆跌斃案、不聽教訓
　　致父趕毆跌斃私埋案、因茶不熱致父傾潑滑跌身死案等。全文（主要是道光十四年版本）可在下面
　　網頁看到：http://ctext.org/library.pl?if=gb&file=27983&by_title=%E5%88%91%E6%A1%88%E5%8C
　　%AF%E8%A6%BD&page=2，中國哲學書電子化計畫，上網日期：2015年3月30日。

　　《論語》（子路篇）關於「父爲子隱，子爲父隱」原則，在《唐律》
《名例篇》第六卷「同居相爲隱條」規定中有所修改。
　　《唐律》「同居相爲隱條」規定；

　　諸同居，若大功以上親及外祖父母、外孫，若孫之婦、夫之兄弟及
　　兄弟妻，有罪相爲隱；部曲、奴婢爲主隱：皆勿論，即漏露其事及
　　擿語消息亦不坐。其小功以下相隱，減凡人三等。若犯謀叛以上
　　者，不用此律。

　　《唐律》「同居相爲隱條」規定將君臣關係放置於父子關係之上，
要求人民碰到父母謀反、謀大逆與謀叛等行爲，不得主張「同居相爲
隱」。這樣的立法規定在明朝與清朝《大明律》與《大清律》都可看
到。清朝《大清律例》（名例篇）「親屬相爲容隱條」依舊維持著「若犯
謀叛以上者，不用此律」的精神[13]：

　　凡同居，（同，謂同財共居親屬，不限籍之同異，雖無服者亦
　　是），若大功以上親（謂另居大功以上親屬，係服重）及外祖父
　　母、外孫、妻之父母、女婿，若孫之婦、夫之兄弟及兄弟妻（係恩
　　重），有罪（彼此得）相爲容隱。奴婢、雇工人（義重）爲家長隱
　　者，皆勿論（家長不得爲奴婢、雇工人隱者，義當治其罪也）。
　　若漏泄其事及通報消息，致令罪人隱匿逃避者（以其於法得相容
　　隱），亦不坐。（謂有得相容隱之親屬犯罪，官司追捕，因而漏泄
　　其事及暗地通報消息與罪人，使令隱避逃走，故亦不坐）。其小功

13　參考薛允陞編《讀例存疑》，卷五，名例律下之二，第三條「親屬相爲容隱條」，根據薛允陞說
　　明，此仍明律，其小註係順治三年增修。本書所引《大清律例》條文主要參考薛允陞編《讀例存
　　疑》。具體文字主要取自日本京都大學寺田浩明教授的網頁：http://www.terada.law.kyoto-u.ac.jp/
　　dlcy/index.htm，對於寺田教授的用心經營網頁在此表達敬意與謝意。

以下相容隱及漏泄其事者，減凡人三等。無服之親減一等（謂另居
小功以下親屬）。若犯謀叛以上者，不用此律。（謂雖有服親屬
犯謀反、謀大逆、謀叛，但容隱不首者，依律科罪，故云不用此
律）。

(5)《論語》（陽貨篇）提到對於父母三年之喪：

　宰我問：「三年之喪，期已久矣。君子三年不爲禮，禮必壞；三年
　不爲樂，樂必崩。舊穀既沒，新穀既升，鑽燧改火，期可已矣。」
　子曰：「食夫稻，衣夫錦，於女安乎？」；曰：「安。」
　「女安則爲之！夫君子之居喪，食旨不甘，聞樂不樂，居處不安，
　故不爲也。今女安，則爲之！」
　宰我出。子曰：「予之不仁也！子生三年，然後免於父母之懷。夫
　三年之喪，天下之通喪也。予也，有三年之愛於其父母乎？」

　　《論語》（陽貨篇）關於三年之喪的論述主要討論有關人應如何對待
父母死亡這件事。這樣的思想同樣不具有強制效果。

2.《論語》中有關君臣關係論述

(1)《論語》（八佾篇）強調事君對臣以禮，臣對君要忠：

　子曰：「事君盡禮，人以爲諂也。」；定公問：「君使臣，臣事
　君，如之何？」。孔子對曰：「君使臣以禮，臣事君以忠。」

　　上面的論述呈現君臣如何互相對待，從文字反面解釋可以得出，如
果君使臣不以禮，臣也不當然事君要以忠。至於何者爲君？何者爲臣？
《論語》（八佾篇）並未有具體說明。

(2)《論語》（鄉黨篇）談到君臣相處之道：

> 君賜食，必正席先嘗之；君賜腥，必熟而薦之；君賜生，必畜之。
> 侍食於君，君祭，先飯。疾，君視之，東首，加朝服，拖紳。君命
> 召，不俟駕行矣。

(3)《論語》（顏淵篇）強調君君、臣臣、父父、子子的相互對待關
係：

> 齊景公問政於孔子。孔子對曰：「君君，臣臣，父父，子子。」公
> 曰：「善哉！信如君不君，臣不臣，父不父，子不子，雖有粟，吾
> 得而食諸？」

(4)《論語》（憲問篇）提到事君勿欺原理：

> 子路問事君。子曰：「勿欺也，而犯之。」

(5)《論語》（衛靈公篇）強調臣為君俸祿關係：

> 子曰：「事君，敬其事而後其食。」

(6)《論語》（子罕篇）強調君臣及父子關係關連性：

> 子曰：「出則事公卿，入則事父兄，喪事不敢不勉，不為酒困，何
> 有於我哉？」

在《論語》20篇的內容中，幾乎看不到有關夫妻關係的討論；但對

於朋友關係的討論則不少[14]。

(二)《孟子》有關夫妻、父子及君臣關係的討論[15]

　　《孟子》一書的內容主要針對三綱關係中的君臣關係加以討論並有部分針對父母子女關係加以論述。其主要內容如下：

1.《孟子》關於父母子女關係及娶妻是否應面告父母的討論

(1)《孟子》（離婁上）強調人人親其親、長其長則天下太平：

> 孟子曰：「道在爾而求諸遠，事在易而求之難。人人親其親、長其長而天下平。」

(2)《孟子》（離婁下）列出五種不孝行為：
> 公都子曰：「匡章，通國皆稱不孝焉。夫子與之遊，又從而禮貌之，敢問何也？」，
> 孟子曰：「世俗所謂不孝者五：惰其四支，不顧父母之養，一不孝也；博弈好飲酒，不顧父母之養，二不孝也；好貨財，私妻子，不顧父母之養，三不孝也；從耳目之欲，以為父母戮，四不孝也；好勇鬥很，以危父母，五不孝也。章子有一於是乎？夫章子，子父責善而不相遇也。責善，朋友之道也；父子責善，賊恩之大者。夫

14　《論語》提到的朋友關係之處甚多，例如（鄉黨篇）：朋友死，無所歸。曰：「於我殯。」朋友之饋，雖車馬，非祭肉，不拜；（公冶長篇）：顏淵、季路侍。子曰：「盍各言爾志？」子路曰：「願車馬、衣輕裘，與朋友共。敝之而無憾。」顏淵曰：「願無伐善，無施勞。」子路曰：「願聞子之志。」子曰：「老者安之，朋友信之，少者懷之。」；（顏淵篇）：曾子曰：「君子以文會友，以友輔仁。」；（季氏篇）：孔子曰：「益者三友，損者三友。友直，友諒，友多聞，益矣。友便辟，友善柔，友便佞，損矣。」。

15　本章有關四書的內容主要取自中國哲學書電子化計畫網站http://ctext.org/mengzi/jin-xin-ii/zh，上網日期：2015年3月30日。

章子，豈不欲有夫妻子母之屬哉？爲得罪於父，不得近。出妻屏子，終身不養焉。其設心以爲不若是，是則罪之大者，是則章子已矣。」

(3)《孟子》（萬章上）認爲娶妻不一定必告父：

萬章問曰：「《詩》云：『娶妻如之何？必告父母。』信斯言也，宜莫如舜。舜之不告而娶，何也？」，孟子曰：「告則不得娶。男女居室，人之大倫也。如告，則廢人之大倫，以懟父母，是以不告也。」；萬章曰：「舜之不告而娶，則吾既得聞命矣；帝之妻舜而不告，何也？」，曰：「帝亦知告焉則不得妻也。」。

《大清律例》對於娶妻是否要面告父母的規定則有所不同。《大清律例》（戶律）（婚姻門）「男女婚姻條」律文規定：

……。若卑幼或仕宦或買賣在外，其祖父母，父母及伯叔父母、姑兄姊（自卑幼出外之）後爲定婚，而卑幼（不知）自娶妻，已成婚者，仍舊爲婚，（尊長所定之女聽其別嫁）。未成婚者，從尊長所定，（自定者從其別嫁）。違者，杖八十（仍改正）。[16]

由《大清律例》（戶律）（婚姻門）「男女婚姻條」律文規定可以瞭解清朝法律不當然追隨儒家經典論述指導。

---

16 《孟子》（萬章上）認爲娶妻不一定必告父。清朝《大清律例》則有不同規定。參考薛允陞編《讀例存疑》；具體條文文字取自寺田浩明教授網頁：http://www.terada.law.kyoto-u.ac.jp/dlcy/index.htm。

2. 《孟子》關於君臣關係討論

(1) 《孟子》（梁惠王篇上）認爲王者要能不嗜殺人：

孟子見梁襄王。出，語人曰：「望之不似人君，就之而不見所畏焉。卒然問曰：『天下惡乎定？』吾對曰：『定于一。』。『孰能一之？』對曰：『不嗜殺人者能一之。』。『孰能與之？』對曰：『天下莫不與也。王知夫苗乎？七八月之間旱，則苗槁矣。天油然作雲，沛然下雨，則苗浡然興之矣。其如是，孰能禦之？今夫天下之人牧，未有不嗜殺人者也，如有不嗜殺人者，則天下之民皆引領而望之矣。誠如是也，民歸之，由水之就下，沛然誰能禦之？』。……是故明君制民之產，必使仰足以事父母，俯足以畜妻子，樂歲終身飽，凶年免於死亡。然後驅而之善，故民之從之也輕。今也制民之產，仰不足以事父母，俯不足以畜妻子，樂歲終身苦，凶年不免於死亡。此惟救死而恐不贍，奚暇治禮義哉？王欲行之，則盍反其本矣。五畝之宅，樹之以桑，五十者可以衣帛矣；雞豚狗彘之畜，無失其時，七十者可以食肉矣；百畝之田，勿奪其時，八口之家可以無飢矣；謹庠序之教，申之以孝悌之義，頒白者不負戴於道路矣。老者衣帛食肉，黎民不飢不寒，然而不王者，未之有也。

(2) 《孟子》梁惠王篇下，提到僅「聞誅一夫紂矣，未聞弒君也」：

齊宣王問曰：「湯放桀，武王伐紂，有諸？」孟子對曰：「於傳有之。」曰：「臣弒其君可乎？」。曰：「賊仁者謂之賊，賊義者謂之殘，殘賊之人謂之一夫。聞誅一夫紂矣，未聞弒君也。」

(3) 《孟子》（公孫丑下）說明人之大倫「內則父子，外則君臣」：

景子曰：「內則父子，外則君臣，人之大倫也。父子主恩，君臣主敬。丑見王之敬子也，未見所以敬王也。」。曰：「惡！是何言也！齊人無以仁義與王言者，豈以仁義爲不美也？其心曰『是何足與言仁義也』云爾，則不敬莫大乎是。我非堯舜之道，不敢以陳於王前，故齊人莫如我敬王也。」

(4) 《孟子》（離婁篇上）強調君如果暴其民甚，則身弒國亡；不甚，則身危國削：

孟子曰：「規矩，方員之至也；聖人，人倫之至也。欲爲君盡君道，欲爲臣盡臣道，二者皆法堯舜而已矣。不以舜之所以事堯事君，不敬其君者也；不以堯之所以治民治民，賊其民者也。孔子曰：『道二：仁與不仁而已矣。』暴其民甚，則身弒國亡；不甚，則身危國削。名之曰『幽厲』，雖孝子慈孫，百世不能改也。《詩》云『殷鑒不遠，在夏后之世』，此之謂也。」

(5) 《孟子》（離婁下）強調「君之視臣如土芥，則臣視君如寇讎」：

孟子告齊宣王曰：「君之視臣如手足；則臣視君如腹心；君之視臣如犬馬，則臣視君如國人；君之視臣如土芥，則臣視君如寇讎。」

(6) 《孟子》盡心下強調民爲貴，社稷次之，君爲輕：

孟子曰：「民爲貴，社稷次之，君爲輕。是故得乎丘民而爲天子，得乎天子爲諸侯，得乎諸侯爲大夫。諸侯危社稷，則變置。犧牲既成，粢盛既潔，祭祀以時，然而旱乾水溢，則變置社稷。」

本章透過上述《孟子》各篇有關君臣關係論述說明，這些儒家經典對

於君臣關係主要強調平等對等原則；其主要論述爲人君者應該注意的行爲
規範以及爲人臣回應之道。這跟《唐律》以來的中國傳統法典規範，透過
十惡制度強調的君臣、父子、夫婦間上、下對上絕對服從且不平等關係有
所不同。

(三)《禮記》（中庸）與《大學》有關三綱關係討論

　　（中庸）與《大學》是《禮記》四十九篇中的兩篇；這是宋朝朱熹先
生所編輯；後來跟《論語》、《孟子》共同列爲四書。分析《大學》內
容並無直接有關三綱關係的討論。僅下面幾段話或許可以呈現其對於天
下、國、家及個人之間關係想像，主要從一個人如何從修身、齊家、治國
而後平天下出發；強調不管是天子或是庶人都應該以修身爲本。並將一
個人治國與齊家關係做必然連結關係。下面是關於《大學》重要相關論
述：

　　古之欲明明德於天下者，先治其國；欲治其國者，先齊其家；欲齊其
家者，先修其身；欲修其身者，先正其心；欲正其心者，先誠其意；欲誠
其意者，先致其知，致知在格物。物格而後知至，知至而後意誠，意誠而
後心正，心正而後身修，身修而後家齊，家齊而後國治，國治而後天下
平。自天子以至於庶人，壹是皆以修身爲本。其本亂而末治者否矣，其所
厚者薄，而其所薄者厚，未之有也！此謂知本，此謂知之至也。

　　所謂治國必先齊其家者，其家不可教而能教人者，無之。故君子不出
家而成教於國：孝者，所以事君也；弟者，所以事長也；慈者，所以使眾
也。

　　《康誥》曰：「如保赤子」，心誠求之，雖不中不遠矣。未有學養子
而後嫁者也！一家仁，一國興仁；一家讓，一國興讓；一人貪戾，一國
作亂。其機如此。此謂一言僨事，一人定國。堯、舜率天下以仁，而民從
之；桀、紂率天下以暴，而民從之。其所令反其所好，而民不從。是故君
子有諸己而後求諸人，無諸己而後非諸人。所藏乎身不恕，而能喻諸人

者，未之有也。故治國在齊其家。《詩》云：「桃之夭夭，其葉蓁蓁；之子于歸，宜其家人。」宜其家人，而後可以教國人。《詩》云：「宜兄宜弟。」宜兄宜弟，而後可以教國人。《詩》云：「其儀不忒，正是四國。」其為父子兄弟足法，而後民法之也。此謂治國在齊其家。

同樣的，《中庸》有關三綱關係應該如何的論述並不多，但說明為人者，君臣，父子，夫婦，昆弟，朋友等五種關係的重要性並對於一個人應該同時擁有知、仁、勇德行重要性加以論述。其論述如下：

哀公問政。

子曰：「文、武之政，布在方策，其人存，則其政舉；其人亡，則其政息。人道敏政，地道敏樹。夫政也者，蒲盧也。故為政在人，取人以身，修身以道，修道以仁。仁者人也，親親為大；義者宜也，尊賢為大。親親之殺，尊賢之等，禮所生也。在下位不獲乎上，民不可得而治矣！筆君子不可以不修身；思修身，不可以不事親；思事親，不可以不知人；思知人，不可以不知天。天下之達道五，所以行之者三，曰：君臣也，父子也，夫婦也，昆弟也，朋友之交也，五者天下之達道也。知仁勇三者，天下之達德也，所以行之者一也。或生而知之，或學而知之，或困而知之，及其知之，一也；或安而行之，或利而行之，或勉強而行之，及其成功，一也。」

另外，《中庸》論述國家與個人關係如下：

子曰：「……。凡為天下國家有九經，曰：修身也，尊賢也，親親也，敬大臣也，體群臣也，子庶民也，來百工也，柔遠人也，懷諸侯也。修身則道立，尊賢則不惑，親親則諸父昆弟不怨，敬大臣則不眩，體群臣則士之報禮重，子庶民則百姓勸，來百工則財用足，柔遠人則四方歸之，懷諸侯則天下畏之。齊明盛服，非禮不動，所以修身也；去讒遠

色，賤貨而貴德，所以勸賢也；尊其位，重其祿，同其好惡，所以勸親親也；官盛任使，所以勸大臣也；忠信重祿，所以勸士也；時使薄斂，所以勸百姓也；日省月試，既廩稱事，所以勸百工也；送往迎來，嘉善而矜不能，所以柔遠人也；繼絕世，舉廢國，治亂持危，朝聘以時，厚往而薄來，所以懷諸侯也。凡為天下國家有九經，所以行之者一也。」

　　從上述四書中各種關於牽涉君臣、父子與夫妻的論述，實在無法導出這些代表儒家經典有關三綱關係的論述跟清朝十惡法律體制與其執行間的直接連結關係。

四、結論

　　本章主要透過分析《論語》、《孟子》、《大學》與《中庸》有關君臣、父子、夫婦關係論述，說明四書代表儒家思想的重要經典，僅針對君臣、父子或夫婦關係表述個人在面對婚姻、家庭或國家關係實應有態度。這些論述表達的期待並不當然對於任何個人造成一定強制效果。但是，當這些表達或期待被傳統中國統治者以「十惡」概念為架構，建立出強調君臣、父子及夫婦上、下不平等關係的法律體制時，儒家思想被指稱跟傳統中國的法律制度一樣壓迫人民。

　　作為當代法制史研究者，有必要回到四書原典，仔細分析在清朝被認為代表儒家思想的四書內容跟清朝法制中所強調的「十惡」制度以及透過凌遲所強化的三綱上下不平等的關係是否有必然性的結合。

　　今日華人社會如果企圖將儒家思想在當代社會法律體制中加以重現或融合，有必要先回到儒家思想原始經典進行論述並重新詮釋。應避免以由中國不同時代統治者「法典化」之後，藉儒家思想之名所設計出來的「十惡制度」以及其所規範之君臣、父母子女及夫婦上下不對等關係作為傳統儒家思想所標榜的關係。本書作者認為《唐律》、《明律》或《大清律例》透過「十惡」所彰顯的三綱關係跟代表儒家思想的經典內容的論述有重大差別。

　　東亞地區深受傳統儒家思想影響的社會（包括中國大陸、香港、台灣、韓國、日本，新加坡、越南等），如果希望融合傳統儒家思想與當代學習或移植自西歐大陸或英美等國近兩百年來所發展出法律體制進行融合，有必要先瞭解儒家經典所傳遞的法律思想爲何？如此在融合與創新過程中，才能超越傳統，創造新法規範體系。

第三章 ｜ 清朝十惡制度與儒家經典的關係[1]

一、前言

　　本書作者在前一章中提出，當代許多中國法制史研究者認為清朝法制主要精神在於實踐儒家思想的觀點應該受到挑戰。因為，從原始儒家經典所論述的三綱關係（君臣、父子、夫婦）並不當然會發展出清朝法制體系。清朝統治者在1644年開始統治中國之後，在重要的選官考試將「四書」列為重要考試科目之一。但是從「四書」：包括《論語》、《孟子》、《中庸》、《大學》等代表儒家思想經典的論述並不當然可以導出清朝《大清律例》所執行的十惡制度[2]。向來被認為代表儒家思想的「四書」內容中有關儒家三綱五倫思想的論述跟清朝的《大清律》的法規範制度應該屬於兩種不同的範疇，不當然有必然連結關係。

　　在本章中，將分析清朝十惡制度如何緊密結合凌遲刑罰體制，將君臣、父子及夫婦關係發展成一個絕對上下不平等的關係並以國家刑罰權加以確定並維護。在本章中將分析清朝某些具體案例，說明十惡制度在清朝落實情形並將針對清朝《大清律例》法規範體制是否必然跟儒家經典的論述有關係提出質疑。

1　本章係從2013年3月21-22日在《中華法系與儒家思想國際研討會》發表的〈儒家思想與傳統中國法制—一個法制史的考察觀點〉後半段修改而來。該篇論文後來改寫為〈儒家思想與清朝科舉考試、教育制度及法規範的關係—法制史考察觀點〉收於高明士教授編，《中華法系與儒家思想》，台北，國立台灣大學出版中心，2014，頁417-472。

2　清朝在四書考試所運用的四書版本是否完全跟朱熹整理的版本或者秦漢時期的《論語》、《孟子》、《中庸》、《大學》內容完全一致，不是本章處理與討論的重點。

二、清朝《大清律例》規範的「十惡」制度

　　清朝政府在1644年開始統治中國時，為了取得統治正當性，宣稱其所訂定的法律主要延續明朝法規範。事實上，清朝《大清律例》在清朝初時或許跟《大明律》相類似；但是，清朝在統治中國268年期間不斷修改或增加《大清律例》之「例文」，因此，清朝《大清律例》在內容上到了統治中後期（尤其是乾隆朝開始）已經跟《大明律》有相當的差異。

　　乾隆五年所訂定的《大清律例》對於十惡的規範已經有所增修，最主要的是透過擴大凌遲的刑罰，強化十惡制度的威嚇力量。表面上《大清律例》的「十惡」條規定與《唐律》、（明律）「十惡」條規定一樣，都被放在整部法律第二個條文，也就是（名例篇）第二條。《大清律例》中十惡條文跟《唐律》（大明律）內容幾乎相同[3]。

　　《大清律例》規定：

　　十惡，一曰謀反，二曰謀大逆，三曰謀叛，四曰惡逆，五曰不道，六曰大不敬，七曰不孝，八曰不睦，九曰不義，十曰內亂。

　　《大清律例》律文小註說明：

　　謀反謂謀危社稷；謀大逆謂謀毀宗廟、山陵及宮闕；謀叛謂謀背本國，潛從他國；惡逆謂毆及謀殺祖父母、父母、夫之祖父母、父母，殺伯叔父母、姑兄姊、外祖父母及夫者；不道謂殺一家非死罪三人，及支解人，若採生折割。造畜蠱毒、魘魅；大不敬謂盜大祀神御之物、乘輿服御物。盜及偽造御寶。合和御藥，誤不依本方及封題錯誤。若造御膳，誤犯

3　薛允升在《讀例存疑》中說明：「此條律目、律文及註俱唐律之文。明仍用之，小有異同。國初及雍正三年、乾隆五年修改。」。具體文字取自取自寺田浩明教授網頁並參考黃靜嘉先生編校，（清）薛允升著，《讀例存疑重刊本》。網頁如下：http://www.terada.law.kyoto-u.ac.jp/dlcy/index. htm。

食禁。御幸舟船，誤不堅固；<u>不孝</u>謂告言咒罵祖父母、父母、夫之祖父母、父母，及祖父母、父母在，別籍異財，若奉養有缺，居父母喪，身自嫁娶，若作樂，釋服從吉。聞祖父母、父母喪，匿不舉哀，詐稱祖父母、父母死；<u>不睦</u>謂謀殺及賣緦麻以上親，毆告夫及大功以上尊長、小功尊屬；<u>不義</u>謂部民殺本屬知府、知州、知縣。軍士殺本管官，吏卒殺本部五品以上長官。若殺見受業師。及聞夫喪，匿不舉哀。若作樂、釋服從吉及改嫁，<u>內亂</u>謂姦小功以上親、父祖妾，及與和者。

　　薛允升在其所編《讀例存疑》說明，上述這些小字註解和《唐律疏議》沒有太多不同，不同之處僅「不道」。「不道」在《唐律》註解中沒有「採生折割」等字，而《唐律》中也沒有「採生折割人」條規定[4]。另外《唐律》在「大不敬」註解有「指斥乘輿，情理切害及對捍制使，無人臣之禮」等字；但，在《大清律例》則無這樣的說明。另，《唐律》註中對於「不孝」並沒有「夫之祖父母、父母」等文字[5]。由上面分析可見《大清律例》（名例律）第二條有關「十惡」規定跟唐、明時期法律規定並沒有太大不同。

　　但是，如果仔細分析清朝乾隆朝的《大清律例》或者光緒末年的《讀例存疑》，卻可以在清朝新增加的其他例文內容看到許多跟十惡有關係的規定。這些規定擴張的十惡制度的效力；其中以《大清律例》（刑律）（人命門）例文，尤其是跟「惡逆」有關行為處罰規定增加最多[6]。

　　陳郁如博士在其博士論文中分析「惡逆」律文與例文的變遷，發現從順治三年奏定《大清律集解附例》律文與乾隆五年《大清律例》；甚

4　《大清律例》（刑律）人命門有關「採生折割人」條規定：「凡採生折割人者，（兼已殺及已傷）凌遲處死，財產斷付死者之家。妻、子及同居家口，雖不知情，並流二千里安置。……。」，參考黃靜嘉先生編校，（清）薛允升著，《讀例存疑重刊本》，同前註，頁17。

5　同前註。

6　參考政大法學院博士陳郁如女士博士論文，《傳統法中個人與家庭之關係—以清律之「惡逆」為中心》；陳惠馨指導，民國102年（2013），頁36-68。

至到光緒朝末年出版《讀例存疑》可以看到「十惡」中「惡逆條」律文與「謀殺祖父母父母條」律文變化不大；但是在例文部分則有很大的變化[7]。例如乾隆五年《大清律例》「殺死姦夫條」增加11條例文，其中有一條跟惡逆有關；另外，在「毆祖父母、父母條」增加3條例文，其中一條與惡逆有關[8]。根據陳郁如博士的研究發現；在光緒末年薛允陞編的《讀例存疑》中，可以看到「殺死姦夫條」增加36條例文，其中有4條跟惡逆有關；在「毆祖父母、父母條」增加12條例文，其中4條與惡逆有關[9]。

　　由上述的說明，可知「十惡」制度在清朝對於人民的恐嚇與警惕作用高於中國其他朝代。清朝一方面對於十惡制度中的某些規定，例如（刑律）（賊盜門）「謀反、大逆條」、（刑律）（人命門）「謀殺祖父母父母條」、（刑律）（人命門）「殺死姦夫條」及（刑律）（人命門）「殺一家三人條」等條文加重處罰，主要對於行為者處以凌遲處罰[10]。另一方面，清朝《大清律例》透過「例文」擴張十惡規定的內涵，使許多牽涉子女對於君主、父母、夫的犯罪行為都進入凌遲處死的處罰。《大清律例》規範內涵的變動使得君臣、父子與夫妻三綱的關係有重大的改變。在清朝，法律對於君主、父親或夫的生命保護範圍有非常大的擴張，任何人只要觸犯到君主、父母或夫的生命都將受到最嚴厲處罰。例如，《大清律例》（刑律）（人命門）「謀殺祖父母、父母條」，於嘉慶十年增定

7　參考陳郁如，《傳統法中個人與家庭之關係—以清律之「惡逆」為中心》博士論文；同前註，頁36-52。

8　參考陳郁如，《傳統法中個人與家庭之關係—以清律之「惡逆」為中心》博士論文，頁52-58。

9　參考陳郁如，《傳統法中個人與家庭之關係—以清律之「惡逆」為中心》博士論文，頁58-68，例如，殺死姦夫條的例文七：內容為：「凡因姦同謀殺死親夫，除本夫不知姦情，及雖知姦情而迫於姦夫之強悍，不能報復，並非有心縱容者，姦婦仍照律凌遲處死外，若本夫縱容，抑勒妻妾與人通姦，審有確據，人所共知者，或被妻妾起意謀殺，或姦夫起意，係知情同謀姦婦，皆擬斬立決。……」，本條例文字取自田浩明教授網頁有關（清）薛允升著，《讀例存疑重刊本》內容。網頁如下：http://www.terada.law.kyoto-u.ac.jp/dlcy/index.htm。

10　參考陳惠馨，《清代法制新探》，台北，五南圖書，2014年8月，第2版，頁282-284。

「例文」規定：「謀殺期親尊長正犯，罪應凌遲處死者」。

　　另外，在道光二十三年，《大清律例》（刑律）（人命門）「殺死姦夫條」增定「例文」將妻（姦婦）的定義擴張到「聘定未婚妻、同養媳」[11]。而嘉慶六年（刑律）（人命門）「謀殺人條」也增定「例文」規定：「有服卑幼圖財謀殺尊長、尊屬，各按服制依律分別凌遲斬決；均梟首示眾。」。嘉慶六年（刑律）（賊盜門）「發塚條」也新增例文規定：「凡子孫發掘祖父母、父母墳塚，均不分首從，已行未見棺槨者，皆絞立決。見棺槨者，皆斬立決。開棺見屍並毀棄屍骸者，皆凌遲處死。……」[12]。上述相關規定的變遷說明清朝之際，如何透過法律（主要是例文）的修正，一步步加深君臣、父子與夫婦之間不平等的關係。

三、清朝牽涉十惡犯罪及凌遲處死執行情形

　　本書第二章中提到，本書作者曾經以「凌遲」為關鍵字，搜尋中央研究院所藏題本目錄70921筆資料有關執行凌遲處死的案件，總共查到2372筆跟凌遲有關的題本[13]。另外，以「凌遲」作為關鍵字，在故宮博物院出版《清代宮中檔及軍機處檔摺片資料庫》進行搜尋，也可以看到約90個跟凌遲案件有關的檔案。在這90個檔案主要是清朝牽涉謀反、大逆、子女殺害父、母、繼母、兄及伯叔父或妻因姦殺害夫等被凌遲處死案件的奏摺。在這些奏摺中，相關的官吏向皇帝報告這些凌遲處死案件如何進行審判及如何執行的過程[14]。

　　透過《清代宮中檔及軍機處檔摺片資料庫》90個跟凌遲處死有關檔案的標題，可以瞭解牽涉凌遲案件的基本資料。例如牽涉謀反、大逆或謀叛案件，檔案標題如下：

11　參考陳惠馨《清代法制新探》，頁142、283。

12　在明朝的法律中，本條的處罰規定為：「其子孫毀棄祖父母父母及奴婢雇工人毀棄家長死屍者斬。」在清朝法律對於這個行為施以凌遲的刑罰。

13　參考陳惠馨，《清代法制新探》，頁287。

14　參考《清代宮中檔及軍機處檔摺片資料庫》。

1.「審明涪州謀叛之逆匪俞鉉彬等擬請分別凌遲、斬決」（乾隆十三年一月十日）；

2.「奏爲世習邪教之陳聖儀等審明議擬分別凌遲斬決由」（乾隆三十七年八月二十九日）；

3.「字寄河南巡撫方受疇奉上諭交逆犯王學道來予凌遲梟示殊爲寬縱，著即奮勉緝獲在逃之劉逆等犯並對李文成案詳細研鞫確實毋任狡展」（嘉慶十九年十一月十八日）；

4.「奏爲審明糾眾結會搶劫放火斃事主子孫並拒捕傷官各犯分別定擬具奏（附件：報重病逆犯丁迪美已凌遲處死片）」（咸豐元年十一月二十七日）；

5.「奏爲首逆周立春解省審明凌遲處死具奏（附件：奏請從優議卹守城被戕之署知縣袁祖等片）」（咸豐三年九月一日）[15]。

牽涉殺害父母、繼母或兄姐案件，奏摺標題往往以下面方式呈現：

1.「奏報將酒醉發癲砍斃繼母之任關福凌遲處死摺」（浙江巡撫，乾隆二十八年五月八日）；

2.「奏報將因瘋病殺親之泌陽縣民凌遲處死摺」（乾隆二十九年四月二十八日）；

3.「奏爲王魁小子將親父致傷死亡一案臣已遵旨凌遲處死」（乾隆三十年八月二十一日）[16]；

4.「奏爲辦理蔑倫逆犯鎮平縣縣民王贊子照律凌遲處死相應遵例奏聞由」（乾隆三十六年四月十一日）；

5.「奏請王命委武昌府知府姚棻臣標中軍參將馬乾純將逆倫犯張存禮綁赴市曹凌遲處死」；「奏請王命將砍死親生父親之震澤縣民潘萬中綁赴市曹凌遲處死」（乾隆四十四年九月十五日）；

---

15 取自《清代宮中檔及軍機處檔摺片資料庫》中有關凌遲案件的標題及具奏時間。

16 本案中王魁小子並非有心要殺害其父親，但卻因爲要扎其堂兄卻誤傷父親，本來應該處斬，但是乾隆皇帝卻下旨認爲要處凌遲，因此被凌遲處死。關於本案後面還會討論。

6.「為洛川縣客民楊作兒因瘋砍斃伊父伊母與伊妹三命一案照章凌遲處死恭摺奏聞事（附件：奏商南縣知縣朱敦淳堪以委署孝義同知）」（嘉慶十九年七月二十九日」。

關於妻因姦殺夫或者妻誤毒夫之祖及夫之父母的案件，奏摺標題如下：

1.「奏報褒城縣縣民王萬氏和子毆死親夫王添武按律凌遲處死事」（乾隆三十三年二月十七日）；

2.「奏為審擬因姦致死本夫之王氏凌遲等由」（乾隆四十九年閏三月二十六日）；

3.「奏報審擬張全祿與張張氏叔嫂通姦謀命請凌遲處死（附上諭），張全祿張張氏均著即凌遲處死」（乾隆五十四年三月三日）；

4.「奏報審明謀毒夫兄誤毒夫祖及夫父母致斃四命之韋梁氏凌遲處死情形」（嘉慶二十二年五月二十八日）

除此之外，常見的凌遲處死檔案是有關「殺一家三命以上」犯罪，這些具題案件標題如下：

1.「奏報謀死五命首犯黎掌衡即行凌遲處死」（乾隆四十四年九月二十六日）；

2.「奏報兇徒拒捕殺斃六命審明凌遲處死情形」（乾隆五十五年四月七日）；

3.「奏為審明殺死一家三命之兇犯傅添得凌遲處決」（乾隆五十五年十月十日）；

4.「奏報兇徒拒捕殺斃六命審明凌遲處死情形」（乾隆五十五年三月十日）。

透過這案件標題可以看出清朝凌遲處死案件案由及被判要凌遲處死的人名。透過這些由督撫或將軍等所奏報凌遲案件奏摺標題與內容，可以瞭解「三綱上下關係的價值體系」在清朝法律體制中如何被實踐與運用。

我們可以說，「三綱上下關係價值體系」在清朝法律體系的位置幾乎是等同當代世界各國憲法體系中「人性尊嚴」或者「人權保障」觀念在法律體系中的位置；他們代表著整個法律制度的核心價值。只是任何侵犯三綱上下關係核心價值行爲的人在清朝都會受到嚴厲處罰。但在當代社會憲政法規範體制中「人性尊嚴」與「人權保障」等概念則具有挑戰既有法律規範合理性與正當性的檢驗與挑戰功能；當代宣稱是憲政之國家的各種法律如果侵害到個人人性尊嚴或侵害人權將受到修正或廢止。而在清朝法律則爲了保障三綱上下關係價值體系的存續。

四、牽涉「十惡」並遭凌遲的案件

爲了凸顯清朝有關「十惡」凌遲案件實際狀況，下面將以兩個跟凌遲有關的案件說明凌遲相關法規範的運作，及其跟現代法律運作的差異：

(一) 濮州民劉德照因爲造作妖言被凌遲處死案[17]

乾隆二十一年五月九日河東河道總督兼署山東巡撫白鍾山具奏一件濮州民劉德照因爲造作妖言被凌遲處死案，奏摺內容爲：

奏爲奏聞事，竊照濮州民劉德照造作妖言悖逆不道，經德州拏獲搜出字帖一紙，復經直隸開州在依妻家起獲悖逆紅紙字帖五紙節，經臣白鍾山並直督臣方觀承奏明在案。資于本年五月初八准直督臣先後資送紅紙字帖並委員押解劉德照妻子並字帖內有名之劉玉等到案。隨據兩司直審律擬招解到臣，臣及率同司道提齊各犯公同詳細鞫審。據劉德照供認逆詞具係自作自書，復令當堂比對，字跡相符，劉德照罪大惡極，雖萬死不足蔽辜，當於五月初九將正犯劉德照押赴市朝凌遲處死，除審錄供招另書具題外，僅將辦理緣由恭摺奏聞並將山東直隸搜獲逆詞字帖共六紙一并進呈伏

17　本案取自故宮博物院所出版之《清代宮中檔及軍機處檔摺片資料庫》，原收於《宮中檔乾隆朝奏摺》第14輯，頁358。係河東河道總督兼署山東巡撫白鍾山乾隆二十一年五月九日奏摺。

乞皇上聖鑒僅奏。[18]。

　　如果用今日台灣的法律規範分析，濮州民劉德照的行為僅是在紅紙字帖上寫下他對於朝廷的不滿或者皇帝不滿之意見（悖逆紅紙字帖五紙）。這樣的行為在二十一世紀強調人民意見表達自由的社會而言，並非是一個嚴重犯罪行為。當代許多國家的法律規範基本上保障人民批評政府或批評國家元首的權利。任何對於國家施政或元首的批評，只要不牽涉公然侮辱或者毀謗的行為（例如流傳這些批評紅紙字貼到各處且內容詆毀元首的人格），根本不屬於犯法行為。如果造成對於元首的公然侮辱或毀謗，則根據刑法規定最高判一年以下有期徒刑[19]；但是這樣的行為在清朝行為人將會受到凌遲處死處罰。

　　從代表儒家思想重要經典的內容，不論是論語、孟子、者中庸或大學內容，並不當然會導引到清朝濮州民劉德照的行為（在紅紙字帖上寫下他對於朝廷的不滿或者皇帝不滿之意見）必然會有凌遲處死的結果。也因此清朝這種將違犯君主或父母或夫的行為跟凌遲處死處罰的結合跟儒家思想無法劃上等號。清朝法律制度用以維持三綱關係的處罰方式跟原始儒家思想的三綱論述之間有很大落差。另外，也無法從儒家思想導出可以因為宗教信仰或者發表文章讓統治者覺得其統治正當性被挑戰時，就面臨被以「謀反大逆」凌遲處死的刑罰的關係。

(二) 王魁小子將親父致傷死亡凌遲處死案[20]

　　乾隆三十年八月二十一日山西巡撫兼管提督彰寶所題奏摺向皇帝說明

18　本奏摺的句逗係本書作者所加，本書所引其他奏摺亦同。

19　根據台灣現行有效的刑法第309條（公然侮辱罪）規定：「公然侮辱人者，處拘役或三百元以下罰金。以強暴犯前項之罪者，處一年以下有期徒刑、拘役或五百元以下罰金。」

20　本案係由山西巡撫兼管提督彰寶所具奏，原收於《宮中檔乾隆朝奏摺》第25輯，頁765，現收在故宮博物院所出版之《清代宮中檔及軍機處檔摺片資料庫》，屬宮中檔奏摺－乾隆朝文獻編號403021226。

有關王魁小子將親父致傷死亡凌遲處死案執行情形。彰寶在奏摺說明：

> 　　奏為尊旨辦理仰祈聖鑒事，乾隆三十年七月二十六日接到大學士公臣傅恆字寄乾隆三十年七月二十一日奉上諭彰寶奏審擬王魁小子將刀扎堂兄王牷小子誤傷伊父王瑚身死，請敕下法司核擬一摺，所辦非是滅倫重案，審訊既確，自應盃正典刑示眾。即使果係誤傷亦止可改為斬決即行正法，何庸法司再為核擬。況王魁小子拔刀向扎堂兄，以致傷死親父，罪大惡極，實為法所不容，即凌遲處死亦不為過，著傳諭該撫即照例辦理，不必報部存案。欽此。欽遵寄信到臣，臣跪讀之下不勝感束，伏思王魁小子因拔刀欲扎唐兄以致傷死親父，經臣審訊明確，法所難容，即應一面凌遲，一面奏聞。乃臣又復請旨，敕下法司核擬，實屬愚昧不諳。仰蒙聖諭訓誨至周至詳，臣即欽遵於奉到諭旨之日，傳知按察使藍欽達在於省監將王魁小子赴綁市曹，即行凌遲處死示眾並將卷案摰銷概不存案所有。臣遵旨辦理並感束下情理，核恭摺奏覆伏乞皇上聖鑒謹奏。」

　　這個奏摺內容說明清朝皇帝的意志對於審判及對於人民定罪用刑的影響。透過奏摺內容可以看到，當山西巡撫兼管提督彰寶根據清朝法律規定，對於牽涉死刑的案件請三法司核擬之時，卻因為乾隆皇帝個人表達

> ……況王魁小子拔刀向扎堂兄，以致傷死親父，罪大惡極，實為法所不容，即凌遲處死亦不為過，著傳諭該撫即照例辦理，不必報部存案。

　　王魁小子馬上就要被執行凌遲處死。透過這個奏摺，看到擔任山西巡撫的彰寶不僅不敢跟皇帝說明法律規定，還很快的將王魁小子綁赴市曹執行凌遲處死，並在奏摺中不斷強調「乃臣又復請旨，敕下法司核擬，實屬愚昧不諳。」。

　　這個奏摺內容說明，清朝乾隆皇帝個人意志在此案中顯然高過清朝法律規定。這也呈現在清朝之際，統治者對於任何侵犯三綱關係犯罪行為

不願輕輕放過的心態。從奏摺內容可以知道王魁小子並非故意要殺害其父親，而是誤傷其父親，根據清朝的《大清律例》應該罪不至於凌遲。但是由於皇帝表示意見了，山西巡撫兼管提督彰寶根本不敢跟皇帝論理《大清律例》的規定[21]。事實上類似乾隆皇帝在王魁小子案的處理，在清朝的《刑科題本》並不常見。但是，只要有一兩件這樣的案件，不免會讓人對於清朝法制確定性產生懷疑。

　　清朝不僅透過「十惡」規範強化三綱間關係，另外，更透過《大清律例》《刑律》（人命門）「威逼人致死條」規定，強化人民必須服從父母或夫。在《續修四庫全書》史部政書類所收的《刑案匯覽》從卷34-36都是有關威逼人致死條的案件。在其中，最主要的案件類型是子女因為不聽父母之命，造成父母自殺的案件[22]。在這類案件中，子女往往要被判斬刑或絞刑。透過《刑案匯覽》下面這個案件內容，可以瞭解清朝之際，父母跟子女間的緊張關係：這個案件標題為「言行違反致父母趕毆跌斃」，其內容如下：

　　北撫題，江泳青語言觸犯致其父趕毆失跌身死一案，查例載子不孝致父自致抱忿輕生者，擬絞監候等語。是子不孝致父自盡之案，必分別有

21　薛允陞《讀例存疑》卷34，刑律之十，人命之三，戲殺誤殺過失殺傷人第11條例文規定：「子孫過失殺祖父母、父母及子孫之婦過失殺夫之祖父母、父母，定案時，仍照本例問擬絞決。法司覈其情節，實係耳目所不及，思慮所不到，與律註相符者，准將可原情節，照服制情輕之例，夾簽聲明，恭候欽定，改為擬絞監候。至妻妾過失殺夫，奴婢過失殺家長，亦照此例辦理。」，本條在清朝是在嘉慶五年，刑部奏請定例，十一年修改。道光二十三年改定。根據薛允陞的說法，「謹按。過失乃六殺中最輕者，雖子孫之於父母，律亦僅止擬流，乾隆九年，因妻過失殺夫律內，罪名未能明晰，故比照子孫過失殺祖父母律，擬以滿流三十一年，改為絞立決。」。本條文字取自田浩明教授網頁有關（清）薛允升著，《讀例存疑重刊本》內容。網頁如下：http://www.terada.law.kyoto-u.ac.jp/dlcy/index.htm。

22　有關傳統中國社會對於父母子女關係的規範如何透過十惡的「不孝」制度加以規範請參考黃源盛，〈禮刑之間—從供養有闕到遺棄尊親屬〉收於收於高明士教授編，《中華法係與儒家思想》，頁31-82。

無觸忤干犯情節，爲斬決、絞候之分。此案江泳青因父江玉燿自外酒醉回家，令妻曾氏煮飯，值曾氏外出，無人答應。江玉燿生氣混罵，適該犯外歸見父已醉，勸令歇息。江玉燿村斥多管，一併喝罵，該犯即稱有錢喫酒，不如買饃充饑，何必在家混罵。江玉燿氣忿，即取鋤柄向毆，該犯跑避。江玉燿隨後追趕，失足滑跌倒地，被石塊挫傷左額角，越四日殞命。查該犯江泳青向伊父聲稱有錢喫酒不如買饃充饑何必在家混罵，等語似係鄉愚無知，偶因解勸出言錯誤，未便遽指爲觸忤，于犯案關斬絞候，應請交司駁令，另行審擬以昭慎重。道光六年說帖。[23]。

　　這個案件說明根據《大清律例》的例文，子女不孝至父親自己生氣自殺者，子女將受到絞監候的處罰。在這個案件中，江泳青因的父親江玉燿從外面喝醉酒回家，要叫其妻子曾氏煮飯，妻子曾氏外出，沒人回答，江玉燿自己生氣混罵，江泳青回嘴說「有錢喫酒，不如買饃充饑，何必在家混罵。」，江玉燿自己取鋤柄要追趕江泳青並自己「失足滑跌倒地，被石塊挫傷左額角，越四日。」。根據清朝的規定，如果江泳青是有心觸忤干犯情節那麼將受到斬決處分，如果不是將受到絞監候的處罰。除了這個案件外，《刑案匯覽》所收「威逼人致死條」的案件還包括下面這種案件，例如：

　　「違反致母觸發瘋病服毒身死」；「理責其子致母痛孫氣憤自盡」；
　　「訓責其子致姑痛孫氣憤自盡」；「並無違犯教令其母氣憤自盡」；
　　「因母犯姦追問斥辱致母自盡」；「義子違犯義母教令致令自盡」；

23　本案取自《續修四庫全書》，八七〇，（子部），（政書類），《刑案匯覽》卷34第一個案件，全文可在中國哲學書電子化計畫網頁，於「圖書館」下以《刑案匯覽》爲關鍵字找到。請參考卷34、35等威逼人致死標題下案件。（主要是道光十四年版本），網頁：http://ctext.org/library.pl?if=gb&file=27983&by_title=%E5%88%91%E6%A1%88%E5%8C%AF%E8%A6%BD&page=2，上網日期：2015年3月30日。

「歸宗義子頂撞義父趕毆跌斃」；「歸宗義媳頂撞義翁氣憤自盡」；
「因孫涉訟致己嫁祖母自盡」；「違犯居喪改嫁繼母致令自盡」；
「子婦違犯教令致姑氣憤自盡」；「因媳煮豆不爛致姑氣憤自盡」；
「姑嫌菜寡被翁抱怨致姑自盡」；「因姑有病不與冷物致姑自盡」等
等[24]。

上述案件中的子女、媳婦等都因為母親、義母或婆婆（姑）或公公
（翁）的自盡受到斬刑或絞監候的處罰。

除此之外，《刑案匯覽》「威逼人致死條」還收了許多女兒、妻子或
妾因為通姦行為造成父、母或者夫自殺的案件。這些分為女兒、妻或妾的
女性，因此受到斬決或絞監候的處罰。這些案件包括：

「被誘同逃並無姦情致夫自盡」；「姦夫姦婦威逼毆辱本夫自盡」；
「姦夫毆逼縱姦本夫自盡」；「婦女與人通姦致父羞憤自盡」；
「婦女與人通姦致夫被翁殺死」；「姦夫欲娶姦婦逼死姦婦之母」；
「夫之本生父母縱姦敗露自盡」；「姦拐同逃縱姦本夫憤自盡」；
「因妻戀姦潛逃致夫氣憤自盡」；「因夫窺破姦情毆逼本夫自盡」；
「撞破姦夫脫逃本夫越日自盡」；「姦夫索取休書本夫氣憤自盡」等
案件[25]。

在關於君臣關係部分，清朝《欽定吏部則例》對於為官者的責任與義

---

24 標題取自《刑案匯覽》卷34「威逼人致死條」的目錄，全文取自中國哲學書電子化計畫網頁，出處
　請參考註34。另外請參考莊以馨，《情罪平允的法律世界─以清代「威逼人致死」案件為中心，政
　治大學法學院碩士論文，民國97年，論文中提到刑案匯覽三編前後時間長達百餘年，其中「威逼人
　致死案件多達五百餘件，頁30；在論文第三章分析各種發生在清朝的「威逼人致死」案件，頁85-
　153。
25 標題取自《刑案匯覽》卷33「威逼人致死條」的目錄，全文取自中國哲學書電子化計畫網頁，出處
　請參考註34另請參考陳惠馨，《性別關係與法律─婚姻與家庭》，台北，元照，2013，頁55-70。

務有更爲細緻的規定，本章限於篇幅，不再加以討論[26]。

五、清朝透過《欽定禮部則例》強化人民對於三綱關係的認同

　　清朝除了延續明朝《大明律》的法律體制，在《大清律例》以十惡制度要求人民的行爲要符合三綱關係之外，更透過《欽定禮部則例》對於學校教育、考試制度及旌表制度加以規範，用以強化人民遵守三綱上下不平等的關係[27]。

　　乾隆四十九年《欽定禮部則例》（儀制清吏司）在「旗學事例」、「翻譯考試」、「考試條例」規定要取得任官資格者必須參與「四書」與「孝經」等科目的考試[28]。透過考試制度使得清朝想要取得任官資格者必須熟悉儒家思想中有關君臣、父子及夫婦關係的理念[29]。除此之外，清朝更在《欽定禮部則例》（儀制清吏司）「孝義貞節」中規定旌表制度，用以表彰忠義、孝悌之士及節孝貞烈婦女、孝子、順孫及義夫等。透過旌表

26　請參考故宮博物院編，《欽定吏部則例》，乾隆四十八年版及，雍正三年版《欽定吏部處分則例》，海口，海南出版社，2000。

27　清朝除了《大清律例》之外，另外還出現兩種新的規範形式：分爲是各部會編纂的「則例」及各省所編纂的「省例」。各部會「則例」內容既包含法規範規定同時也包括案例。不同部會「則例」有其不同編撰時間。整體而言，「則例」規範形式出現在清朝雍正皇帝與乾隆皇帝之際。「則例」與「省例」的大量出現是清朝法律的特色，這顯現出清朝法律的體系與結構已經跟明朝有所不同。

28　參考故宮博物院編，《欽定禮部則例二種》，第一冊，（共五冊），海南出版社，2000年6月第1版，頁1-3。

29　參考故宮博物院編，《欽定禮部則例二種》，第一冊，（共五冊），海南出版社，2000年6月第1版，頁237-238有關翻譯考試規定：「翻譯試題：鄉試一場四書清字論題一道，翻譯題一道（（滿洲用漢文，蒙古用清文，會試同）。會試兩場，頭場四書文題一道，孝經清字論題一道，翻譯題一道。）及頁245-248，考試題目歲科童試四書題一道，經題一道，五言六韻排律詩一道，覆試日四書題一道，論題一道並熟寫聖論廣訓一條。生員歲試四書題一道，經題一道五言六韻排律詩一道。科試減去經題改用策問一道。仍摘問經義令諸生條對並將士子所習本經各摘一段令其默寫錯落過多者雖文藝優通生童俱不准前列。四書題不得過求新奇連章混搭，其春秋脫毋諸題強爲牽合及諸經素擬標題勦襲雷同者俱行禁止。詩題官爲限韻並備韻本臨期給發，酌量足用，不得令諸生自攜，致啓夾帶之弊。」；另外還規定：「考試童生有能背誦五經或周禮儀禮並兼能講解者，文藝平順亦准錄取，倘文藝全屬草率仍不得藉背誦濫收。……」（247頁）

制度使得三綱的價值思維成爲清朝人民追求的目標[30]。

　　清朝的統治者一方面透過《大清律例》十惡規定讓各種侵犯皇帝統治權或各種子女殺害父母或者妻傷害夫的犯罪行爲受到凌遲或者斬、絞死刑的殘酷處罰並以此威嚇人民；另一方面，清朝統治者透過學校教育、考試制度及旌表制度強化人民對於三綱價值體系的認同。清朝這種結合法律、考試制度與學校教育達到統治社會的方法，事實上是傳統中國統治者的統治方法。這跟長孫無忌所撰《唐律疏議》中提到「德禮爲政教之本，刑罰爲政教之用，猶昏曉陽秋相須而成者也……」有一定的相關聯。只不過到了清朝，統治者更透過《大清律例》及《禮部則例》的規定，結合刑罰制度、教育制度、考試制度及旌表制度，將三綱上下關係的價值體系利用法規範加以整合，使得原來在中國屬於禮的範疇的行爲規範跟法規範有更密切的整合。[31]。下面分別說明清朝的學校教育制度、考試制度以及旌表制度與三綱的關係：

(一) 四書、孝經或聖諭廣訓是學校教育及考試的重要內容

　　清朝道光朝《欽定禮部則例》（儀制清吏司）「旗學事例」規定：

　　鄉試一場試以四書清字論題一道，滿州蒙古翻譯題各一道，會試兩場頭場試以四書清文題一道，孝經清字論題一道。二場滿州蒙古翻譯題各一道。[32]。

30　請參考故宮博物院編，《欽定禮部則例二種》，海口，海南出版社，2000，（故宮珍本叢刊）五冊，第三冊，道光年間版本，頁300-313，卷48儀制清吏司有關「孝義貞節」內容。另外，參考陳惠馨，《清朝法制新探》，第2版，頁267-282。

31　有關唐朝如何透過教育與法制建構家內秩序，請參考陳惠馨，〈《唐律》中家庭與個人的關係─透過教育與法制建構「家內秩序」〉收於高明士教授編《東亞傳統家禮、教育與國法（一）家族、家禮與教育》一書，東亞文明研究叢書46，台北，台大出版中心，2005，頁87-128。

32　請參考故宮博物院編，《欽定禮部則例二種》第三冊（共五冊），海南出版社，2000年6月第1版，道光年間的《欽定禮部則例》，頁332。

同樣，道光朝《欽定禮部則例》（儀制清吏司）「考試事例」也規定：

考試題目，歲科童試四書題二道，五言六韻排律詩題一道。覆試日四書題一道。經題一道，不拘何經酌出一條，小學論題一道並默寫聖諭廣訓一條。其生員歲試，四書題一道。經題一道，不拘何經酌出一題，五言六韻排律詩題一道。科試減去經題改用策問一道，並不拘何經摘取一段令其默寫，錯落過多者雖文藝優通不准前列。歲科兩試並貢監生錄科考遺均一體恭默聖諭廣訓一二百字。其不能默寫者按文義遞降等第及斥置不錄。[33]

此外，《欽定禮部則例》也規定：

考試童生有能背誦五經或周禮儀禮並兼能講解者文藝平順亦准錄取倘文藝全屬草率仍不得藉背誦濫收。[34]

《欽定禮部則例》有關考試規定執行情形可以從《清史稿》（選舉志）八十一，學校一之內容看到：

儒童入學考試，初用四書文、孝經經論各一，孝經題少，又以性理、太極圖說、通書、西銘、正蒙命題。嗣定正試四書文二，覆試四書文、小學論各一。雍正出初，科試加經文。東月晷短，書一、經一。尋定科試四書、經文外，增策論題仍用孝經。乾隆初，覆試兼用小學論。中葉以後，試書議、經藝各一。增五言六韻詩。聖祖先後頒聖諭廣訓及訓飭士子文於直省儒學。雍正間，學士張照奏令儒童縣、府覆試，被錄聖諭廣訓一

33　參考道光朝道光年間的《欽定禮部則例》，同前註，頁349-350。
34　參考道光朝道光年間的《欽定禮部則例》，同前註，頁350。

條，著爲令。[35]。

　　根據清朝雍正元年署掌陝西道事河南道監察御史呂謙恒上奏中提到雍正皇帝時特諭將《孝經》列爲鄉會試考試科目。陝西道事河南道監察御史呂謙恒在奏摺中提到：

　　……伏念我皇上以孝治天下，善繼善述，盡愛至愨，信足上媲虞、舜、下齊周武矣。復以士子通經，宜人人盡知敦倫務本之實，特諭嗣今鄉會兩試二場論題專於孝經摘出。此誠治天下之大經大法也。夫孝經一書乃孔門傳授之心法與六經相爲表裏。其體廣大其吉精微，其言包涵而簡要，曾子受之而誠身謹獨躬行實踐，故能獨承聖人之教而一貫之，道遂因以傳。我皇上聖學高深所以心契微言，若合符節臣工士子何幸躬逢昌明之化哉。[36]

　　陝西道事河南道監察御史呂謙恒上奏的目的主要建議皇帝統一《孝經》版本。在奏摺繼續說明：

　　但經義無窮吉宜畫一，所患者家自爲説，講解互異，難以遵守耳。竊見河南開封府中牟縣原任翰林檢討已故臣冉覲祖學術醇正說守先儒所著孝經詳說一書，義例分明詮釋詳備。請餝河南撫臣於其家查取此書進呈御覽。若其卷帙稍繁難於傳誦，祈命儒臣刪繁就簡定爲成書刊布中外，使家傳戶誦繹尋道理之淵源口讀心維，探索聖經之弘備。則經吉明而學人知所

35　本段文字取自清史稿志八十一選舉一，學校一的內容。本文所參考的《清史稿》取自下面網頁：http://gj.zdic.net/archive.php?aid-760.html，漢典古籍網頁。上網日期：2013年2月14日。

36　此段文字取自《清代宮中檔及軍機處檔摺片資料庫》，原始文件爲雍正朝奏摺一輯，頁516。主要是陝西道事河南道監察御史呂謙在雍正元年七月二十四日奏摺。

遵循。教化興而倫常因以廣勵矣。[37]

　　雍正皇帝有關「嗣今鄉會兩試二場論題專於孝經摘出」的特諭，在乾隆元年成爲定例。雍正十三年十一月二日署理都察院左僉都御史李徽奏摺中說明將《孝經》列爲考試科目對於清朝統治的意義。李徽在奏摺中將《孝經》跟中國歷代的統治者以及代表儒家思想者進行巧妙結合。奏摺中提到：

　　奏爲遵旨陳言仰祈睿鑒事，竊惟伏羲、神農、黃帝、堯、舜、禹、湯、文武、周公、孔子之道且載於易、詩、書、春秋、孝經、論語以及大學、中庸、孟子諸經書。故易稱伏羲氏神農氏黃帝堯舜氏之王天下。而書詩所傳皆唐虞三代之篇什也。書詩經孔子刪定，周易經孔子贊明，而春秋、孝經實出孔子手著。故孟子曰孔子懼作春秋，史記載孔子以孝經授曾參者辭最晰。曾子之孝事親守身道歸養志，而子思以德爲聖人，尊爲天子，富有四海之內宗廟饗之子孫保之爲大孝。孟子亦曰孝子之至莫大乎尊親，尊親之至莫大乎以天下養者，其義皆本之孝經所云天地之性人爲貴。人之行莫大於孝，孝莫大於嚴父，嚴父莫大於配天者也。[38]

　　李徽接著在奏摺中強調「蓋孝經所謂天子之孝聖人之孝者，至我皇上而始稱合德焉。」其在奏摺中說明如下：

　　臣幸蒙召對竊仰聖容於一日萬幾之勤見，三年不言之隱，蓋孝經所謂天子之孝聖人之孝者，至我皇上而始稱合德焉。先儒取大學、中庸於禮記四十九篇之中與論語、孟子並資學者，身心日用切近之講習而謂之四

37　同前註。

38　此段文字取自《清代宮中檔及軍機處檔摺片資料庫》，原始文件爲雍正朝奏摺第25輯，頁359。主要是都察院左僉都御史李徽奏摺在雍正十三年十一月二日的奏摺。

書。四書者爲孔子、曾子、子思、孟子四子之書，非謂孔子所傳論語諸篇不可以稱經而漢儒所纂禮記諸篇不可以稱書也。大學、中庸並出曾子、子思之門而孝經則正孔子所以親授曾子者。今大學、中庸而外，漢儒所纂禮記之四十七篇皆得與易、書、詩、春秋並列五經；而孔子親授曾子之孝經反不得與大學中庸同爲四子授受之書以資學者身心日用切近之講習也可不謂輕重失實乎我皇上以三年不言之聖心敷一日萬幾之實政。凡有所言皆伏義、神農、黃帝、堯、舜、禹、湯、文武、周公、孔子列聖相傳之德言，凡有所行皆伏義、神農、黃帝、堯、舜、禹、湯、文武、周公、孔子列聖相傳之德行。則我皇上所當表章而釐正者亦即在茲伏義、神農、黃帝、堯、舜、禹、湯、文武、周公、孔子列聖相傳之德業經書也。[39]

從李徽的奏摺，可以看到清朝統治者如何透過跟傳統中國歷代重要的統治者連結，以取得其統治中國的正當性。李徽在奏摺中建議：

臣愚以爲孝經一書似應與大學中庸訂歸一冊，自乾隆元年爲始，凡遇鄉會諸闈即以孝經與大學中庸一體命題考試。則天下士子皆知以孝經爲身心日用切近之講習。而，先儒所謂以孔子、曾子、子思、孟子轉相授受之書爲列聖相傳道統治統之正脉者，亦因是而大觕其淵源矣是否可行伏候聖訓。[40]。

清朝將《孝經》列爲考試科目不僅適用於漢人所參加的鄉會試，同時也適用於清朝人所要參加的考試。此在乾隆朝開始執行，乾隆四十九年《欽定禮部則例》卷50（儀制清吏司）「翻譯考試」規定：

翻譯試題鄉試一場，四書清字論題一道，翻譯題一道，滿洲用漢文，

39 同前註，都察院左僉都御史李徽奏摺在雍正十三年十一月二日的奏摺。

40 同前註，都察院左僉都御史李徽奏摺在雍正十三年十一月二日的奏摺。

蒙古用清文，會試同。會試兩場，頭場四書文題一道，孝經清字論題一道。兩場翻譯題一道。[41]

　　由於滿人或蒙人要參加的「翻譯考試」要考《孝經》；因此咸豐六年時，綿愉、奕訢及裕誠共同具奏，要求刊刻欽定合璧孝經樣本。在這個奏摺中提到：

　　奏爲恭進　欽定合璧孝經樣本事，咸豐六年七月二十三日奉上諭，繙譯孝經係雍正年間編輯爲八旗各項考試命題之本；向無清文、漢字合寫成書，且其時滿洲新語未備，書中音義皆係舊語；現在各省駐防鄉試童試舉行繙譯已歷有年，在京各項考試尤爲八旗士子進身之階，誠恐其循誦習傳不免參差簡畧。朕因詳加校閱遵照乾隆年間欽定繙譯五經新語，悉加釐定。著武英殿刊刻清文漢字合璧成書，頒行中外，俾各士子講習有資用昭法守欽此。此嗣經八月初一臣由軍機處交出清漢文合寫孝經一部臣等督率司員飭令匠役遵照原樣敬謹刊刻刷印校樣呈報軍機處校對無訛後，刷印裝潢黃綾套黃綾面頁樣本書一部恭呈御覽伏。查道光十六年刊刻清漢對音字式裝潢二部帶往盛京恭存再裝潢五部交懋勤殿擬處陳設。此次可否遵照之處恭候欽定。至頒發中外各衙門若干部，請交軍機處定擬頒賞並請於通行書籍內刷印一體通行。凡在官在學者准其備價請領，俾各士子講習有資用昭法守爲此謹奏。[42]

　　皇帝的硃批：

41　參考《欽定禮部則例》同註32，冊一，頁237-238。

42　參考故宮博物院，《清代宮中檔及軍機處檔摺片資料庫》，原收於宮中檔咸豐朝奏摺複製本18輯頁470，綿愉、奕訢及裕誠咸豐六年九月二十九日的奏摺。

送往盛京二部，各處陳設十五部，餘依議。[43]。

透過這個奏摺內容可以看到清朝對於《孝經》的重視，另外也可以瞭解即使到了咸豐六年，清朝統治者在語言上依舊區分清文與漢字使用。清朝將《孝經》列為重要考試科目，呈現出父子間的孝與君臣之間的忠觀念結合。此可從《孝經》下面這段話得到印證：

仲尼居，曾子侍。子曰：「先王有至德要道，以順天下，民用和睦，上下無怨。汝知之乎？」曾子避席曰：「參不敏，何足以知之？」子曰：「夫孝，德之本也，教之所由生也。復坐，吾語汝。身體髮膚，受之父母，不敢毀傷，孝之始也。立身行道，揚名於後世，以顯父母，孝之終也。夫孝，始於事親，中於事君，終於立身。《大雅》云：『無念爾祖，聿脩厥德。』」

(二) 透過旌表制度強化人民效忠國家、孝順父母及為夫守貞生命目標

清朝一方面透過《大清律例》十惡的擴張規定，在人民、為人子女者或者妻子（包括妾、童養媳、聘定妻）有任何殺害君主、祖父母、父母或夫之祖父母、夫生命的行為都以最嚴酷刑罰：凌遲處死加以處罰。這讓一般人在心目中對於這樣的犯罪行為有一種排斥與厭惡與害怕的感覺。

在清朝統治地區每一次凌遲刑罰執行都是宣誓上下尊卑三綱關係價值的展示場。而除了透過學校教育及考試制度要求所有讀書人必須要熟悉四書及《孝經》的內容外，清朝並在《欽定禮部則例》中詳細規定各種符合三綱價值的旌表制度，使得人民將遵守法律上的三綱關係作為其人生重要

---

43 參考故宮博物院，《清代宮中檔及軍機處檔摺片資料庫》，綿愉、奕訢及裕誠咸豐六年九月二十九日奏摺。

追求的目標[44]。

旌表制度所給予人民的不僅是榮譽的表彰他還有經濟上的誘因。在故宮博物院2000年出版的《欽定禮部則例二種》中可以看到（儀制清吏司）有關「孝義貞節」規範內容。透過這個規範標題可以知道哪些行為可以被旌表[45]：「對於忠義孝悌之士及節孝貞烈婦女題請旌表」，「對於直省孝子順孫義夫節孝貞烈婦女的旌表」，「對於孝女在父母未有子孫終身奉親不嫁者的旌表」，「對於直省義夫的旌表」[46]，「對於因強姦不從致死及因人調戲羞忿自盡者的旌表」等。

根據《欽定禮部則例》（儀制清吏司）卷48「旌表孝義貞節」規定對於直省孝子順孫義夫節孝貞烈婦女應旌表者應由「該督撫、學政會同具題並取具冊結送部由部覈議題准後令地方官給銀三十兩聽本家建坊」[47]。旌表制度實際執行狀況可以在《欽定禮部則例》看到。例如道光七年，江蘇常州府武進陽湖兩縣採訪到的貞孝節烈婦女就有3018口。清朝決定：「因人數較多經該撫疏請給銀三十兩總建一坊。仍准於節孝祠內設牌致祭。經本部核准具奏奉旨依議。」；道光十四年江蘇揚州府寶應縣採訪得貞孝節烈婦女492口，最後禮部決定：「該撫等援照武進陽湖兩縣總坊之案，題請旌表。」[48]。

旌表制度不僅對於漢人有其作用，滿人、蒙人或者苗人也都將他視為一種榮耀。在《欽定禮部則例》可以看到相關案例的記載：

謹按乾隆四十年，據正紅旗蒙古都統咨稱噶爾投誠回子克什克之妻劉

---

44 參考陳惠馨，（清朝法制新探），頁267-282。

45 參考故宮博物院編，《欽定禮部則例二種》，海口，海南出版社，2000，（故宮珍本叢刊）五冊，第三冊，卷48（儀制清吏司）有關「孝義貞節」的規範，頁300-313。

46 所謂可被旌表的義夫必須是：「年在三十歲以內有子嗣原配身故並不續娶納妾且孝友克敦素行淳樸至六十歲以上身故後准請旌表」。參考陳惠馨，《清代法制新探》，第二版，頁275-276。

47 同前註，頁300-313。

48 參考陳惠馨，《清代法制新探》，頁268-274。

氏，寒苦守節撫孤。經禮部照在旗另戶例具題奉旨准其旌表。

　　乾隆四十七年四川總督福康安奏木坪土司甲勒慕納木喀等之母節婦王氏，請旌奉旨准其旌表。由禮部行文該督照例辦理。

　　道光十三年議准護理貴州巡撫麟慶奏苗民節孝可否酌加優獎一摺經本部援照乾隆四十七年木坪土司甲勒慕納木喀等之母節婦王氏准旌之案，請將該護撫原奏所稱古州十一人，清江七人，丹江二十人內，孝子二名。宣噶係昂垢寨蓄髮苗，賈香係背皎寨紫薑苗，節婦三口區招係挑繞寨黑苗禾落及其媳曰噶係排卡寨紫薑苗，均准於該廳地方各建貞孝總坊題名旌表，應給建坊銀兩，行令地方官照例給發等因具奏奉旨准其旌表。[49]

　　郭松義教授在《倫理與生活─清代的婚姻關係》一書中提到，有清一代只旌表節婦一項便及百萬之眾，人數是董家遵教授根據《古今圖書集成》所算出明代節婦人數27141人的40倍[50]。由此可知清朝對於三綱上下不平等的價值的推動效果更甚於明朝。三綱關係對於中國人民的影響在清朝超越了其他朝代。

六、繼受或移植西方法律制度百年之後，如何重新詮釋儒家思想

　　清朝在1902年決定開始學習德國的刑法制度，在光緒三十四年所提出的《大清刑律草案》中逐漸放棄傳統中國以三綱上下關係的法規範架構[51]。從當時清朝不同的部會及各省督撫對於這份刑律草案提出簽注。從

49　參考陳惠馨，《清代法制新探》，頁272-273。

50　參考郭松義，《倫理與生活─清代的婚姻關係》，北京，商務，2000，頁387。

51　有關清朝末年法律的變革過程請參考李貴連，〈清末修訂法律中的禮法之爭〉收於《近代中國法制與法學》，北京大學出版社，法學論叢，法律史系列，北京，2002，頁110-136，本文在1982年發表於武漢大學（法學研究資料）第3、4期。另外請參考黃源盛，〈中國法律文化的傳統與蛻變〉及〈大清新刑律的禮法爭議〉，收於《法律繼受與近代中國法》，國立政治大學法學叢書（55），頁3-41及199-230，初次發表於1997及1993年）。

簽注內容，可以瞭解在一百多年前清朝官員們面對國家法律要取消既有三綱上下不平等關係所建構出的法律體系有許多的疑慮。

　　例如當時的「學部」認為新律草案視父母與路人無異[52]；兩廣總督簽注認為大清新刑律草案雖然將關於帝室之罪弁冕簡端，卻只有寥寥數言，且增入了對帝室過失犯罪的規定而予以寬刑。至於故意殺害祖父母、父母及期親尊長，雖處以死刑，但仍覺與謀殺犯人沒有大的區別。其他對祖父母、父母及期親尊長的犯罪，如傷害成篤疾廢疾、發冢損體棄屍，皆無死罪的規定。對於君親之犯罪重刑過輕，「恐世薄天親，人忘其本」[53]。

　　直隸總督在簽注中也表示：

　　各國訂定法律，莫不各就本國風俗習慣纂成一國之憲典。我國最重家族，故舊律于干犯倫紀諸條科之特嚴；又其民之具，以禮為本、以利為末，其奸誘諸罪，黜禮潰義、敗壞名教。為人心所同惡，即為國法所不容。修訂之初稍有不當，既無以止暴而禁奸，且不免驚世而害俗。草案如謀為大逆過失者亦許罰金，傷害尊親屬雖致殘廢仍不貸死罪，和奸則僅科及有夫之婦，誘拐則不禁二十歲以上之人，似此有悖禮教之條，不勝枚舉。夫中國治民之道，斷不能離倫常而更言文明，舍禮制而別求教化。令徒驚一時之風尚，裁他國之名詞，強令全述國民以就性質不同之法律。

　　除此之外，東三省總督，浙江巡撫、江蘇巡撫、湖南巡撫、陝西巡撫等都表示對於這樣立法的疑慮。清朝末年變法之際，當時重要的官員對於要貿然放棄以三綱上下不平等關係的價值思維體系學習西方當代刑法體系的擔憂，在當時被急於改革人士稱為保守派人士。但是如果從另外一個角度分析當時所謂保守派者的意見，或許可以看出，所謂保守意見者的觀點

52　參考高漢成，《簽註視野下的大清刑律草案研究》，北京，中國社會科學出版社，2007，頁65-68。
53　參考高漢成，《簽註視野下的大清刑律草案研究》，同前註，頁68-71。

呈現出對於一個社會要放棄既有法規範體制可能面臨的困境的焦慮。

　　如果當時這些反對聲音可以轉化爲提出更爲細緻與逐步可行改革方案，或許清朝末年以來，企圖透過繼受或移植西方法律體制的變法路徑會有不同發展可能。畢竟清朝所建構的三綱不平等價值體系並非僅由《大清律例》所建構，三綱不平等價值體系，也在清朝《欽定禮部則例》中被設定並透過教育制度、考試制度及旌表制度，甚至透過《欽定吏部則例》、《吏部處分則例》等法規範架構出一個制度綿密的三綱價值爲中心的法律制度。

　　清朝統治者企圖在清朝末年透過訂定新刑律，訂定《民法》規範，改變中國傳統社會中運作久遠以三綱上下關係爲價值中心的法律體系，幾乎是不可能的任務。因爲西方在近代兩百年所建構的「刑法」、「私法」、「行政法」，甚至「憲政」體系是一個完全不同於清朝三綱價值法規範體系的法律體系。要改變中國傳統法律體制不僅要進行法規範體制的變革，還需要針對學校教育、考試制度與旌表制度的價值內涵進行調整或改變。如果沒有瞭解繼受或移植西方法律體制也代表著同時要移植西方法律體制背後的價值體系，那麼清朝末年之際變法目標終難達到。

　　《清史稿》（選舉志八十二）記載說明清朝末年法規範體制的改變並沒有帶動學校教育制度的改變。清朝統治者當時雖然將書院教育改變爲京師大學堂教育，但是，京師學堂管理還是在傳統的舊體系，舊價值觀念中運作。京師學堂學生所接受的教育內涵還是以聖諭廣訓爲主；京師學堂教育中並沒有引進西方以辯證、對話的教育思維模式。一個對話辯證的學校教育體系或許至今還未能在不同地區的華人社會生根。《清史稿》記載：

　　設立京師大學堂時，各學堂管理通則之規定，與舊章大體相同。月朔，監督、教員集諸生禮堂，宣讀聖諭廣訓一條。皇太后、皇上萬壽節，至聖先師孔子誕日，春、秋上丁釋奠，爲慶祝日。堂中各員率學生至萬歲牌前或聖人位前行三跪九叩禮。畢。各原西廟立，學生向各員行三揖

禮退，開學散學或畢業率學生至萬歲牌前，聖人位前行禮如宜。學生向監督、教員行一跪三叩禮，督學等施訊語，乃散。[54]

七、當代華人社會如何融合儒家思想與當代移植於外國的法律體系

　　本章主要目標要說明清朝十惡制度與儒家經典的關係。本書作者認為原始儒家經典所承載的儒家思想並不當然引出清朝法制中絕對上下不平等的三綱關係。如何釐清儒家思想的本質並在當代華人社會尋找融合儒家思想與當代憲政法律體制，創造一個更適合華人社會新的法律體制是二十一世紀不同地區華人社會可以努力的目標。以台灣為例，台灣在1683年被清朝統治兩百年之後，於1895年到1945年之際，被日本殖民50年。日本在統治台灣50多年過程中，逐漸將移植自歐陸的法律體制在台灣施行。

　　從1945年開始，在台灣開始適用的法律主要是在中國大陸於清朝末年及民國初年從歐陸學習並訂定的六法全書法律體制。1947在中國大陸公布的憲法也開始在台灣適用。1990年到2005年，這部憲法也以「憲法增修條文」形式被修改七次。另外，從1990年代開始台灣開始進行許多法律的修改或訂定工作。例如民法（包括總則、債、物權、親屬及繼承編），到2015年1月14日共修改了27次[55]。刑法到2014年6月18日也修改了30次；民事訴訟法到2013年5月8日也修改了19次；刑事訴訟法到2015年2月4日修改了35次。

　　上述這些法律的修改代表台灣逐漸透過立法並配合社會變遷與需要調整法律。每一次修改法律的行動，顯示著台灣法律制度逐漸跟傳統中國社

---

54 有關清史稿的內容主要取自下面網頁：http://gj.zdic.net/archive.php?aid-760.html，漢典古籍網頁。上網日期：2013年2月23日。

55 請參考法務部全國法規資料庫關於民法的沿革。請參考下面網頁：http://law.moj.gov.tw/LawClass/LawHistory.aspx?PCode=B0000001，上網日期：2013年2月24日。

會的法律制度區隔或融合。目前台灣法律體制究竟跟歐陸及英美社會以個人出發的法律規範體系的相同與相異之處爲何？台灣是否已經落實西方近代以來所發展，以人權保障爲法規範核心價值體系的思維？值得進一步研究。可以確定的是：目前在台灣立法院訂定或修訂的各項法律或者大法官解釋法律是否違反憲法的精神時，往往是以「自由、平等」、「人性尊嚴」、「人權保障」、「比例原則」等關鍵概念作爲立法原則或審查標準。在學校法律相關系所教授法學與法律體系課程內涵也強調上述立法原則與標準。

　　但是，觀察台灣一般學校基礎教育，可以發現，國小、國中與高等中學、職業學校以及大學非法律學科的專業教育中，並不強調學習自西方法律體制所強調的「自由」、「平等」、「人性尊嚴」等理念。相反地，根據黃俊傑教授研究，台灣過去數十年來，學校的基礎教育（國小、國中）及高中教育中，「中國文化基本教材」等課程，對於台灣人民至今仍有深入影響[56]。在高中以下基礎教育中，國文課本內容仍保有傳統中國文學甚高比例。台灣的教育部在2009年決定提高高中國文課程中傳統中國文學爲百分之六十五[57]。從台灣學校教育內容可想而知，台灣人民受傳統中國思想與價值影響應該依舊深遠。

　　如何將台灣同時存在「傳統文化價值體系」與「現代法體制中現代價值體系」進行融合並發展出一個新的價值系統，指引人民在不同生活範疇中行動，是重要的努力目標[58]。黃俊傑教授在其《東亞儒學史的新視

56　有關儒家思想在戰後台灣教育體系的影響，參考黃俊傑，〈戰後台灣文化中的儒家思想：存在形式、內涵與功能〉收於《台灣意識與台灣文化》一書，2006，台大出版社增訂新版，頁201-216。

57　根據自由時報2009年10月13日的報導，教育部決定從一百學年起，高中國文科的文言文比率，將從現行45%，再度提高到最多65%，今年國二生首先適用。現行高中國文課本三年內一共要讀七十六篇文章，目前的文言文約三十四篇，另有六篇爲附錄，共四十篇，提高到六成五之後，就要讀到四十九篇，足足增加了九篇，平均每年要多讀三篇古文。參考下面網頁：http://www.libertytimes.com.tw/2009/new/oct/13/today-life9.htm，上網日期：2013年2月27日。

58　參考黃光國〈儒家價值觀的現代化轉換：理論分析與實徵研究〉，收於《本土心理學研究》。第3

野》一書中用儒學一詞討論儒家思想，其在自序中說明，儒學雖起源於中國，但是，卻是東亞各國文化的共同資產，因此，希望從宏觀儒學角度，分析儒學在東亞各國的發展及相同與相異之處，企圖重新確定東亞儒學的內涵與特質。黃俊傑教授特別強調要透過「文明的對話」重新詮釋東亞儒學並希望可以對於東亞文化傳統進行「創造的轉化」[59]。

　　在台灣繼受並運作來自西方法律體制一百年之後，我們需要檢討的是，目前台灣在大學法學教育所教導學生的法學知識與學生參加律師、司法官考試科目，主要是清朝末年以來，中國學習自德國或美國的憲法、民法、刑法及一般行政法理論。而學習自德國民法、刑法或者德國與美國憲法體制，主要是從個人主體性出發，在憲法中強調個人人性尊嚴、人權保障的價值體系。在《民法》則強調個人人格獨立自主，每個人有平等的權利能力[60]；另外，台灣《刑法》強調個人為自己故意過失行為負責，不再有緣坐制度，目前在台灣法律不再規定人民因為其家庭成員犯罪，因此也要受到處罰。

　　歐陸各國法律體制並不僅包括上述的《憲法》、《民法》與《刑法》規範，以德國為例，在十九、二十世紀之間，德國的法律訂定主要著重《憲法》、《民法》、《刑法》的建構。但是在二十一世紀，德國最重要的立法，是社會法典體系的建構。德國在2005年完成其社會法法典化的工作。目前德國社會法法典內容包括十二個法規範：教育促進法、勞動促進法（包含失業保險）、健康保險法、勞災保險法、長期照護保險法、社會補償法、子女津貼法、養育津貼法、兒童與青少年扶助法、住屋津貼法、身心障礙者保護及社會扶助等法規。

　　德國社會法典所包含的各種法律主要是協助個人在其成長與生老病死

期，1995，頁285-289，330-331。

59　參考黃俊傑，《東亞儒學史的新視野》自序部分，台北，臺大出版中心，2004，頁vll-x。

60　台灣《民法》第6條規定，人之權利能力（享受權利負擔義務的能力）始於出生，終於死亡，這樣的規定宣誓人人平等原則。

的過程中，有向國家請求給予協助權利。這種由國家設定制度，協助個人度過期生命困境（幼年、老年、身心障礙或經濟困境）的法規範設計說明，雖然西方的法律制度強調個人獨立自主，但在眞實社會生活中，個人往往有可能處於無法眞正獨立、自主的時刻。

在個人生命面臨年幼、老年、生病或者意外時刻時，個人將面臨孤單、寂寞與無法獨立照顧自己的困境。此時，或許可以重新思考，究竟儒家思想強調的三綱關係，是否能夠在當代社會透過法律體制納入考量。也就是，是否傳統中國的三綱價值可以在法律保障個人獨立自主、平等與自由的價值同時，也可以讓婚姻（異性婚或同性婚或者同性伴侶關係）、家庭（任何家庭成員組成）、社區、國家或超國家的區域組織，乃至聯合國組織對於當代人民生命的重要意義。

我們可以重新考量儒家思想所強調個人跟各種親密關係的重要意義並在全球化時代下，找到平衡個人與婚姻、家庭、社區、國家、超國家的區域組織（例如東亞或者國際貿易組織、國際衛生組織的關係、聯合國等）彼此間比較合宜的關係。

華人社會立法者，可以思考如何改良取自歐美個人主義爲價值中心法律體制；設計出既可以尊重個人自由、平等生活條件，又可以兼顧婚姻或同性、家庭關係中的各種夫妻、同性伴侶乃至父母子女關係；同時也可以兼顧個人可以跟社區、國家或超國家組織間有一個互相支持系統。讓需要被照顧的未成年人、身心障礙者、暫時性無法自主生活的個人或老年人可以在家庭、社區中受到照顧。因此，如何從儒家思想資源中獲取智慧及靈感，創造一個適合華人社會的憲法、民法、刑法、行政法及社會安全法規是當代華人應該共同透過討論與對話達到的目標。

八、結論

本章企圖透過分析十惡制度在清朝的實踐以及「四書」作爲清朝官吏考試制度的重要考試科目，對於三綱的論述在清朝的影響。本書作者要強調，清朝法律體制中有關十惡的設計以及在教育、考試與旌表制度所建構

的三綱上下絕對不平等關係並不必然可以從儒家思想導出。儒家經典所強調的三綱關係並不當然是清朝法律體制所建構出來的君臣、父子與夫妻間絕對不平等的關係。儒家思想與儒家經典主要將社會關係，從跟個人生活有密切關係的君臣、父母子女與夫婦關係出發並加以討論。這跟清朝所宣稱以儒家思想爲規範價值核心建構出來的「十惡」爲中心的律體制有所差異。在當代華人社會繼受或移植自西方，以個人主義爲核心的法律體系，過度強調個人的主體性，忽略人跟人之間關係的重要性，這對於華人社會個人的影響如何？有待進一步研究。

　　在二十一世紀的今日，對於個人而言，婚姻、家庭、社群、國家，乃至超國家的組織對於當代社會中每個個人生活都具有重要意義，也因此儒家在兩千年前所提醒，注意的三綱關係，在今日依舊有其重要啓示。但是，當今社會已經不是春秋戰國之際，小國寡民的社會；目前，資訊科技的發展與交通便捷性，使得人跟人的關係，不再侷限於人與婚姻、家庭或人與國關係。如何從現代法律所強調維護個人尊嚴，追求平等與自由的角度出發，重新思考儒家思想所提出的三綱關係在當代社會法律體制中的意義，值得今日不同地區的華人社會共同努力的方向。

　　而，在強調個人自由、平等的今日社會，當我們討論三綱關係時，必須超越傳統社會對於君臣、父子、夫婦關係的想像，將君臣關係轉換爲全球化時代下個人與群體（國家或區域聯盟）關係；將父母子女關係轉換爲與個人關係最密切的核心家庭關係；而夫妻關係則應該轉換爲男女婚姻或同性伴侶間關係。如此，當代人權的價值觀與儒家思想應該有融合與調適的可能。

第四章 | 透過《大清律例》與《吏部則例》再現清朝法規範整體面貌

一、前言

　　二十世紀關於清朝法制研究主要以《大清律例》爲中心[1]。主要針對《大清律例》法規範性質，法規範所設計制度與法規範實踐進行分析與討論[2]。有些論述提出《大清律例》類似當代歐洲由德國或法國發展出來的刑法規範並因此認爲清朝法制僅有刑法或者民事法律規範不完整[3]。本書作者在2012年10月出版《清代法制新探》一書第一版之際，雖然已經注意到2000年由故宮博物院委託海南出版社出版的清代各部會《則例》並進行閱讀。但是，書寫《清代法制新探》一書過程中，卻免不了僅從《大清律例》角度分析清朝法制[4]。過去這幾年，本書作者指導政治大學法學院在職專班碩士生李萬晉博士書寫《清朝官吏的銓選與品級考－以《吏部則例》規範爲中心》碩士論文以及黃偉倫建築師書寫《論清代官方建築的營建及管理制度》碩士論文。由於他們分別具有人事管理學或建築

1　本章用《大清律》泛指清朝延續《大明律》之法規範。但用《大清律例》用以指稱乾隆朝之後這部法律。清朝在不同時期對於《大清律》有不同稱呼。順治三年剛林上奏之法規範名爲《大清律集解附例》共有十卷；今日我們所稱之《大清律例》則是乾隆五年修訂且命名；參考田濤，鄭秦點校，《大清律例》，點校說明，頁1-4。

2　參考張晉藩，《中國法律的傳統與近代轉型》，法律出版社，1997，頁216-226；何勤華，《中國傳統律學述要》，北京，商務印書館，2004，頁398-505；本書作者陳惠馨在2012年出版的《清代法制新探》也是以《大清律例》爲主要討論對象，2014年8月，第二版，頁97-168。

3　參考寺田浩明著，王亞新等譯，《權利與冤抑：寺田浩明中國法史論集）》，北京，清華大學出版社，2012年7月與黃宗智《清代以來民事法律的表達與實踐：歷史、理論與現實）》（全三卷），北京，法律出版社，2014年4月等相關論文。

4　參考陳惠馨，《清代法制新探》第2版，2014年8月，台北，五南圖書，二版自序，頁xiii-xv。

學專業知識；透過與他們討論與對話，對於清朝整體法制有一個新的理解[5]。另外，本書作者分別於2013年及2014年在政大法學院開設法制史專題研究課程，與修課碩士生一起從法規範角度研讀《欽定吏部則例》與《欽定戶部則例》。透過與學生課堂討論及學生報告，對於清朝法制整體規範設計也有更深入的觀察；也因此不僅研究《大清律例》，還延伸研究清朝各部會之則例[6]。

　　本章從清朝《大清律例》與《吏部則例》分析清朝法規範體系，藉此說明清朝法規範體系多樣與多元綿密體系並呈現清朝法制整體可能面貌。由於《大清律例》與《吏部則例》兩個法規範內容非常龐大，難以完整且全面分析；本章選擇《大清律例》（吏律篇）條文與《吏部則例》可能相對應法規範進行比較分析，說明兩個法規範彼此關連性及交互運作可能關係。

　　清朝法制整體面貌應該超越二十世紀許多法制史研究者所關心的《大清律例》。如何開啟對於清朝整體法規範體制新研究方向與研究方法是二十一世紀清代法制研究者可以允諾自己的志業。法制史研究者如何找到新角度分析清代法制整體面貌並瞭解清代法制對於當代華人社會之影響是一個新挑戰。

　　表面上，今日不同地區華人社會都已經繼受西方法制長達一百年之久，但是，在繼受外來法制之後，新的法制如何與傳統中國法制進行整合或者新的法制如何排除傳統中國法制，成為華人社會新法規範典範是一個有待釐清學術議題。而要釐清中國傳統法制對於當代華人社會影響；則有必要發展新研究觀點與研究方法，來認識清代法制全貌並進而辨別出清朝

5　李萬晉博士的碩士論文《清朝官吏的銓選與品級考——以《吏部則例》規範為中心》，2012，政大法學院，全文可在政大機構典藏網頁閱讀，網址：nccuir.lib.nccu.edu.tw，上網日期：2015年5月16日。

6　參考蘇亦工，〈官制、語言與司法—清代刑部滿漢官權利之消長〉一文，2013年9月，本文全文可見下面網站：http://academic.law.tsinghua.edu.cn/homepage/index.php?r=show/index&id=3321&cate_id=25%2C210%2C，上網日期：2015年5月17日。

法制在當代華人社會繼續存在之面貌[7]。

二、清朝法規範體系可能整體面貌：多樣性與多元性

清朝統治者在1644年入主中原之後，首先透過順治元年十月一日公告的「登極詔書」表達其承繼明朝統治中國的決心[8]。清《順治朝實錄》卷9一開始就是記載：

順治元年，甲申，冬十月，乙卯朔，上以定鼎燕京，親詣南郊，告祭天地，即皇帝位。于本年十月初一日，告天即位，仍用大清國號，順治紀元。

接著《順治朝實錄》卷9記載：

甲子，以加封宗室諸王，遣官告太廟。是日，上御皇極門，頒即位詔于天下。詔曰：我國家受天眷佑，肇造東土，祖創興鴻業，皇考式廓前猷；遂舉舊邦，誕膺新命。迨朕嗣服、雖在衝齡，締念紹庭，永綏厥位。頃緣賊氛洊熾、極禍中原，是用倚任親賢，救民塗炭。乃方馳金鼓旋奏澄清。既解倒懸非富天下。而，王公列闢文武群臣暨軍民耆老合詞勸

7　由於數位時代的來臨，當代研究者想要研究清朝法制已經相對簡單，因爲許多電子資料庫的提供研究者在網路上看到清朝相關文獻。本文作者在此要感謝中國哲學書電子化計畫、中國社會科學網網站資料及東京大學東洋文化研究所的《漢籍善本全文影像資料庫》，還有寺田浩明教授網頁上《讀例存疑》，上述這些資料庫協助本文作者可以輕易取得清朝各個皇帝的實錄、會典及則例等相關法規範以及案例等史料。有關中國哲學書電子化計畫的網頁及漢籍善本全文影響資料庫請參考網站：http://ctext.org/zh及http://shanben.ioc.u-tokyo.ac.jp/，寺田浩明教授特別在網頁上說明：「本書爲大清律例的註釋—清薛允升撰《讀例存疑》（光緒三十一年京師刊本、五十四卷）的電子版」。上網日期：2015年4月1日。

8　登極詔書內容，參考清《順治朝實錄》卷9，本文有關《順治朝實錄》文字參考中國哲學書電子化計畫維基網頁及中國社會科學網網站資料：網頁分別爲http://ctext.org/wiki.pl?if=gb&res=541757；http://db.cssn.cn/sjxz/xsjdk/zgjd/sb/jsbml/qslszcsl/。上網日期：2015年5月17日。

進，懇切再三，乃於今年十月初一日，祗告天地、宗廟、社稷，即皇帝位。仍建有天下之，號曰大清，定鼎燕京，紀元順治。[9]

　　但是，清朝統治者，以滿清少數民族進入中原地區統治人數比他多上千倍的中國，其法律體制不可能維持不變。從清《順治朝實錄》卷之七記載刑科給事中的建議，可以瞭解，清朝在統治中國之初，發展延續明朝《大明律》訂定《大清律》決定[10]。刑科給事中孫襄共提出四個跟刑法有關建議，分別是定刑書，主要提出要損益故明律，訂定合時宜的法律；第二則建議存國體，主張維持刑不上大夫的政策，建議文官犯罪先下吏部核議，僅在犯罪情節重大，先革職後才送刑部問擬。同時建議武官隸兵部，亦如此辦理。第三建議禁刁訟，認為僅有奸民才健訟，因此，建議申飭內外各衙門，凡已經審結之案，非系奇冤積枉，不得複起葛藤；並認為讓民間婦女動輒拘訊在公庭將有傷廉恥之風化。第四建議學古人明慎用刑，請敕法司各衙門，務以清獄省刑為第一義。非事關重大不得系獄[11]。關於定刑書建議之原文，可見於《順治朝實錄》卷7：

　　刑科給事中孫襄條陳刑法四事。一曰定刑書，刑之有律，猶物之有規矩准繩也。今法司所遵乃故明律令，就中科條繁簡，情法輕重，當稽往憲，合時宜，斟酌損益，刊定成書。布告中外，俾知畫一遵守，庶奸慝不形。風俗移易[12]。

　　而根據《順治朝實錄》卷7記載，當時主政者做出下面決定：

9　同前註。

10　參考清《順治朝實錄》卷7；參考蘇亦工，〈因革與依違—清初法制上的滿漢分歧一瞥〉，收於《清華法學》，2014年第8卷，總第41期，清華大學主辦，頁87-93。

11　參考清《順治朝實錄》卷7。

12　參考蘇亦工，〈因革與依違—清初法制上的滿漢分歧一瞥〉，同前註，頁87-93。

　　攝政和碩睿親王諭令法司官會同廷臣詳繹明律，參酌時宜，集議允當，以便裁定成書，頒行天下啓內各款悉如議，通行嚴飭[13]。

　　另外，《順治朝實錄》卷之8也記載清初之際，如何選取衙門中熟諳律令者，協助修明律的工作：

　　以投誠副將張誠、爲密雲總兵官王燝爲直順廣大副將署總兵官事，刑部右侍郎提橋啓言，修明律令需人甚急，請令內院酌議遴選各衙門官爲總裁。爲分校刻期刊定頒式天下。攝政和碩睿親王諭，各衙門中有材識通明，熟諳律令者，著堂官開送內院酌派具啓[14]。

　　爲避免滿、漢共居可能產生衝突，順治年開始採取滿、漢分處政策[15]。根據《順治朝實錄》卷12記載，順治元年：

　　己未，順天巡按柳寅東疏言，清察無主之地；安置滿洲莊頭，誠開創弘規。第無主之地與有主之地，犬牙相錯，勢必與漢民雜處。不惟今日履畝之難，恐日後爭端易生。臣以爲莫若先將州縣大小，定用地多寡，使滿洲自占一方。而後以察出無主地與有主地互相兌換；務使滿漢界限分明，疆理各別，而後可。蓋滿人共聚一處，阡陌在於斯，廬舍在於斯，耕作牧放，各相友助，其便一也。滿人漢人，我疆我理，無相侵奪，爭端不

13　同前註《順治朝實錄》卷7；有關清皇太極及順治時期法制的建立與變遷，參考劉景輝，《滿州法律及其制度之演變》。民國57（1968）年，台北嘉新水泥公司文化基金會出版，頁33-39，40-50，55-66。

14　《順治朝實錄》卷8，同註8。

15　參考清《順治朝實錄》卷12記載：「戶部以圈撥地土事奏聞。得上諭日、凡圈丈地方、須令滿漢分處。至於故明賞賚勳戚莊地、及民間無主荒田、悉令輸官。酌行分撥。」；有關清朝滿漢界限分明狀況，請參考蘇亦工，〈因革與依違－清初法制上的滿漢分歧一瞥〉，同前註，頁93-94，101-108。

生其便二也。里役田賦，各自承辦，滿漢各官，無相干涉，且亦無可委
卸，其便三也。處分當經界明，漢民不致竄避驚疑，得以保業安生，耕耘
如故，賦役不缺，其便四也。可仍者仍，可換者換；漢人樂從且其中有主
者既歸并，自不容無主者隱匿，其便五也。疏入，下戶部詳議速覆。[16]。

另外，清朝為了擴大其統治人數，逐步形成八旗制度，將滿人、蒙
人與漢軍納入八旗體制，負責清朝軍事與治安的維持工作，《順治朝實
錄》卷7記載順治元年：

丁巳，遣官祭先師孔子。上以將遷都燕京分命何洛會等統兵鎮守盛京
等處。以正黃旗內大臣何洛會為盛京總管左翼，以鑲黃旗梅勒章京阿哈
尼堪統之右翼，以正紅旗梅勒章京碩詹統之八旗。每旗滿洲協領一員，章
京四員，蒙古、漢軍章京各一員，駐防盛京。又以傅喀納為雄耀城城守
官，仍設滿洲章京三員，漢軍章京一員。以梭木拜為錦州城守官，額蒙格
為寧遠城城守官，拜楮喀為鳳凰城城守官。每城仍各設滿洲章京二員，漢
軍章京一員。胡世塔為興京城守官，愛湯阿為義州城守官，丹達禮為新城
城守官，伊勒愼為牛莊城守官，青善為岫岩城城守官。每城複合設滿洲章
京一員，漢軍章京一員。東京、蓋州、耀州、海州、鞍山、廣城每城各設
滿洲章京一員，漢軍章京一員，率兵駐防。[17]。

清朝順治元年主政者回應刑科給事中孫襄四個關於刑法建議。其中第
二個建議是有關延續中國傳統文官體系。在《順治朝實錄》卷7記載：

---

16 參考清《順治朝實錄》卷12。

17 參考《順治朝實錄》卷7；有關八旗制度的研究，除了定宜莊教授、劉小萌教授研究成果外，請參
　考劉景輝，《滿州法律及其制度之演變》。民國57（1968）年，台北嘉新水泥公司文化基金會出
　版，頁4-24，另請參考鹿智鈞《清朝旗人的法律地位》，台灣師大歷史系碩士論文，莊吉發教授指
　導，2011年7月。這兩本碩士論文對於八旗制度與滿人入關之後，如何繼受傳統中國法制並維持滿
　州民族特色有深入分析。

一曰存國體。刑不上大夫，乃古者貴貴之義。請自今文官犯罪先下吏部核議，如所坐重大，必請上諭革職後，方送刑部問擬；武官隸兵部亦如之。在外，府、州、縣各官被參革應逮問者，行該撫按就近提訊，具獄報讞法司；但於爰書覆核，不必徑行勾攝，則士氣伸，國體立。[18]

　　清朝如何運用明朝的文官體制並在雍正、乾隆年間完成《欽定吏部則例》還待更深入研究與分析；但乾隆四十一年公布《欽定吏部則例》內容分別規定滿洲、蒙古、漢軍及漢人官吏詮選制度，品級制度與處分等法規範體制。其內容說明清朝雖然表面上沿襲明朝官制；但，事實上，已經因應統治團體的變化而有所變革。清朝在官吏制度上發展出一個區分滿人、漢軍、蒙古人與漢人官吏的多元且分立官制[19]。在乾隆朝《大清會典則例》也可以看到有關清朝宗人府、內閣、吏部、戶部、禮部、兵部、刑部及工部等相關部門運作參考之法規範。而，《旗人則例》中也有清朝對於不同旗人（八旗）設定各種法規範。清朝透過規範官吏制度的《欽定吏部則例》與《大清律》，形成有別於明朝《大明律》、《大明令》及《問刑條例》所建構官吏相關法規範體系。

　　當然，從清朝整體法規範體系分析，二十世紀研究中國傳統法制者在研究清代法制時，主要將重心放在《大清律》，有其特別重要意義。因為《大清律》是清朝第一個具有系統性法規範；而且被宣稱延續明朝法規範體系。但是，清朝在268年統治中國期間並未僅停留在承繼明朝法律體系情境。清朝統治者逐漸發展出各種不同新法規範體系與內容（例如則例、章程等形式立法的大量運用），建構出新法律規範體系。從《大清律例》出發，分析清朝不同院、部之則例並分析其彼此之間關連性，是重新建構清朝法制重要途徑之一。

18　本段文字同樣取自《清順治朝實錄》卷7；參考本文註7。

19　參考蘇亦工，〈因革與依違—清初法制上的滿漢分歧一瞥〉收於《清華法學》，2014年第1期，頁103-104。

　　本章透過分析《大清律例》與《欽定吏部則例》如何規範官制並交互運用，說明清朝法規範的多樣性與多元性。未來的研究者也可以透過分析《大清律例》與《欽定戶部則例》或者《大清律例》與《欽定禮部則例》，《欽定兵部則例》與《欽定工部則例》關係，對於清朝有關人口、田賦、庫藏、漕運、鹽法、關稅等各種內政、財務及稅收相關的制度或者對於科舉、學校、選舉制度以及工程等相關制度加以分析，以便描繪清朝整體法規範體制可能面貌。除此之外，《欽定宗人府則例》、《欽定內務府則例》、《欽定蒙古則例》、《欽定理藩院則例》等跟《大清律例》相關連性也都是重要研究對象。本書作者認為，透過上述《大清律例》與清朝其他法規範關連性與交互作用研究，可以讓當代人對於清朝法規範整體面貌之認識逐漸從《大清律例》擴大到清朝其他形式法規範研究並以此再現清朝法規範多元、多層次（針對旗人、官吏、民人）與多樣性面貌。

　　對於當代人而言，究竟如何瞭解清朝整體法規範體系的設計與發展，值得深思。《欽定四庫全書》在乾隆朝《欽定大清會典則例》，卷1這段話可供參考：

　　會典所載必經久常行之制，至各衙門事例有遞損遞益不可為典要者，遠則三五年，近或一二年，必當變通。若尺寸不遺一縣登載誠恐刊行未編更制已多，必有如聖諭所云紀載非實，一經指摘不覺爽然者，國家大經大法守之，官司布之。朝野百年以來，幾經考訂我皇上屢中蹈和修明益備應請總括綱領載入會典，其中或間有疑似闕署尚須斟酌者則請旨取裁折至，當以垂萬世章程。若夫微文末義，縷晰條分，則吏、兵二部各有則例；禮部見纂通禮；刑部舊有律例，皆可隨時修改以適於治。其餘衙門未有則例者，即交與在館纂修分門編輯，仍照禮部原議，令各衙門委出賢能司官，專掌案冊，勿致貽悞。每修成會典一卷，即副以則例一卷，先發該衙

門校勘，實無遺漏訛錯，然後進呈恭竢欽定要以會典爲綱則例爲目。[20]

　　上面這段話說明乾隆朝之際，會典所記載的是經久常行之制度，但則例則呈現法規範回應社會變遷之狀況。這段話也說明，當時吏部、兵部已經各有則例；而禮部也有通禮；刑部則有舊有律例。乾隆皇帝因此下令：

　　其餘衙門未有則例者，即交與在館纂修分門編輯，仍照禮部原議，令各衙門委出賢能司官，專掌案冊，勿致貽悞。每修成會典一卷，即副以則例一卷。[21]

　　透過上述這段話，可以推斷，清朝在雍正、乾隆朝，逐漸發展出新形式的法規範體制。清朝不再僅延續明朝《大明律》或其他明朝法律規範。清朝法規範體系逐漸有本質性變化。關於清朝法規範體制如何在其統治中國268年期間逐步演變，需要有更細緻的分析。關於此一部分期待未來更多研究者願意加入這個研究行列。本書在此僅提出一個可能研究方向[22]。

　　除了清朝法規範變遷議題之外；清朝法規範實踐面向也需要更深入研究。究竟在法規範實踐上，清朝是否有別於明朝？如果有，其變遷或改變爲何？也都有待當代法制史研究者，透過《刑案匯覽》、《駁案新編》及（刑科題本）等等史料，與明朝相關史料進行比較後才能更清楚瞭解。

　　清朝以異文化爲主的統治者，對於中原漢人進行統治。究竟清朝統治

20　以上取自《欽定四庫全書》所收《欽定大清會典則例》，卷一，頁11，全文取自中國哲學書電子化計畫網頁，http://ctext.org/library.pl?if=en，上網日期：2015年1月10日。

21　同前註，參考《欽定四庫全書》所收《欽定大清會典則例》，卷1，頁11-12。

22　參考蘇亦工，〈因革與依違—清初法制上的滿漢分歧一瞥〉，收於《清華法學》，2014年第1期，頁108-109結論部分。

者如何對於中國當時之省、道、府、廳、州與縣治理？其制度是否也不同
於明朝？也是需要進一步研究的重要課題。當代法制史研究者如何透過目
前現存的《省例》、碑刻或官箴書等進行比較分析，也是法制史研究方法
的重要議題[23]。

　　二十一世紀法制史研究者可以從《大清律例》的法規範體系與法規範
實踐研究邁向更廣闊的範疇，重新檢視清朝法制全貌[24]。除了上述史料之
外，目前台灣故宮博物館已經將清朝在故宮與軍機處收存之三十四萬份奏
摺掃描成爲電子資料庫。透過這份資料庫可以瞭解清朝不同層級官員如
何向皇帝奏報清帝國境內各項事務。從其中可以看到清朝不同層級官員
（省、府、縣層級的官吏以及負責漕運、鹽政或織造事務）在進行事務管
理時，如何回應法規範。

　　下面分析《大清律例》與《吏部則例》法規範及其彼此關係，藉此說
明清朝整體法規範體制的變遷，以及清朝如何在《大清律》之外，開展更
多元與多樣的法規範體制。當然，不可否認《大清律》是一個連貫清朝各
種法規範體制的核心法規範，是通往認識清朝法制全貌關鍵法規範。

三、《大清律例》與《吏部則例》關係

　　《欽定吏部則例》內涵主要包括官吏詮選、品級及官吏處分等規定。
從目前可見的各種版本，可以發現《欽定吏部則例》在清朝不同皇帝時
期有不同組合與內容。李萬晉博士分析清朝不同皇帝時期《欽定吏部則

23　在許多當代有關世界各國法律體系的論述中，傳統中國法往往被有意或無意的忽視或視而不見。但
　　從傳統中國的史料卻呈現一個存在將近兩千年且規範世界上很重要比例人民的生活的法規範體系。
　　目前關於討論世界不同地區法律體系的學術論述應該受到挑戰與修正。參考米健，《比較法學導
　　論》，在第四章提到「東方或中國學者特別應該注意的是我們所說的法系或法律體系的概念完全是
　　來自於西方法學，……」，北京，商務印書館，2013，頁146-147。

24　目前有關明朝與清朝各種法規範與審判文書可以在中國哲學書電子化計畫網頁及東京大學東洋文化
　　研究所漢籍善本全文資料庫看到各種不同史料。請參考網站：http://ctext.org/zh及http://shanben.ioc.
　　u-tokyo.ac.jp/。本文作者利用中國哲學書電子化計畫網頁隨時閱讀明清之際的各種實錄及清朝不同
　　版本之《欽定大清會典》以及《刑案匯覽》、《駁案彙編》等原典。上網日期：2015年1月9日。

例》；說明雍正十二年《欽定吏部處分則例》之內容包括：《吏部處分則例》共47卷；《吏部銓選滿官則例》1卷；《吏部銓選漢官則例》共3卷；《滿洲品級考及蒙古品級考》共2卷，《漢品級考及漢軍品級考》共5卷，總共58卷[25]。而乾隆四十八年《欽定吏部則例》的內容則包括：《銓選滿官品級考與銓選蒙古品級考》共4卷；《銓選漢官品級考與銓選漢軍品級考》共4卷；《銓選滿官》共5卷；《銓選漢官》共8卷；《處分則例》共47卷，總共有68卷[26]。

故宮博物館委託海南出版社出版乾隆四十一年《欽定吏部則例》之內容呈現清朝此類法規範形式跟當代社會的人所熟悉之法律規範形式有很大差異。研究者必須用一個超越當代社會以西方爲主之法規範形式與內涵的理解與想像，運用科際整合研究方法與角度才能認識《欽定吏部則例》法規範之內容與意義。

《欽定吏部則例》規範內容呈現清朝官吏詮選制度、品級制度與官吏處分制度。李萬晉博士於2012年完成之《清朝官吏的銓選與品級考—以《吏部則例》規範爲中心》碩士論文，分析《欽定吏部則例》如何刻意區分滿官、漢軍官、蒙古官及漢人官的詮選，晉升職位之差異[27]。李萬晉博士研究指出，在清朝雖然滿人與漢人在人口總數上相差將近千倍左右（滿人數或許僅漢人數的千分之一）；但是在十八個官品位中，正一品官位，滿官可晉升的職位數有14個；漢官可升的職位數也是14個。另，從一品官位，滿官可晉升職位數爲58個；漢官可升職位數僅有37個；正二品官，滿官可晉升職位數有78個；漢官可升職位數僅有40個[28]。

25　參考李萬晉，〈從清代《吏部則例》看文官體系所呈現之滿漢差異〉，收於周東平、朱騰主編《法律史譯評》（2013卷），北京，中國政法大學出版社，2014年11月，頁210。

26　參考李萬晉，〈從清代《吏部則例》看文官體系所呈現之滿漢差異〉，同前註，頁211。

27　參考李萬晉，《清朝官吏的銓選與品級考—以《吏部則例》規範爲中心》碩士論文，2012，政治大學，指導教授：陳惠馨。

28　更細緻關於滿官與漢官品級規範與詮選制度實際運用，參考李萬晉，〈從清代《吏部則例》看文官體系所呈現之滿漢差異〉，收於周東平、朱騰主編《法律史譯評》（2013卷）同前註，頁220。

　　對於清朝官員而言，對於他們官職生涯最密切的法規範不是《大清律例》，而是《欽定吏部則例》。《欽定吏部則例》規範不同族群官員詮選、升遷、議處等各種規範，影響著官員仕途與生活。清朝官吏僅在某些特別狀況下，被依據《大清律例》受到治罪處罰。從《欽定吏部則例》內容可以看到清朝統治中國之際，滿、蒙、漢軍與漢官間消長關係[29]。

　　以乾隆朝為例，要認識當時整體官吏制度面貌必須結合《大清律例》（吏律篇）與《欽定吏部則例》加以瞭解。《大清律例》（吏律篇）內容分為職制門與公式門。其中職制門有14條，包括官員襲蔭，大臣專擅選官，文官不許封公侯，濫設官吏，信牌，貢舉非其人，舉用有過官吏，擅離職役，官員赴任過限，無故不朝參公座，擅句屬官，姦黨，交結近侍官員，上言大臣德政。

　　公式門也有14條，包括講讀律令，制書有違，棄毀制書印信，上書奏事犯諱，事應奏而不奏，出使不復命，官文書稽程，照刷文卷，磨勘卷宗，同僚代判署文案，增減官文書，封掌印信，漏使印信，擅用調兵印信。

　　本書作者閱讀《大清律例》（吏律篇）職制門或公式門規定與《欽定吏部則例》，可以得到下面幾個理解：

(一)《大清律例》（吏律篇）內容透過增修條例與明朝規範有所不同

　　以《大清律例》（吏律篇）職制門為例，在清朝統治268年期間，14條律文中有些律文有不同數量條例的增加。例如職制門第1條「官員襲蔭」律文，增加15條條例；而「貢舉非其人」與「舉用有過官吏」律文也各增加8條條例；「官員赴任過限」律文也增加4條條例；「濫設官

29　關於清朝滿官與漢官的配置請參考蘇亦工，〈官制、語言與司法—清代刑部滿漢官權利之消長〉一文中提到，2013年9月，同註6；另外也請參考李萬晉，〈從清代《吏部則例》看文官體系所呈現之滿漢差異〉，收於《法律史譯評》（2013卷），頁214-222。

吏」律文則增加3條條例;「信牌」,「擅離職役」及「交結近侍官員」律文也各增加2條條例;「大臣專擅選官」及「上言大臣德政」律文則各增加1條條例。其他律文,例如「文官不許封公侯」、「無故不朝參公座」、「擅勾屬官」,「姦黨」等四個條文則從未增修條例。

究竟新增加條例與不增加條例對於《大清律例》(吏律篇)規範面貌產生什麼變遷?這些變遷是否改變既有法規範結構與本質,值得更深入研究。可以確定的是,透過分析及比較清朝跟明朝《大明律》與《大清律》(吏律篇)職制門,不同律文增加之條例數量及內容,可以勾勒出清朝官制與明朝官制間相同與相異之處。

(二) 《大清律例》(吏律篇)職制門「官員襲蔭」規範用語跟明朝有所不同

本書作者寫作過程嘗試以「官員襲蔭」等字,於清朝《順治朝實錄》、《吏部則例》及《欽定大清會典則例》搜尋,卻找不到「官員襲蔭」等字眼。

《大清律例》(吏律篇)職制門「官員襲蔭」律文內容:

凡文武官員應合襲蔭者,並令嫡長子孫襲蔭。如嫡長子孫有故,(或有亡歿、疾病、姦盜之類。)嫡次子孫襲蔭。若無嫡次子孫,方許庶長子孫襲蔭。如無庶出子孫,許令弟姪應合承繼者襲蔭。若庶出子孫及弟姪不依次序,攙越襲蔭者,杖一百,徒三年。(仍依次襲蔭。)

其子孫應承襲蔭者,(本宗及本部各官保勘明白,)移文(該部)奏請承襲、支俸。如所襲子孫年幼,候年一十八歲方預朝參公役。如委絕嗣,無可承襲者,准令本人妻小,依例關請俸給,養贍終身。

若將異姓外人乞養為子,瞞昧官府詐冒承襲者,乞養子杖一百,發邊遠充軍。本家所關俸給,(事發)截日住罷。他人教令(攙越、詐冒)者,並與犯人同罪。若當該官司知(其攙越、詐冒)而聽行,與同罪。不

知者，不坐。（若受財，扶同保勘，以枉法從重論。）[30]

　　既然《大清律例》（吏律篇）職制門「官員襲蔭」律文規範文武官員之襲蔭；為何以「官員襲蔭」或「襲蔭」一詞未出現在清朝《順治朝實錄》、乾隆朝《欽定吏部則例》及乾隆朝《欽定大清會典則例》等史料中。本書作者在改變關鍵字，僅以「襲」字在上述史料進行搜尋，發現《大清律例》（吏律篇）職制門「官員襲蔭」一詞已經被「承襲」取代。

　　《順治朝實錄》中僅出現「世職」、「承襲」或「世襲」用語，而無「襲蔭」用語：

　　《順治朝實錄》「撰修凡例」記載：

　　封異姓王公、侯伯爵授精奇尼哈番以下拖沙喇哈番以上世職及承襲皆書。

　　《順治朝實錄》卷1記載：

　　時章京敦達里、安達里二人願殉敦達里滿洲人幼事太宗。後分隸和碩肅親王豪格及太宗賓天後；敦達里以幼蒙恩養不忍永離，遂以身殉。諸王貝勒等甚義之，以敦達里志不忘君忠忱足尚贈甲喇章京，子孫永免徭役。倘干犯重典應赦者，即與開釋；不應赦者仍減等，官爵世襲勿替。安達裏葉赫人自來歸時，先帝憐而養之。由微賤，沐殊恩授官職亦請殉。諸王貝勒等亦甚義之，各予安達裏衣一襲。豫議恤典加贈牛錄章京為梅勒章京。子孫世襲其免徭宥罪，一如敦達里例。

　　《順治朝實錄》卷2記載：

---

30 本條律文文字取自寺田浩明教授網頁所載薛允升編，《讀例存疑》（戶律篇），同註6。

乙巳，以安達禮子來塔庫襲三等梅勒章京敦達禮子俄赫，襲三等甲喇章京。……以故牛錄章京伯爾格子顧祿古襲職。

乾隆四十一年《欽定吏部則例》也出現「襲」等用語：
《欽定吏部則例》詮選漢官，卷3記載：

正八品五經博士由禮部咨送題補由孔顏曾孟等聖賢子孫承襲[31]。

《欽定吏部則例》詮選滿官，卷2記載：

各官開缺一大小官員由開列推陞者，以奉旨科抄到部開缺；承襲官職者由該旗咨到開缺保題。[32]

《欽定吏部則例》詮選滿官，卷四，在「武職兼銜」記載：

由郎中等官承襲，輕車都尉由員外郎等官承襲，騎都尉由主事等官承襲，雲騎尉，小京官及筆帖式承襲，七品官俱係班聯相當之員，應令兼部院行走。其有世職品大，文職品小者，除奉特旨兼理部務不行開缺外，餘俱在世職上行所。[33]

從上面的史料顯示「「官員襲蔭」一詞在清朝已經有了變遷，他是否跟「襲職」、「承襲」等字畫上等號，還是有什麼不同的變遷，都待進一步研究。倒是在乾隆朝《欽定大清會典則例》卷1，宗人府記載：

31　參考海南出版社所出版之乾隆四十八年的《欽定吏部則例》詮選漢官，卷3，頁67。
32　參考海南出版社所出版之乾隆四十八年的《欽定吏部則例》，同前註，頁97。
33　參考海南出版社所出版之乾隆四十八年的《欽定吏部則例》，同前註，頁128。

　　國初定以嫡子孫承襲，無嫡子孫方準庶子孫承襲。如並無庶子孫，準以親兄弟及親兄弟之子承襲。至大宗子孫因罪降革，其祖父原爵繫軍功得封者，準以旁支子孫承襲。

　　親王以下至奉恩將軍薨故後，其應襲之子即行承襲，不拘年限，若年及二十未襲封者，先與餘子同授封爵，至襲封時仍予以應襲之爵。如應襲之爵與前封爵相等，即改授封爲襲封換給誥冊。[34]

　　同樣的，《欽定大清會典則例》卷1，宗人府「宗室追封」記載：

　　乾隆十三年議準以孫襲祖爵者，得追封其父母。以曾孫襲曾祖爵者，得追封其祖父母父母，若入繼大宗爲後因而襲爵者不得追封其本生父母。如適妻先故者依夫爵追封。以庶子襲爵者，適母已故，得封其生母降適母一等。又議準宗室王公有因大宗降革以旁支襲爵者，如父在亦準授封是襲一爵而同時並封父子一應章服體制殊屬難行。請嗣後有旁支襲爵者，如其父尚在不準請封至父故追封則非身受顯爵可比其應否追封及祖父未授封應否追贈幾代之處請旨定奪。奉旨旁支襲爵王公其祖父未授封者著追封三代。

　　從上面跟「襲」相關用語變遷，說明清朝承襲制度跟明朝襲蔭制度至少在用語上有所不同。在《大清律例》「官員襲蔭」律文新增加條例，出現關於「世職」承襲等用語：

　　武臣出征受傷，分別等第給賞。陣亡者按品予恤，並給世職。
　　世職有犯人命、失機、強盜，實犯死罪，及免死充軍，不分已決、已遣、監故并脫逃、自盡，本犯子孫俱不准承襲。
　　世職官亡故，戶無承襲，其父母（繼母、生母）在者，給半俸終身。

34　本段文字取自欽定大清會典則例卷1宗人府。

凡世職官物故，無承襲之人，官冊註銷者，如無父母，其妻亦給半俸終身。

無妻者，查原立職之官，有親生母，亦給半俸。[35]

(三) 適用《大清律例》（吏律篇），必須參考《欽定吏部則例》

《大清律例》（吏律篇）不管是職制門或公式門的規定在運用時，必須參考《欽定吏部則例》。《大清律例》（吏律篇）各個律文或條例文規定內容所牽涉官員從任職到離職各種情境只要規範在《欽定吏部則例》。

例如《大清律例》（吏律篇）職制門有關「貢舉非其人」，「舉用有過官吏」或「官員赴任過限」等律文或條例對於官員何時有「貢舉非其人」、「舉用有過官吏」或者何時「赴任過限」並未詳細說明與規定。

清朝個官員是否有「貢舉非其人」、「舉用有過官吏」或「官員赴任過限」等行為，必須從《欽定吏部則例》規定找到標準[36]。例如乾隆四十八年《欽定吏部則例》，詮選滿官卷2，有關「官員赴任給照」規定。違反「官員赴任給照」規定，就可能發生「赴任過限」之行為：

選授盛京等處官員以奉旨之日為始，吏部咨行兵部給與路引。吏部給與執照勒限一個月到任。倘中途或有阻滯，令地方官驗照詳查情節揭報

35　以上條例均取自寺田浩明教授網頁所載薛允陞編，《讀例存疑》（戶律篇），同註6。

36　「官員赴任過限」律文為：「凡已除官員在京者，以除授日為始，在外者，以領（該部所給）文憑限票日為始，各依已定程限赴任。若無故過限者，一日笞一十，每十日加一等，罪止杖八十，並留任。○若代官已到，舊官各照已定限期交割，戶口、錢糧，刑名等項，及應有卷宗、籍冊完備無故。十日之外不離任所者，依赴任過限論減二等。（亦留任）○其中途阻風、被盜、患病、喪事不能前進者，聽於所在官司（告明）給（印信結）狀，以備（後日違限將結狀送官）照勘。若有規避，詐冒不實者，從重論。當該官司，扶同保勘者罪同。」，以上律文及本文的條例取自寺田浩明教授網頁所載薛允陞編，《讀例存疑》（戶律篇），同註6。

該部。俟該員到任之後，將執照呈繳該堂官咨回吏部查銷，如有無故違限者，查明咨部題參照例議處；除公事差遣外，有告假來京者，各該管堂官奏明奉旨給假准其來京。[37]

乾隆四十一年《欽定吏部則例》，詮選滿官卷4，對於「官員出外告假」有所規定：

滿洲文職各官如有告假出外者，除京堂以上應聽自行其奏外，其定例不准自行摺奏及科道官員緣事告假者，由該堂官按照省分程途并酌量事之大小定限給假不得過四個月之限移咨吏部，於月底彙題。其應補候選各官有緣事告假者，由本旗都統酌量給假亦知照吏部於月底彙題。其有逾限者均照赴任違限，例議處如有患病及中途阻滯情由，取具該地方官印結報部仍照例准其展限。[38]

由上面的規定，可知適用《大清律例》（吏律篇）需要參考《吏部處分則例》之規範。因為對於官員陞選、降罰、舉劾、考績、赴任、離任、歸籍以及關於公文處理方式；例如本章、印信、限期、曠職、事故、營私以及書役等都在《吏部處分則例》有明確規範並對於違反這些規範時，如何議處詳細規定[39]。

(四)《大清律例》（吏律篇）有些新增加條例僅具議處或者違制處罰效力

分析《大清律例》（吏律篇）職制門或公式門新增加條例，可以發現

37　參考乾隆四十一年《欽定吏部則例》卷4，銓選滿官，頁102-104。

38　參考《欽定吏部則例》卷4，銓選滿官，頁129-130。

39　參考李萬晉，《清朝官吏的銓選與品級考—以《吏部則例》規範為中心》碩士論文，附錄四：雍正、乾隆、光緒三朝《吏部處分則例》版本卷目與類別。

有些條例跟刑罰或治罪並無關連，反而是有關議處規定，包括罰俸或降級規定。另外，《大清律例》（吏律篇）也明顯區分漢軍官員、外任旗員之議處或治罪。

《大清律例》（吏律篇）「官員赴任過限」律文增加之條例規定：

> 陞除出外文職，已經領敕、領憑，若無故遷延，至半年之上，不辭朝出城者，參題，依違制律問罪。若已辭出城，覆入城潛住者，交部議處。

上述對於官員處罰主要是交吏部議處。而，根據《大清律例》（吏律篇）「官員赴任過限」律文新增加之條例規定；

> 外任漢軍官員有陞轉來京，及年老有病，降級革職歸旗者，務於定限之內起程。令該督撫、提鎮，照依各省遠近，大路有驛站者，日行一站，僻路無驛站者，日行五十里，酌定到京期限，咨報該部、該旗。其中途阻風、被盜、患病、喪事不能前進，仍照律聽其於所在官司給狀，以備照勘外，如有無故不速起程，或已起程中途逗遛，或在別處居住，或本身進京而令家口在別處居住者，督撫提鎮題參交部，均照違制律治罪。地方官不行詳報，督撫、提鎮不行提參，交部議處。或已經起程，地方官不行申報，督撫、提鎮不行咨明該部、該旗，以致沿途逗遛生事者，亦交部議處。其革職免罪人員，別無未清事件，亦遵照此例，給咨催令同籍，免其沿途押解。[40]

《大清律例》（吏律篇）「官員赴任過限」特別針對外任旗員加以規定：

---

40 本律文及條例取自寺田浩明教授網頁所載薛允陞編，《讀例存疑》（戶律篇），同註6。

　　外任旗員遇有丁憂及各項事故，應歸旗者，該督撫計程定限。大路有驛站者，每日行五十里，由水路行走者，即按其應歷之水程計算，扣定到京日期。仍先行咨報該部、該旗查核。

　　應歸旗人員無故不即起程，遲延半年以上，降一級調用。一年以上，革職。其起程之後，或有中途患病及風、水阻滯，由沿途地方官出結，報明該部，該旗者，各准其展限三箇月。儻有已報起程，而中途無故逗遛，遲延半年以上者，降一級留任。一年以上者，降二級留任。（俱公罪）其或在省在途別有鑽營，干預情事，以及本員雖已到京，而家口任在別處居住。有官者革職，無官者治罪。

　　上述有關《大清律例》（吏律篇）「官員赴任過限」律文與條例內容說明《大清律例》與《欽定吏部則例》彼此互補關係以及《大清律例》之內容也不當然僅跟刑罰有關。在《大清律例》（吏律篇）的內容往往牽涉當代社會所謂的行政處罰（議處）之規範。而有關官員議處的規定主要在《欽定吏部則例》中的《吏部處分則例》。

四、結論

　　本章透過分析清朝《大清律例》與《欽定吏部則例》彼此之間法規範適用的關連性。透過初步研究分析，可以確定清朝除了增定《大清律例》條例規定外，在雍正皇帝與乾隆皇帝統治之際，透過《欽定吏部則例》法規範體系，改變清朝跟官吏制度有關的法規範體系，清朝對於官吏的處罰與管理逐漸有別於明朝法規範的設計。

　　透過《欽定吏部則例》所改變對於官吏的處罰與管理制度，究竟讓清朝官吏制度有哪些本質性的變化？變化後的清朝官吏制度在審判實務上是否有不同於明朝？其變化與影響如何，有待進一步研究。未來的研究者不妨透過清朝其他審判史料，例如《刑案匯覽》、《駁案新編》或者其他省、府及州、縣層級的審判文件進行更細緻的分析與比較。本書作者在本章僅透過分析清朝《大清律例》與《欽定吏部則例》彼此之間在法規範適

用關連性，說明清朝法規範體制可能有異於明朝法規範體制之處。二十一世紀清朝法制史研究者有必要超越《大清律例》研究，從《欽定吏部則例》、《欽定戶部則例》《欽定禮部則例》等法規範，找出清朝法規範可能之整體面貌，讓清朝多元與多樣的複雜法規範體系全貌得以再現。

第五章　清朝財產制度的設計 —— 以住房及田土相關法規範爲例[1]

一、前言

　　本章將分析清朝如何設計財產制度，並以住房及田土相關法規範爲例，希望藉此描繪清朝法規範設計的「財產圖像」。本章所牽涉到的清朝法制包括《大清律例》、《戶部則例》及各種跟人民的住房、田土等有關的買賣或典當契約文書。

　　當代華人社會在思考財產問題時，所運用的概念主要受到西方歐陸近代所發展出民法概念影響[2]。在本章中，企圖以超越西方歐陸近代發展的民法概念，從財產制度角度分析傳統中國財產制度；尤其將著重在清朝統治者如何設計財產制度以及跟生活有密切關係住房與田土相關法規範設計。

　　歐陸在發展出1804年《法國民法典》或1896年《德國民法典》之

<hr/>

1　本論文曾發表於2012年3月17、18日再台灣政治大學舉辦的第八屆東亞法哲學年會並經修改以〈清朝法規範中「財產關係圖像」—以住房及田土爲例〉發表於周東平、朱騰主編，《法律史譯評》，北京，北京大學出版社，2013，頁171-193。

2　十九世紀德國重要民法學者所出版各種民法學理論著作約4316冊全文，收於德國Das Max-Planck-Institut für europäische Rechtsgeschichte（馬普所歐洲法制史研究中心）數位圖書館。收有的著作包括Jhering, Rudolf von: *Ueber den Grund des Besitzesschutzes*（關於占有保護理由）, 2. verb. u. verm. Aufl. , Jena 1869; Savigny, Friedrich Carl von, *System des heutigen römischen Rechts*（當代羅馬法的體系）, Berlin, 1840-1849年間出版，共八大冊；Bluntschli, Johann Caspar: *Deutsches Privatrecht*（德國私法）, Berlin, 1853等著作及各種名稱爲Pandekten（民法五篇）的著作，例如Von Heinrich Dernburg, *Pandekten* , 2. verb. Aufl（修訂第2版）, Berlin，*Band 1: Allg. T. u. dingliche Rechte*（物權之法）; – *1888*，*Band 2: Obligationenrecht*（債權之法）– *1889*，*Band 3: Familien- und Erbrecht*（家庭及繼承法）-*1889*。參考網頁：http://dlib-pr.mpier.mpg.de/index.htm；上網日期：2015年4月25日。

前，曾經歷經從封建社會走向當代主張人民在法律上一律平等，享受平等財產權之民法制度社會歷程。因此，要用歐洲大陸在近代所發展出的民法概念分析傳統中國法規範體系處理人民住房及田土等事務法規範體系內容並加以比較，這樣的分析方法與角度有待深思。本書作者認為，如果法制史研究者用歐陸所發展出來之民法概念，比較或論述傳統中國是否有民法典或者有無民事習慣法，規範人民財產關係，將可能造成對於清朝整體法規範之誤讀與誤解。近日開始有美國及法國漢學家對於過去一百年來，漢學家或法制史研究者，質疑傳統中國是否有民法典之研究取徑有所批評[3]。在本章中，將從清朝《大清律例》、《戶部則例》及各種跟人民住房、田土等有關買賣或典當契約文書建構清朝統治者所設計之財產制度。

　　1986年在中國大陸通過之《民法通則》及2007年通過之《物權法》或者1929年代在中國大陸訂定，目前於台灣繼續施行之《民法》（總則編）有關物之規定以及《民法》（物權編）有關不動產規定等，主要繼受或移植自近代歐洲民法典（以德國民法典為主）之體系思維產物。但，在中國清朝末年開始繼受歐陸民法典體系之前，傳統中國社會也有一套處理類似今日民法相關事務之法規範[4]。當代中國大陸或台灣的物權法規範結

3　美國漢學家Madeleine Zelin在2004年文章強調清代成文律例雖然沒有發展出類似西方成文民事法，但清朝政府對於財產權運作相當支持，認為向來中國法制史研究者對於清代財產權運作分析有待商權；另外法國漢學家鞏濤教授在2009年著作也強調在歐洲大陸，特定習慣被提升為地區習慣法並在民法中加以規範，但是在中國雖然很早就有成文法但並不用歐陸方式處理處理類似歐洲民法相關事務。參考Madeleine Zelin〈*Rights of Property in prewar China*〉，收於*Contract and Property in Early Modern China*，《Standford University Presse》, 2004, 17-36；鞏濤著，鄧建鵬譯，〈失禮的對話：清代的法律與習慣並未融匯成民法〉（*uncivil Diaolgue：Law and Custom did not Merge into Civil Lan under the Qing*），收於《北大法律評論》，第10卷第1輯，2009，頁89-120（尤其是120頁）。值得深思的是為何這樣的反省在二十一世紀才出現。

4　《中華人民共和國物權法》第2條規定「因物的歸屬和利用而產生的民事關係適用本法。本法所稱物，包括不動產和動產。法律規定權利作為物權客體的依照其規定。本法所稱物權是指權利人對特定的物享有直接支配和排他的權利，包括所有權、用益物權和擔保物權。」；這個規定跟台灣所繼

構、概念、體系與具體規定究竟跟傳統中國社會相類似事務法規範有何相同或相異之處，值得進一步研究。本章將透過探討清朝有關人民住房及田土制度，說明清朝對於財產制度之設計與背後思維。

德國1896年訂定之《民法典》或者法國在1804年訂定之《拿破崙民法典》，如何在十八世紀以來，透過法學研究者努力及立法者透過立法，發展成為今日世界多數國家理所當然接受的財產制度與法規範體系的歷程，也值得東亞各個繼受德國、法國民法典體系的社會法學研究者進一步研究與瞭解。

究竟在法國或者德國在這些法典被訂定之前，他們社會對於今日被定位為不動產（房屋、土地）事務如何規範？可以從比較法制史更深入研究。一般而言，德國民法史及私法史研究者，往往從德國如何繼受在義大利北部發展出之羅馬法學說（稱為普通法或者一般法）或者不同地區之習慣法開始論述[5]。究竟清朝在繼受歐陸西方民法體制之前，法規範如何處理今日屬於民法不動產相關事務，尤其是人民住房與田土交易是本章分析重點。

本書作者要先強調本章所運用之「財產」一詞並非清代法律體系用語，這個用語在近代西方國家也是很晚才開始出現。本章首先將分析德國有關財產權觀念起源及發展；希望藉此突破當代漢學、法學或歷史學研究者，分析傳統中國法規範體系是否有民法或相類似概念與型態的論述脈絡。首先本書作者要強調，區分刑法與民法體系或公法與私法體系，並在民法體系內又區分債權與物權等概念，是近代歐洲大陸逐漸成形之法典與法學用語。用這些用語分析傳統中國社會之法規範體系是否有民法或相類似概念與型態，並做出傳統中國沒有民法體系之評價的分析角度有待調

受自德國民法有關物權的規定幾乎相同。目前台灣民法第756條規定：「所有人於法令限制之範圍內，得自由使用、收益、處分其所有物，並排除他人之干涉。」。

5　請參考Franz Wieacker著，陳愛娥、黃建輝譯，《近代私法史—以德意志的發展為觀察重點》，台北，五南圖書，2004，頁77-181，431-449。

整。

　　傳統中國社會跟任何其他社會一般，對於人跟人之間財產關係有其自成體系法規範系統；其規範系統、對象、形式或概念並不當然跟當代西方歐陸近代以來形成的成文民法規範體系相類似[6]。如果要避免以西方法規範體系的概念與用語在傳統中國尋找相類似的法規範體系，或許可以從傳統中國法規範體系尋找「財產關係圖像」。

　　本章分為四個重點，第一部分探討歐陸近代有關「財產觀念」論述與規範，主要以德國為主。第二部分分析清朝統治下財產制度；第三部分從清朝田土相關「契」內容描繪清代私人間財產關係圖像；第四部分從清朝田土相關「契」分析清朝政府在人民買賣或典當田土與房舍時的角色。

二、近代歐陸有關「財產觀念」的論述與規範─以德國為主

　　為了脫離清朝是否有民法體系的論述脈絡爭議，本章將先探討西方民法制度存在先決條件，也就是「財產觀念」之論述與規範，主要探討德國發展情形。現代「財產權」或「財產」概念作為法規範名詞，出現在西方十七、十八世紀之際。1690年英國哲學家John Locke（1632-1704）提出有關私人財產概念，主張每個人有權主張私有財產權。這對於當時封建與宗教具有主導地位的社會是一個大挑戰。根據Locke主張，如果人民可以累積其財富，那麼將更有生產力；並主張人們為了保護自己的生命、自由與財產，所以願意受到政府法規範管制[7]。

　　在德國關於財產權之討論也開始於十六世紀，德國現代國家理念產生

6　梁治平提到「在中國運用法律來實施統治是一種極其久遠的傳統，秦漢以來，每一個朝代都有大量的法律典章流傳下來。」，參考梁治平，《清代習慣法：社會與國家》，北京，中國政法大學出版社，1996，頁14-15。

7　在許多西方關於財產權的討論中，John Locke私有財產權的討論對於西方近代私法發展具有重要意義。參考：Mathew H. Kramer, *John Locke and the origins of private Property-philosophical explorations of individualism community and equality*, Cambridge University Presse, 1997/2004, p. 213；Steven Pressman, *Fifty major economists* , 2. edition, Routledge, New York, 2006, p. 14。

之後。德國在現代國家統治型態形成以前，與其他歐陸社會一樣，人與人之間財產關係主要依據封建采邑制度分配[8]。十七、十八世紀在今日德國地區開始討論土地擁有與使用權，並將擁有財產之權利區分為完整財產權、上財產權（Obereigentum）及下財產權（Untereigentum）。當時論述中，分析貴族（Adel）作為地主擁有土地的全部財產權。討論擁有土地全部財產權貴族可以將財產權分上、下財產權、分配給不同的人；例如由農民取得農地使用權，為下財產權（Untereigentum），而另外一個管理者取得上財產權（Obereigentum）[9]。

　　1794年《普魯士一般邦法典》在立法時，根據上述論述與原則對於財產權加以規定。《普魯士一般邦法典》規定，財產權的擁有方式包括完整財產權、上財產權（Obereigentum）及下財產權（Untereigentum）或者使用財產（Nutzbare Eigentum）。根據規定，完整財產權主要由貴族擁有，或少數有特權的農民擁有。擁有完整財產權的貴族或特權農民可將其財產權分離給不同的人。有人取得上財產權，有人取得下財產權。這個法規範主要針對德國十七、十八世紀采邑制度（das Lehnsverhältnis）下的財產關係加以明文訂定（das Lehnsverhältnis）[10]。而，1794年《普魯士一般邦法典》在規範中如此訂定人跟人的財產關係，主要希望將社會中人跟人的關係從采邑的封建關係走向國家與人民間的關係。此時，還看不到1900年生效之《德國民法》區分債權與物權等財產權關係的法規範。當時，在社會中，私人與私人發生財產糾紛時，主要以羅馬法的理論或日耳曼法的習慣等共同法處理。

8　有關德國現代國家出現及封建采邑制度的發展，請參考陳惠馨，《德國法制史─從日耳曼到近代》，北京，中國政法大學出版社，2011，頁245-257；頁164-167。

9　參考Guido Harder，〈Überwindung und Renaissance des geteilten Eigentums - Versuch einer historischen Einordnung des gesonderten Gebäudeeigentums des DDR-Rechtes（克服及復興分割的財產權─對於DDR法律中特別房屋財產權之歷史的分類嘗試〉，收於《forum historiae iuris》在1998年8月3日的電子版，網站：http://fhi.rg.mpg.de/articles/9808harder.htm，上網日期：2012年2月1日。

10　同前註。

　　十八世紀中葉開始，德國地區有許多邦國開始訂定民法，企圖以成文的、一般性的法律規範私人與私人的財產關係。而在德國地區各邦國開始訂定《民法典》的同時，幾位重要德國民法學者，開始討論「財產權的意義」。他們討論的財產權概念跟1794年《普魯士一般邦法典》的財產權概念不同。

　　1842年薩維尼在他的《羅馬法系統》中說明財產權是獨立的絕對權利，他不受到傳統倫理規範（Sittlichkeit）的限制。財產權不是指由國家公權力對於人民債務的請求幫助，是一個私法體系制度，並非屬道德範疇（kein sittlicher Bestandteil）[11]。1856年德國民法學者普希塔（Georg Friedrich Puchta）教授在他出版且非常賣座的《潘德克》（Pandekten）一書中，強調財產是一個依法被置於所有人全然控制有體物[12]。1868年影響德國《民法典》的訂定非常重要的Bernhard Windscheid教授，在他的《潘德克法教科書》（Lehrbuch des Pandektenrechts）提到財產權是對於物的全然權利[13]。上述這些關於財產權理念後來被納入成為德國民法財產權定義。德國民法第903條規定：「物之所有權人在不違反法律或第三人的權利下，得自由依其想要的程序處分其物並排除任何干涉。」[14]。中華民國於1929年在中國大陸訂定的《民法》第765條規定：「所有人，於法

11　參考薩維尼（Friedrich Carl von Savigny），《當代羅馬法體系》（System des heutigen römischen Rechts）第一冊（Bd.1），Berlin：1840，頁331以下。

12　原文爲：「財產權是對於有體物的全然控制權。Das Eigenthum ist die volle rechtliche Unterwerfung einer Sache, die vollkommene rechtliche Herrschaft über einen körperlichen Gegenstand。」請參考喬治‧佛里德里希‧普赫塔（Georg Friedrich Puchta），*Pandekten*, Berlin：第一版，1844，本文字取自第8版，1856。

13　參考Bernhard Windscheid，*Lehrbuch des Pandektenrechts*（潘德克教科書），Berlin：1862, § 167）。原文爲「Das Eigentum ist die Fülle des Rechts an der Sache……財產權是對於物的全然權利」

14　德國民法第903條第一項規定原文如下：「物的所有權人在沒有違反法律或危害第三人權利下，可任意處分其物並排除他人的干涉。Der Eigentümer einer Sache kann, soweit nicht das Gesetz oder Rechte Dritter entgegenstehen, mit der Sache nach Belieben verfahren und andere von jeder Einwirkung ausschließen.」

令限制之範圍內，得自由使用、收益、處分其所有物，並排除他人之干涉。」，也是採取類似德國民法所規定之財產權概念。

在傳統中國，從秦朝以來，統治的型態就已經從封建社會發展成郡縣或州縣制度。在郡縣與州縣制度下的國家有不同於封建社會財產權制度的規劃。雖然清朝不斷強調其統治中國時是延續著明朝的制度，但是如果從清朝政府主要是以少數民族入關，以少數統治者結合蒙古與漢人（漢軍）統治多數明朝時期的漢人情境來看，清朝統治者在財產相關法規範必然會有所變遷。其中跟財產制度最大可能變遷應該在於清朝如何將在中國地區的土地及房屋給予滿人、蒙人及跟其配合的漢人（漢軍）。本書作者認為清朝統治者必然要發展一個給予統治階級（以八旗為主）較優厚土地及房屋取得的可能優勢地位。

在《大清會典事例》與《大清律例》或者清朝各院部會的則例內容，可以瞭解清朝所發展出來的專制且結構緊密的皇權統治體系。這個體制對於一般人民財產的擁有與使用，自然不同於歐洲封建或歐洲近代國家的財產制度。

清朝統治者固然在其統治末期（尤其是1902年），企圖透過學習歐陸法律體系，變法自強並因此引入歐陸的民法體系。但，當時的立法者或許沒有瞭解，歐陸民法體制背後，有一套不同於清朝財產制度的理念與架構。如果沒有將西方近代以來發展出來的這套財產制度理念與架構跟清朝社會中原有的財產制度加以融合或調整，而僅想要透過訂定類似歐陸的《民法典》，改變社會私人跟私人間財產關係，可能緣木求魚，無濟於事。

或許清朝末年的政府並未真正想要改變當時社會之財產關係，也因此當時的清朝社會並未能在變法過程中，產生類似德國或其他歐洲國家在十七、十八世紀時，各種有關如何從封建采邑制度進入現代國家體制時，財產制度與財產理論變遷的對話。有無可能，清朝統治者在清朝末年，雖然引進西方《民法典》法規範制度，並企圖用新的法規範處理私人跟私人間財產關係。但，由於社會有關財產制度的理解仍舊留在舊有傳統

制度想像中，也因此在清朝末年之變法並未在當時產生改變社會中既有之財產關係想法。

三、清朝統治下的財產制度─延續明朝體系並加以修正

在討論清朝法規範的財產圖像之前，有必要先討論清朝統治下之財產制度設計。清朝政府在1644年以異族進入中國中原地區進行統治時，對於當時明朝的財產狀況的處理，值得研究。從清朝取得統治權初期幾個詔令，可以瞭解一開始，清朝採取繼承明朝體制的策略並以明朝後繼者角色，繼續統治中國。

在清朝統治者在順治元年（1644年）「定鼎建號詔」[15]，順治二年（1645）「平定陝西詔」[16]及「平定江南詔」的內容可以瞭解清朝統治者當時的想法[17]。另外，分析清朝《大清會典事例》、《大清律例》、《工部則例》等法規範，也可以發現，清朝在統治中國268年的時期，逐漸從「定鼎建號詔」、「平定江南詔」所宣稱的財產制度進行修改，尤其牽涉到關於滿人與漢人財產制度部分，有很大變革與變遷。這些變革與變遷如何牽動著人民擁有財產的可能，尤其是有關住房與田土財產制度，是本章分析的對象。

(一) 清朝入關之際，先承認人民在明朝時期擁有土地的現狀

1644年順治元年「定鼎建號詔」，針對錢糧徵收政策，訂定條例。從條例內容可以瞭解，基本上清朝統治者對於當時明朝人民所擁有的地畝採取承認立場。該條例規定如下：

地畝、錢糧俱照前朝會計錄原額，自順治元年五月初一日起按畝徵，

---

15 「定鼎建號詔」又稱為「登極詔書」，參考《大清詔令八卷》清鈔本，卷一，頁1-26。

16 「平定山西詔」公告於順治二年四月十日，參考《大清詔令八卷》清鈔本，卷一，頁27-44。

17 「平定江南詔」公告於順治二年十二月二十日，參考《大清詔令八卷》清鈔本，卷一，頁45-90。

凡如加派遼餉、新餉、練餉召買等項隨免。其大兵經過地方，仍免正糧一半。歸順地方不係大兵經過者，免三分之一，就今年一年正額通算。[18]

「定鼎建號詔」上述條例的內容也可以在順治二年「平定陝西詔」、「平定江南詔」」出現。其內容如下：

陝西通省地畝、錢糧自順治二年正月爲始，止徵正額。凡加派遼餉、新餉練餉召買等項，悉行蠲免。其大兵經過地方，仍免正銀一年；歸順地方，不係大兵經過者，三分免一。西安等府州縣，遭寇焚掠獨（同『慘』），應聽撫按官察明。順治二年錢糧，應全免者，全免；定半徵者，半徵。[19]

河南、江北、江南等（同『處』），人丁、地畝、錢糧及關津、稅銀、各運司塩課，自順治二年六月初一日起，俱照前朝會計錄原額徵解，如有官吏加耗重收，或分外科斂者，治以重罪。凡加派遼餉，練餉、剿餉、召買等項，永行蠲免。即正項錢糧，以前拖欠在民者，亦盡行蠲免。[20]

從這些條例內涵，看出清朝剛開始統治中國時，基本上延續明朝對於人丁、地畝、錢糧的記錄，也就是依據「前朝會計錄原額」，承認現狀。所謂現狀包括人民擁有的「地畝」，人民因此要繳交所擁有地畝的錢糧。透過這些條例，清朝宣誓對於明朝土地制度的承認。而清朝統治時期，從各省《省例》記載，可看出人民擁有土地與錢糧的關係。例如在《福建省例》所收錄的「告恃衿抗糧式」可以看到根據規定，擁有土地的人民應該繳稅，否則將受到處罰。「告恃衿抗糧式」內容如下：

---

18 「定鼎建號詔」又稱爲「登極詔書」收於：《大清詔令八卷》清鈔本，卷一，頁1-26。

19 參考「平定山西詔」，同註14，《大清詔令八卷》清鈔本，卷一，頁27-44。

20 參考「平定江南詔」，同註15，《大清詔令八卷》清鈔本，卷一，頁45-90。

某府州縣某人為恃衿抗糧事。某人現有田地若干頃畝，應納（銀、糧）若干，倚恃紳衿，抗不完納，致某（受比、賠累）。乞准拘究。上告。[21]

(二) 清朝對於明朝末年之際，人民間財產糾紛採取保護「小民」政策

1644年的「定鼎建號詔」針對明朝統治時期人民與人民間的債務糾紛，採取保護小民政策。「定鼎建號詔」規範關於「勢家土豪」舉放私債的糾紛，處理方式採取「司官不許代為追比」政策。在「定鼎建號詔」相關條例說明如下：

向來勢家土豪舉放私債，多取利息，折準房屋，以致小民傾家蕩產，身可痛恨。今後有司官不許聽受賄囑，代為追比，犯者以違制重論。[22]

上述條例呈現清朝接收明朝政權之初，對於明朝時期「勢家土豪」舉放之「私債」採取不承認政策。因此，在「定鼎建號詔」內規定「有司官」不得「聽受賄囑」，幫助「勢家土豪」向欠錢的「小民」代為追比。「定鼎建號詔」還強調不管是「多取利息」或「折準房屋」，清朝並不承認勢家土豪可以請求官司代為追比。類似內容也在「平定江南詔」出現，清朝統治者對於各地方勢豪可能侵害一般人民財產的行為要求自首免罪並將詐騙財務各還原主之政策：

21　參考《福建省例》，目前收於《台灣文獻叢刊第199》，全文可在網路上看到，請見下面網站：http://club.xilu.com/wave99/replyview-950484-19495.html，上網日期：2012年11月3日，目前這個網站暫時被關閉。

22　參考「定鼎建號詔」，同註13，《大清詔令八卷》清鈔本，卷一，頁1-26。

　　各地方勢豪人等受人（同『投』）獻產業人口，即騙詐財物者，許自首免罪，各還原主。如被人告發，不在赦例，仍追還原主。[23]

　　在「平定陝西詔」及「平定江南詔」甚至有類似免除人民對於政府或軍隊的債務。

　　例如「平定陝西詔」條例：

　　該省工部四司料銀匠價銀，弓箭撒袋折色銀兩，盔甲腰刀本色錢糧，自順治二年二月爲始，（同『從』）前逋欠在民者，相應盡與蠲免，以甦民困。自本年二月以後，應徵錢糧俱歸戶部，其順治二年額數，照戶部丁地錢糧事例，照數一體蠲免。」[24]。

　　「平定江南詔」也有下列條例規定：

　　明季軍興缺乏，行一切苟且之政，立借富（同『斛』）貪等項名色巧取財物，最爲弊政。除已征在官外，其餘拖欠未完者，悉興蠲免。[25]

　　上述這些條例呈現清朝接收明朝政權之際，對於當時人民財產關係處理政策。清朝統治者或者採取「從前逋欠在民者，相應盡與蠲免」或者採取「除已徵在官外，其餘拖欠未完者，悉興蠲免」。其主要目的都在「以甦民困」。

　　但是，隨著清朝統治者確實統治中國地區之後，清朝統治者逐漸發展出有利於統治階級之財產制度與措施。這些制度與措施政顯現清朝政府對於人民既有財產狀況並不尊重，從各種有利於統治者的制度設計，顯現其

23　參考「平定江南詔」，同註15，《大清詔令八卷》清鈔本，卷一，頁45-90。

24　同註14。

25　同註15。

缺乏對於人民財產權的尊重。這可以從順治初期，執行北京城中兵、民分居政策內容看出。

(三) 京城兵、民分住政策並在外省建立滿城

清朝進關之際，在順治元年「定鼎建號詔」條例中，一方面宣誓其對於明朝時期人民田畝所有的尊重，但為統治的需要，清朝政府逐漸採京城兵、民分住及在外省建立滿城的制度[26]。而，這牽涉清朝對於人民既有的居住狀況及房舍擁有狀況的介入與侵害。

順治元年「定鼎建號詔」條例中提到「京都兵、民分居」政策，其內容如下：

> 京都兵民分城居住，原取兩便，萬不得已，其中東、西、中三城官民，已經遷徙者，所有田地，應納租賦，不拘座落何處，准蠲免三年；以順治三年十二月終為止。南北二城，雖未遷徙而房被人分居者，所有田地應納租稅不拘座落何處，准免一年，以順治而年十二月中為止。[27]

這樣的兵、民分城居住政策持續存在於清朝統治時期[28]。除「定鼎建號詔」條例的宣誓，順治五年八月再次諭令戶部等衙門，要求北京內城的

---

26 關於清朝滿城的建設，請參考朱永杰助理研究員，〈密雲清代「滿城」發展脈絡及其文化 源保護利用研究〉，取自下面網頁：http://www.bjpopss.gov.cn/bjpssweb/n33136c24.aspx，上網日期：2012年2月29日。此乃北京學研究基地自所設《清代北京密雲「滿城」歷史地理研究》項目。本文提到：「滿城經過了嚴格認真的設計。城內街道非常規整、筆直，以十字形走向為主，南北東西貫通一起。這些街巷把全城分成了許多塊狀區域，一方面中心十字街把城內分成四個大的方塊，另一方面小十字形的街巷又將每一方塊區域分開來，使得十六個佐領各司其所，四千八百七十二間兵房排列其間、整齊有序。城內按照八旗方位共分為十六片區域，彼此對稱協調，井然有序。而且，滿城內部從功能角度來說，又可分為衙署區、兵房區、宮廟區、教育訓練設施區和其他設施區，布局合理規範。」

27 參考《大清詔令八卷》清鈔本，卷一，頁1-26。

28 參考張群，〈中國古代的住房權問題〉，收於《北大法律信息網》，上網日期：2012年2月3日。

漢民搬到外城居住。諭令內容如下：

> 京城漢官、漢民，原與滿洲共處。近聞劫殺搶奪，滿、漢人等，彼此推諉，竟無幾時，以此光景，何日清寧。此時參居雜處之所致也。朕反復思維，遷移雖勞一時，然滿、漢皆安，不相擾害，實爲永便。除八固山投充漢人不動外，凡漢官及商民人等，盡從城南。其原房或拆去另蓋，或買賣取償，各從其便。[29]

　　爲了補償人民遷移之苦，順治皇帝特命「戶、工二部，詳查房屋間數，每間給銀四兩。……」[30]。這個諭令呈現出，表面上清朝宣示尊重人民既有財產的狀況，但卻基於其他目標，對人民既有的財產狀況不尊重。也因此理所當然下令：「凡漢官及商民人等，盡從城南。其原房或拆去另蓋，或買賣取償，各從其便。」。所謂「各從其便」是指人民有選擇將「其原房或拆去另蓋，或買賣取償」的可能，但卻沒有不搬離的選擇。

　　除此之外，根據研究指出，清朝入關之後，曾經進行多次圈地的政策，將無主荒地歸入八旗軍統治的政策。順治元年（1644年）頒布圈地令，以安置入關的滿族諸王、勳臣並解決八旗官兵生計。當時所占土地，包括的明代皇莊及大量民田。順治二年九月，清廷再次進行第二次圈地令；順治四年進行第三次圈地[31]。這三次的圈地占有非常多的土地[32]。當時的人史惇在《慟餘雜記》中寫到，「圈田所到，田主登時逐出，室中

29　參考《欽定八旗通志》，卷113，營建志二，取自網站http://ctext.org/wiki.pl?if=gb&chapter=202727；另參考趙書，〈正白旗滿族習俗管窺〉，收於下面網站：http://www.manzu8.com/bbs/dispbbs.asp?boardid=38&Id=1933&page=4，上網日期：2012年2月3日。

30　同前註。

31　參考《清聖組實錄》，卷12。

32　參考鄭天挺，《清史》，知書房出版集團，2003，頁186-191；另請參考：雷大受，《清初在北京地區的圈地》。

所有，皆其有也。妻孥丑者攜去，欲留者不敢攜。其佃戶無生者，反依之以耕種焉。」[33]。

　　從今日法律的精神看，清朝的圈地政策與滿、漢分居土地政策，不符合當代法律制度對於人民既有財產權利的尊重。當代法律制度下，政府僅在非常嚴格的條件下，例如一定程度的公共利益的考量，才能對於人民財產加以徵收並且政府在徵收人民財產時，必須透過立法並經過一連串依法行政程序，也要符合比例原則、必要性原則等標準並給予人民一定補償。如果用這樣的標準看，清朝人民在統治中國時，在京城將漢人民從內城強迫遷往外城的政策，不符合現代法律保障人民財產權的精神[34]。

(四) 《欽定大清會典事例》對於特定身分者使用房舍或土地的規定

　　在討論清朝具體的土地、田宅政策之前，有必要對於清朝，甚至明朝以來，傳統中國對於不同身分人民使用土地、田宅的制度設計加以瞭解。清朝對於不同身分者使用土地或房屋的設計，主要根據人民的身分而有不同使用國家土地或房屋的可能。例如具有皇族或者特定官吏地位的人，可以擁有使用政府所提供不同大小或設備的特定土地或房舍。

33　參考明末清初之史惇所著《慟餘雜記》之記載。《慟餘雜記》1卷，四庫禁燬書叢刊：史部第72卷，重印本，北京，北京出版社，2000。該書總頁數共18頁。

34　台灣目前土地徵收條例第1條規定：「為規範土地徵收，確保土地合理利用，並保障私人財產，增進公共利益，特制定本條例。土地徵收，依本條例之規定，本條例未規定者，適用其他法律之規定。其他法律有關徵收程序、徵收補償標準與本條例牴觸者，優先適用本條例。」另，第3之2條規定：「需用土地人興辦事業徵收土地時，應依下列因素評估興辦事業之公益性及必要性，並為綜合評估分析：一、社會因素：包括徵收所影響人口之多寡、年齡結構及徵收計畫對周圍社會現況、弱勢族群生活型態及健康風險之影響程度。二、經濟因素：包括徵收計畫對稅收、糧食安全、增減就業或轉業人口、徵收費用、各級政府配合興辦公共設施與政府財務支出及負擔情形、農林漁牧產業鏈及土地利用完整性。三、文化及生態因素：包括因徵收計畫而導致城鄉自然風貌、文化古蹟、生活條件或模式發生改變及對該地區生態環境、周邊居民或社會整體之影響。四、永續發展因素：包括國家永續發展政策、永續指標及國土計畫。五、其他：依徵收計畫個別情形，認為適當或應加以評估參考之事項。」

　　這些特定身分者雖然不一定享有其所居住或使用的房屋或土地之當代民法所規範之所有權；但是他們卻可以享有長期且無償使用政府提供的房屋或土地之權利。在清朝這樣的財產制度設計下，人民要努力爭取的或許不是擁有這些房屋或土地的所有權，而是要努力爭取取得可以無償使用房屋或土地權利的身分。或許因為這樣的財產制度設計，使得在中國傳統社會中不會發生在十八世紀於歐洲社會發展出來的「絕對財產權制度」；也因此當代重要私人所有的財產制度也不會出現於清朝社會。

　　在《欽定大清會典事例》內容中，可以看到清朝擁有特定身分者，使用國家各種財產的權利，分析如下：

1. 皇帝可以使用的土地空間與房屋建築

　　《欽定大清會典事例》卷962-966規定清朝皇帝使用的各種空間與建築。這些空間與建築包括紫禁城、重華宮、建福宮、寧壽宮等各種宮殿及各種進行大祀與中祀等舉行祭祀活動壇廟。這些宮殿占地之廣超越近代其他國家的國王擁有的皇宮面積。清朝皇帝所使用的空間也不僅這些宮殿，還包括所謂的皇城。今日任何人到北京城，從紫禁城的規模就可以想像清朝皇帝個人及他的親人可以使用之空間面積。除此之外，在紫禁城之外的天壇、地壇、太廟、社稷壇等以及圓明園、頤和園、景山宮等地以及皇城的空間及各地避暑山莊也是專屬於皇帝使用[35]。

2. 親王、郡王等貴族使用的土地空間與房屋建築

　　《欽定大清會典事例》卷869也規範跟皇帝有一定身分關係的親王、郡王等居住的府第房屋規制[36]。《欽定大清會典事例》卷869「府第房屋規制」明定，崇德年間，親王府制：

35　參考《欽定大清會典事例》，卷862-865，工部。

36　參考《大清會典事例》，卷869，工部。

正屋一座，庮房兩座，臺基高十尺，內門一重，在臺基之外，均綠瓦，門柱朱鬃，大門一重，兩層樓座，其餘房屋均於平地建造。

郡王府制：

「大門一重，正屋一座，庮房二座，臺基高八尺，在臺基上，正屋內門均用綠瓦」。

在同卷中也對於貝勒、貝子府及鎮國公、輔國公府的規制有所說明。不同等級的府第可以取得的土地與房屋建築面積及格局各有不同。從今日北京的紫禁城、天壇及各種王府與王府花園，可以瞭解清朝時期國家重要財產由誰掌握、使用[37]。

3. 旗人的住居由國家提供

清朝政府對於旗人居住所均有所安排。為了避免滿族、蒙族及漢族人民間的衝突，對於滿州八旗、蒙古八旗和漢軍八旗的派駐所均有明確規定。另外，對於八旗軍調派地點也都明確規定。例如滿族八旗如在京城要在靠近皇帝較近的內城居住。如果在外省，則應住在滿城。他們在清朝政府所劃定的地區內，可以根據身分高低取得各種不同的居住空間。這些居住空間，主要由清朝政府免費提供，甚至由政府負責修繕與整理[38]。《欽定大清會典則例》工部，卷127規定：

皇城內八旗滿洲官廳十有六所，步軍堆撥房九十所。鑲黃、鑲白二旗官廳各二，堆撥各十。正白、正藍二旗官廳各二，堆撥各十有一。正

37　參考《欽定大清會典事例》，卷862-865，工部，其中提到：紫禁城居皇城之中，垣周六里；另外提到皇子住房360間、皇孫住房121間。

38　參考張群，〈中國古代的住房權問題〉，收於《北大法律信息網》，上網日期：2012年2月3日。

黃、正紅、鑲紅、鑲藍四旗官廳各二，堆撥各十有二。內城八旗堆撥房左翼三百二十七所。鑲黃旗滿洲五十三所，蒙古二十二所，漢軍十有七所。正白旗滿洲五十一所，蒙古二十所，漢軍十有四所。鑲白旗滿洲四十六所，蒙古十有三所，漢軍十有二所。正藍旗滿洲四十五所，蒙古十有九所，漢軍十有五所。右翼二百九十九所。正黃旗滿洲五十五所，蒙古、漢軍各十有八所。正紅旗滿洲三十八所，蒙古十有四所，漢軍十所。鑲紅旗滿洲四十八所，蒙古十有三所，漢軍十所。鑲藍旗滿洲五十所，蒙古十有五所，漢軍十所。各旗官廳蒙古、漢軍各二所，滿洲各五所，守門班房每門左右各五間，城上堆撥房，左翼四十三所，右翼四十一所，儲火藥房，左翼四十七所，右翼四十九所，……。

　　另外，《欽定大清會典事例》卷869記載順治十一年議准八旗官員兵丁均要照分定地方居住，如果遇到「調旗更地」也可以准許買屋居住。原則上，八旗中，漢軍與蒙軍人數較少；主要還是滿人。為了旗人的居住地區所建的官房往往在數千間左右[39]。

4.不同層級的官吏使用不同大小的房舍

　　《欽定大清會典則例》卷126，（工部）的標題包括營建、宅第、公寢。在內容中可以看到清朝對於王公貴族及各種在擔任官職的人給予優厚的居住環境。《欽定大清會典則例》提到，順治五年規定

　　一品官給屋20間；二品官，15間；三品官12間，四品官10間，五品官7間，6-7品官則4間，8-9品官3間。[40]

　　至於武官，例如護軍、領催、驍騎等也比照文官獲得「給屋」的待

39　參考《欽定大清會典事例》，卷869，工部。
40　參考《欽定大清會典則例》，卷126、卷127，工部。

遇[41]。除了京都的官員,在各省的文武官員,各直省、道、府、州縣、佐雜等官,學政,各種武職人員等也都有衙署或營房、官房可以居住[42]。

上述這些規定,保障清朝的王室、旗人、官吏及各種在政府擔任一定工作者的居住空間。清朝政府不僅提供居住空間,而且協助這些空間的維持與修繕。這些取得特定身分與職位的人,也隨著職位或身分的提高而有更為優渥的住居條件。僅有那些在社會上沒有特定身分與職位的人民,例如一般農民、商人等才需要自己建房或擁有土地耕種的必要性。而根據清朝的法律規定,一定身分與職位的人可以居住的房舍或取得的土地甚至穿著,出入坐的車都受到一定的限制。

(五) 《大清律例》(禮律)對於官民居住房舍的規定

《大清律例》(禮律)中對於人民使用房舍、車子、服裝及器物的規模都有明確規定。官吏因為官職品位大小,可以有的房屋建築格局各有不同。主要規定在《大清律例》(禮律)「服舍違制」條。不管官或民一旦房舍、車、服、器物違反法律所規定的格式,就會受到制裁。

《大清律例》(禮律)(服舍違制條)律文規定:

凡官民房舍車服器物之類,各有等第。若違式僭用,有官者,杖一百,罷職不敘。無官者,笞五十,罪坐家長。工匠並笞五十。(違式之物,責令改正。工匠自首,免罪,不給賞。)若僭用違禁龍鳳紋者,官民各杖一百,徒三年。(官罷職不敘,)工匠杖一百。違禁之物並入官。首告者,官給賞銀五十兩。若工匠能自首者,免罪,一體給賞。

根據薛允升所著《讀例存疑》的說明,這條律文雖然淵源於明律;但

---

41 同《大清會典則例》,卷126及卷127,工部。

42 參考故宮博物院編,《欽定工部則例三種》,收於故宮珍本叢刊第297冊清代則例,第四冊(共五冊),海南出版社,2000年,頁104-108;頁113-124。

卻在雍正三年經過刪定，小註是順治三年添入[43]。清朝在雍正三年時，更增加例文對於官民可以有的房舍、車馬、衣物加以詳細規定：

> 房舍、車馬、衣服等物，貴賤各有等第。上可以兼下，下不可以僭上。其父祖有官身歿、曾經斷罪者，除房舍仍許子孫居住，其餘車馬、衣服等物，父祖既與無罪者有別，則子孫概不得用。（服舍違式例文二）[44]。

這條規定呈現出在清朝一定身分地位的人可以擁有的房舍、車馬、衣服等規格。這跟歐陸十六到十八世紀出現的警察法規對於一定階層人民服裝與住所規模與型態的規範相類似[45]。

《大清律例》「服舍違式律」的例文也沿習明令，限制官民房舍不許施用拱門及重簷。同時對於不同身分的職官可以有多大的房舍有明確規定。這個規定如下：

> 房舍並不得施用重拱、重簷，樓房不在重簷之限。職官一品、二品廳房七間九架，屋脊許用花樣獸吻，梁棟、斗拱、簷桷彩色繪飾。正門三間五架，門用綠油獸面銅環。三品至五品，廳房五間七架，許用獸吻，梁棟、斗拱、簷桷，青碧繪飾。正門三間三架，門用黑油獸面擺錫環。六品至九品，廳房三間七架，梁棟止用土黃刷飾。正門一間三架，門用黑油鐵環。庶民所居堂舍，不過三間五架，不用斗拱彩色雕飾。[46]

43　薛允升，《讀例存疑》，頁435。

44　這條例文原來是明令，在清朝於雍正三年改定。本章有關清朝《大清律例》之規定主要參考（清）薛允升，《讀例存疑》，頁436。

45　有關歐洲警察法的討論請參考江玉林，〈歐洲近代初期的「博理警察」與「警察學」〉，收於政大法學院出版，《法文化研究：繼受與後繼受時代的基礎法學》，台北，元照，2011年5月，頁165-180。

46　同前註，薛允升，《讀例存疑》，頁437。

以上所述清朝的財產體制，基本上是延續明朝的規範。清朝特殊規定主要是因應清朝政府作爲異族統治中國的特別處境及清朝對於八旗的重視與優待。清朝雖然在1900年前後，嘗試改變當時的法規範，希望學習歐陸的民法體制；但當時在社會中並沒有發生類似歐洲在十七、十八世紀，要從封建采邑制度，走向專制國家體制時，配合社會變遷，所產生各種有關財產及財產權制度的論述與理論。

四、從清朝人民的「契」內容分析清代私人間財產關係圖像

近幾年來，有關清朝田土相關契約與土地相關證書資料的出版非常豐富。本書作者在2011年前後因爲年前後因爲認識田濤教授、李祝環教授並跟郭成偉教授、王宏治教授及高浣月教授討論，才更深刻理解清朝存在的土地、房契等契約之情形。2012年開始運用田濤／鄭秦／（美）宋格文所編《田藏契約文書粹編》及張德義所著《中國歷代土地契證》等書中所收藏清朝田土契等資料進行清朝法制中有關財產關係圖像的研究。[47]再仔細觀看《田藏契約文書粹編》及《中國歷代土地契證》等書中所收的田土與房屋契約後，對於清朝的田土、房舍等「契」有更深刻的理解。

(一)「契」所呈現的田土、房舍變動型態與內容

上述兩本書所收藏契呈現出清朝時期各種跟土地有關財產變動形態：包括買賣、出典、出租、贈等；而跟田土或房屋等今日民法不動產、動

---

47 這兩本書分別爲田濤／（美）宋格文／鄭秦主編，《田藏契約文書粹編》，北京：中華書局，2001，及張德義著，《中國歷代土地契證》，河北，河北大學出版社，2009。《田藏契約文書粹編》所收的契約文書始自明代永樂6年（1408）並歷經明、清、中華民國時期到1969年爲止，長達500多年，包括約150個縣市。全書共分爲3冊。本書所收的950件契約文書是從田濤先生所收的五千餘件文書中選出，共包含房地產買賣、借貸、典當、婚姻與繼承的契約文書。請參考下面網頁的介紹http://www.xhfm.com/2005/1216/639.html。《中國歷代土地契證》一書則涵蓋中國各省、市、區不同時期的土地契證。另外，請參考保定郝毅與王亞西在〈見證清朝管理台灣歷史契證〉請見下面網頁：http://www.dfsc.com.cn/2011/0420/44221.html，上網日期：2015年4月9日。

產概念類似的財產包括：土地、基地、房屋、鋪面樓房、山林、樹、園等。下面列出兩種契內容：

1.賣地契內容與型態

在康熙三十年的「契」其內容與描繪方式：

立賣地人李程淳，因爲年老、年荒，度日不過，今將自己村南下平地一段，東西畛，東西至道，南至趙丕基，北至李嵬年，四至分明，計地四畝整。立契賣與本戶李日輝永遠承業。中人言定價錢絲銀一十二兩，即交無欠，毫無缺少。恐後無憑，故立賣契存照。一概畫字，銀淳一面承擔。

康熙三十年十一月初七日立契人李程淳（押）村南圪領頭祖業四畝分孫濬 年、程牧。中人：李日高、程瑜、崑年（加蓋：休寧縣印）。[48]

這個契所描繪賣地的原因及對於土地的大小、空間的描繪跟其他相類似的契的內容有高度相似性。我們在契中可以看到各種不同角色參與契訂定過程的人士。其中，在契中所出現的「中人」應該具有確定契內容眞實性的功能。這些人應該屬於M. Zelin所謂的「民間自我維護的體制」的一種[49]。

---

48 參考田濤/（美）宋格文/鄭秦主編，《田藏契約文書粹編》前揭註，頁9內序號16契，此爲安徽、休寧地區的契。王旭在〈中國傳統契約文書的概念考察〉一文中分析《田藏契約文書粹編》內容，認爲這書中收藏的「契」文書有兩個特點：1.其交易方式涉及廣泛，有賣、買、贈、典、換、轉典、借、出俵、當等；2.交易所涉及對象包括土地、房屋、山、院、樹園、樹等並認爲清朝的契跟不動產交易有密切關係。本文收於《上海政法學院學報》2006年04期，網頁：http://weilaiwansui.blog.hexun.com.tw/63409059_d.html，上網日期：2012年2月13日。

49 參考Madeleine Zelin,〈Rights of Property in prewar China〉收於*Contract and Property in Early Modern China*, Standford University Presse, 2004, p. 17-36.

2. 不同地方典地契內容與型態有很大的相似性

下面這份光緒二十九年的契說明清朝不同類型的契的相似性：

立典契人胡常義因乏手不便，今有祖遺白地一段計數十一畝，此地坐落國禎在瓦宅村南南北（壟），東至張姓，西至王姓，南至頂地，北至橫地，四至分明。今同說合人情願典與胡文魁名下承種爲業，共合典價錢三百一十九吊整，其錢當日交足並不欠少，言明三年，錢到許贖，如有舛錯，有典人一面成管。恐口無憑，立典契爲證。光緒二十九年三月初六日　中保人　王平世　胡玉山　牛景福　常吉，立典契人　胡常義　國禎，書字人　胡印川。[50]

3. 旗人間賣房契內容與型態

在田濤／（美）宋格文／鄭秦主編，《田藏契約文書粹編》收有一份旗人間的賣房契，這是目前少見的旗人間的契，也說明旗人的房地原則上僅能賣給旗人。這是一份乾隆三十二年的契。

正白旗包衣盛保管領下拜唐阿春岱，有房三十一間，坐落崇文門內單牌樓頭條胡同路北地方。今賣與廂白旗滿州德特赫佐領下閒散人吉祥名下，價銀一千零五十兩。此房倘係未行扣完官銀之公產及重複典賣，親族人等爭執等情，俱係內管領盛保，領催四十七，賣主春岱同保。此照。納稅銀三十一兩五錢。乾隆三十二年十一月日，立賣契人　春岱（押），領催　四十七（押）內管領盛保內副管領　華廉布（押），（滿文略）（加蓋：左翼管稅關防）。[51]

50　參考：張德義著，《中國歷代土地契證》，頁171，此爲湖北地區的契。

51　此係清乾隆32年正白旗春岱在北京的賣房契，收於田濤／（美）宋格文／鄭秦主編，《田藏契約文書粹編》前揭註，頁20。

(二) 契的內容所呈現的清代田土、房舍買賣、典押的各種面向

1. 契中出現的人物、人名及其功能

在當代契約中，主要出現的人為契約雙方當事人，例如買者或賣者，或者抵押人或抵押權人的名字並由雙方當事人在契約書中簽名或蓋章。在清代田土的契，在契中畫押或簽名的人，主要是中保人或者出賣人或出典人或者書字人。

前面列出來光緒二十九年三月初六日的典契中，可以看到中保人先簽名，共有四人分別是：「王平世、胡玉山、牛景福、常吉」，其次則是立典契人胡長義（至於國禎為何人，無從知悉），第三個在契中列名的人則是「書字人」。取得出典的人並未在契中簽名，取得出典土地者的名字僅出現在契內的描述文字。例如上述康熙三十年十一月的賣地契中，買地的「李日輝」與光緒二十九年三月典地契中取得的「承種為業的胡文魁」未在契的最後畫押或簽名。

這種僅由「契」的特定參與者（中人、書字人、出賣人）簽名的型態跟現代台灣一般民事契約並不相同。或許這些人簽名的主要目的是作為在場者的證明。因此，契的內容多數會有下面文字：

恐後無憑，賣契存照；

倘有一切違礙，賣主一面承擔。恐後失憑，故立死契永遠為憑，言過割事，一並在內字照實；

倘有親族及鄰爭競，一切違礙，賣主一面承擔。恐後失憑，故立死賣契，永遠存照用實。[52]

恐口無憑，立典契為證。

自典之後，如有指房借貸官銀私債暨遠近親族人等爭競等情，俱有中人一面承管。恐後無憑，立典房契執為據，三面言明一典三年為滿，錢到

52　參考田濤／（美）宋格文／鄭秦主編，《田藏契約文書粹編》，頁14-15。

全價回贖，大修兩家，小修典主自理。[53]

2.在清朝的「契」中對於土地、房屋的界址描述具體且明確

　　從幾份清朝契之內容，可以看到關於土地或基地、房屋大小及座落所在地的描述方式。例如：

　　今有祖遺白地一段計數十一畝，此地坐落國禎在瓦宅村南南北（壟），東至張姓，西至王姓，南至頂地，北至橫地，四至分明；

　　今將自己村南下平地一段，東西畛，東西至道，南至趙丕基，北至李年，四至分明，計地四畝整。」；

　　今將自己村內所分祖業一方。東至李慶霄，西至李本謙，南至李友顏，北至本周。四至分明，計地四釐五毫。[54]

　　今將自己楊趙彎店房一座。共房三十三間，作爲六分，東至萬順號，西至孫紹普，南北店內店外俱係蘭正文地，四至分明。計房六分之三出契賣與李柱永遠承業，價銀四百兩整。[55]

　　上述契中有關土地、房屋等的描述方式，顯現出清代是一個人口移動性小的社會。人跟人之間的關係非常固定與熟悉；因此，對於土地的描述往往以固定鄰居人名爲主。有人認爲這顯示清朝當時缺少比較客觀，脫離人與人關係的土地丈量的方法。但是，從生活的方便性與熟悉性來看，這樣的描述方式，對於當時社會一般人民而言，反而是明確且比較可以從生活經驗中理解的土地與房屋等描述方式。從清朝的多數契內強調「四至分

---

[53] 張德義著，《中國歷代土地契證》，頁171、172。

[54] 參考張德義著，《中國歷代土地契證》，頁171及田濤／（美）宋格文／鄭秦主編，《田藏契約文書粹編》頁9、14。

[55] 此係道光三年的契，收於田濤／（美）宋格文／鄭秦主編，《田藏契約文書粹編》，頁49。

明」可知他跟人民生活經驗中的關連性。不過，清朝在牽涉京城地區土地或房屋買賣，契內描述的房屋顯然有所不同。其描述方式如下：

> 有房三十一間，坐落崇文門內單牌樓頭條胡同路北地方；
> 有房二十三間，坐落東單牌（婁）樓新開路地方。[56]

3. 屬於旗人的房子僅能賣給旗人

在《田藏契約文書粹編》中收藏幾份在北京旗人間的契，從其內容可以發現，清朝某些特定房的買賣僅能存在某些特定身分人彼此之間。例如北京地區，旗人的房屋僅能出賣給旗人。這些契的內容均呈現牽涉特定房屋時，僅能出賣給特定的人；其契的描繪方式如下：

> 正白旗包衣盛保管領下拜唐阿春岱，有房三十一間，……。今賣與廂白旗滿州德特赫佐領下閑散人吉祥名下，價銀一千零五十兩。
>
> 廂白旗滿州佐領明德，有房二十三間，……。今賣與本旗滿州德特赫佐領下閑散人雙壽名下，價銀七百二十兩。

而在一份清乾隆四十六年一份資料可以看到在北京某些官房是可以買賣的，只是買的人僅能是官員、兵丁及柏唐阿人等。這些人還可以透過「坐扣奉餉，並繳納現銀，認買在案。」[57]

56　參考田濤／（美）宋格文／鄭秦主編，《田藏契約文書粹編》，同前註，頁20、22。

57　內容取自清乾隆16年（1781）在北京翰林院編修吳裕德的買房執照，其內容如下：「執照總管內務府官房租庫，為給發暫照事。照得本府奏准嬲賣官房，准令官員、兵丁、柏堂阿等人坐扣奉餉，並繳納現銀，認買在案。今據翰林院編修吳裕德，呈買宣武門外椿樹頭條衚衕官房十六間，價銀六百四十兩。先交過一半房價銀三百二十兩，其於一半價銀三百二十兩，照例做為十季，每季扣銀三十二兩，末季扣銀，秋季起按季坐扣俸銀之處，咨行戶部在案，相應給發暫照。此項房價銀兩，俟扣完時再行換給實照。須至報照者。乾隆四十六年六月十九日給庫（加蓋：官房租庫之印）。」

4.從契中瞭解清朝的貨幣制度與土地、房舍價格

在《田藏契約文書粹編》及《中國歷代土地契證》這兩本書內收集的契可以發現，不同時代契所提到的付款方式各有不同。另外，契內的金額如果是康熙、乾隆年間，出賣土地或房屋的金額相對小，但到了嘉慶、道光年間，出賣的金額相對大一些。這究竟是僅這兩本書所收的契偶然發生的現象；或者這是清朝時代變遷中，土地或房屋價格不斷上漲的關係，未來值得更深入研究與瞭解。以下是不同契約呈現價格的方式，例如《田藏契約文書粹編》所收集的契呈現方式如下：

清康熙五十七年：同中人言定價錢絲銀一十五兩。
乾隆四年：時值賣價紋銀五十二兩五錢整；
　　　　　錢絲銀一十五兩；
　　　　　時值賣價紋銀三兩五錢整明。
道光三年：價銀四百兩整；
　　　　　計永價錢八千一百文整。
道光十一年：賣價紋銀一千四百兩整。[58]

而在《中國歷代土地契證》中所收湖北地區的契其呈現的價格方式如下：

光緒二十九年典契：共合典價錢三百一十九吊整。
光緒三十四年（1908）直隸典當房契官紙和契尾：
言明典價北洋龍站人洋三百五十元正。[59]

本執照收於田濤／（美）宋格文／鄭秦主編，《田藏契約文書粹編》，同前註，頁26。
58 參考田濤／（美）宋格文／鄭秦主編，《田藏契約文書粹編》，頁10、14、48、48、53。
59 參考張德義著，《中國歷代土地契證》，頁171、172。

五、清朝政府在人民買賣、典當田土過程的角色：透過「契尾」確認徵稅

究竟清朝政府在人民有關田土買賣、典當的關係所扮演的角色如何，張益祥在其碩士論文有完整的論述[60]。本章綜合《田藏契約文書粹編》及《中國歷代土地契證》兩本書中收集清朝有些契的文書，分析其等所列有之清朝相關單位；包括各省承宣布政使司相關意見及《福建省例》、（治浙成規）等內容所規範之內容分析如下：

(一) 契之內容呈現清朝政府主要關心國家稅收問題

在清乾隆四年（1739）八月山西省太平縣的柴澎賣地連二契的內容中，看到山西等處之承宣布政使司在乾隆六年二月回覆給太平縣的資料。由其內容可以看出清朝政府對於契最關心的是契稅問題。在山西等處承宣布政使司，回復太平縣「請復契尾」的文書中可以瞭解由省的承宣布政使司確認契尾的依據，其內容提到「請復契尾」是「會例」，主要目的在於「杜私徵捏契」。

山西等處承宣布政使司，回復太平縣「請復契尾」的文書說明「會例」的形成原因與過程：

蒙　巡撫山西、太原等處地方、提督鴈門等關軍務、兼理雲鎮、都察院右副都御史、記錄七次覺羅石案，驗准戶部咨廣東司案，呈戶科抄出本部提覆，廣撫揚　奏前事，仰司官吏查照咨案，奉旨內事理。欽遵即便轉飭各屬，查照舊例覆議。[61]

在這份公文中，提到清朝政府對於人民間田土「契」處理方式如下：

60　參考張益祥，《清代民間買賣田產法規範之研究—以官方表述為中心》，政大法學院碩士論文，民國93年（2004）指導教授陳惠馨，頁36-80。

61　參考田濤／（美）宋格文／鄭秦主編，《田藏契約文書粹編》，頁15。

契尾由司編號，給發該地方官，粘連民契之後，填明價值銀數、鈐印給發，令民收執。並嚴禁書吏不得借端勒索，致滋擾累，仍將用過契尾，每於歲底，報司查核，所收稅銀，飭令儘收儘解，倘有隱匿不報情弊，即行查明，詳請題參施行……。[62]

在《田藏契約文書粹編》所收的各種契中往往可以看到加蓋有「縣」及「承宣布政使司」的印[63]。而在清乾隆四年（1739）八月山西省太平縣的柴澎賣地連二契並在契尾有下列文字：

計開：業主柴存義，置買平坡地三畝兩分，價銀五十二兩伍錢，納稅銀一兩五錢七分五釐。右給付柴存義　　准此　太平縣　乾隆六年二月二十二日。[64]

類似山西等處承宣布政使司的契尾說明，也可以在咸豐年間於浙江及河南契中看到。例如，咸豐六年浙江（1856）鄞縣王立方賣地二連契契尾及同治四年（1865）河南涉縣崔文澤、崔文江賣地連三契的契尾[65]。在光緒三十四年一份「典當房契官紙契文」之後面列有「典契章程」。其部分內容強調契與稅的關係：

牙紀□□分府張發葦漁課官中劉成深再批每年給李姓納地租錢七吊文曾姓代收此照。典契章程列后：

一典當田房契尾契紙，均應查照正稅定章一律辦理。

62　同前註。

63　其他有這種情形的契，請參考：田濤／（美）宋格文／鄭秦主編，《田藏契約文書粹編》，16、21、23、25、、39、37、38（以上山西省各縣的契）、39、46、67（浙江）

64　參考田濤／（美）宋格文／鄭秦主編，《田藏契約文書粹編》，頁15。

65　參考田濤／（美）宋格文／鄭秦主編，《田藏契約文書粹編》，冊一，頁67-68，83-84。

一凡民間典當田房自立契之日起，如逾三個月定限，不照章投稅或串
通牙紀以多報少隱匿稅價，一經查出或被告發，定即重罰，仍責令
照章補稅。

一定例典當田房，原主如不回贖准其轉典，嗣後，如有輾轉出典者，
每易一主須由最後承典之戶另立契紙，照章投稅粘用司頒契尾，其
舊典契尾應粘於新典契之後，以備查考，無論轉典更易數主，均應
照此辦理。

一向例田房賣契每契價制錢一千，合銀一兩，今典契亦應照辦。至
此項稅銀承典之戶如願交錢，應照該處市價折收，不准多取分文；
如願交銀，聽其自便。倘書史牙紀藉端多索，准花戶控告，查實究
辦。[66]

(二) 清朝政府對於「典賣契式」格式與內容的規範

從目前出版各種清朝契證書籍中，可以發現不管發生在山西、河南、
浙江甚至江南的契證，其內容與格式有一定類似性。在《福建省例》及
《中國歷代土地契證》中，可以看到清朝政府如何透過「典賣契式」或官
契契文指導、影響人民契的格式。例如在《福建省例》（田宅例）部分
收有「典賣契式」，其內容說明「合同契式」應該如何書寫，其內容如
下：

一件設立合同契式、曉諭遵照、以杜假捏、以息訟端事。乾隆二十五
年二月，奉巡撫部院吳憲牌：照得民間典賣產業，全以原契為憑。而呈官
剖斷，亦以契券為據。閩省詞訟，半由田產契載不清，以致雀角紛爭。且
聞閩省典田者不立下契，以致取贖無券，徒滋口舌。[67]

---

66 參考張德義著，《中國歷代土地契證》，頁173，本典當章程共有10條，在此僅列出其中五條。
67 參考《福建省例》，頁443。

《福建省例》並頒發「契式」，其內容如下：

> 立典契某人云云（聽憑民間俗例開寫），今將祖傳或自置某縣某都某
> 圖民（屯）田幾號土名某某等處，共計幾畝幾分，年載租穀米若干，應納
> 錢糧若干，本色米若干，託中典與某姓某名處爲業，得價銀若干兩（何戥
> 何色或系紋廣）。其銀即日全數收明。其田聽憑典主對佃收租管業，推
> 收入戶，完納糧色。此田面約幾年爲限。限滿之日，聽某備照契載銀兩
> 贖回，某處不得以糧經過割等詞掯留。如無銀取贖，仍聽某處管業云云
> （聽憑民間俗例開寫）。今欲有憑，邀同中見人等當場寫立合同上下典契
> 一樣各一紙，典主執上契，原主收下契，各執一紙爲照。[68]

在《中國歷代土地契證》一書中，也看到雍正十一年（1733）年，
由江南江寧布政司奉旨頒用契紙，在該契紙說明：

> 奉安撫部院准：戶部議覆河南總督田奏議，凡紳衿民人置買田房山場
> 產業，布政司刊刻契紙契根給發各州縣，載存契根，聽民買用。……。[69]

光緒三十四年（1908）一份典當契，可以看到其內容強調此係「官
契契文」，其格式如下：

> 立典契人仁厚堂今因無錢使用，情願將自己房／地四畝四分間／
> 畝，坐落城北庄邵家庄處，南至車道，北至車道，東至于善昌，西至魏
> 永盛，四至分明。邀同原郭云等官中崔星齋共同議明實價紋銀／京錢
> 四百六十千，當交不欠。典給齊文堂名下以三年爲限，仍照原價回贖、如
> 欲絕賣，另換官契投稅，倘有違礙情弊，由出典者全管。恐後無憑，塡寫

68　參考《福建省例》，同前註。
69　參考張德義著，《中國歷代土地契證》，頁49-52。

官契爲證。[70]

同樣的在光緒三十四年「典當房契官紙契文」後面列有「典當章程」強調官契的重要性。其內容如下：

> 民間典當田房務須責令概用司印官紙寫契收執爲據，此項官紙每張由承典之人交紙價制錢一百文，於成契之日統交官中，准由該牙每張扣留二十文，如敢多取定即嚴懲。
>
> 民間典當田房，如不用司印官紙寫契，事後有人告發，經官驗明事在新章以後者，照典價之數罰一半入官充公，仍令改寫官紙照章納稅粘尾，如系新章以前典契免其補稅以示區別。
>
> 官牙領出司印官契紙遇民間典用，不准該牙紀勒掯不發，例外多索之數加百倍罰款，不清暫行監禁。[71]

從上述的資料，顯現清朝政府自有一套有關人民訂定各種契時候，運用相同格式與內涵的範例或規範。清朝統治者透過各省的「官契契文」或「契紙」等達到讓各地方的契具有一定類似性的可能。

六、結論

本章所分析清代財產制度，說明清朝政府對於人民可以擁有之田土、住房的限制。另外，從清朝各種田土、房舍相關的「契」可以看到，清朝對於人民在買賣或典當田土、房舍、基地等事項，基本上，給予契的當事人自行訂定「契」的自由。清朝法規範僅強調「契」要列有「中人」或「書字人」，以便發生糾紛時，可以確定雙方在定「契」時，沒有被強迫或有虛假的情形。這跟當代民法體系對於給予人民對於擁有的財產有自由

---

70 參考同前書，頁172、175。

71 參考同前書，頁173-174。

處分的規定有一定的類似性。基本上，都承認人民可以自主訂定「契」並承認其效果。

　　但清朝的財產制度的設計特別之處在於統治者給予有特定身分或官位的人使用國家提供之住房與土地的權利。而，不具有皇族身分、旗人身分或官職身分的普通人民，雖然可以自由訂約，買賣田土與住房，但是他們所能擁有田土與房屋大小、房屋建築模式受到法規範嚴格限制。

　　究竟清朝有無類似現代土地、房屋登記制度，無從確定。但是，清朝《治浙成規》中有段文字說明，明朝或清朝可能存在有某種土地登記制度。在《治浙成規》「禁丈量補造魚鱗冊事」中記載：「……原丈量久經奉禁，且民間田產執業，皆以金印契卷為憑，又有每年納銀完糧州縣用印串票為據。、其魚鱗冊之存司者，民間皆不得一見，及州縣錄存者亦將束置高擱。……」[72]。

　　由上述記錄看來，明朝與清朝之際，人民有關財產買賣或變動關係除了依據書面的「契」作為證據外，政府由於關心納稅問題，因此透過要求人民使用「官契」或透過《省例》宣導「契」的內容與格式之外，還有魚鱗冊圖。只是在清朝這種魚鱗冊圖似乎逐漸失去重要性[73]。

　　透過本章的分析，說明清朝對於人民之間有關田土或住房的買賣制度或財產相關法規範，似乎跟現代西方民法所主張契約自由原則有一定的類似性。但是，在討論這個相似性之時，必須注意到清朝整體財產制度的設計，尤其在田土、房舍制度跟近代西方歐陸的民法體系所強調的所有權絕對原則有非常不同的思考脈絡。本章透過分析《大清會典事例》、《大清會典則例》、《大清律例》、《福建省例》、《治浙成規》及出版的清朝

72　參考：《治浙成規》，收於官箴書集成編輯委員會編，《官箴書集成第六冊》，合肥，黃山書社，1997，頁327-330。

73　關於此一部分學者有不同意見，請參考林文凱，〈「業憑契管」？──清代臺灣土地業主權與訴訟文化的分析〉，收於《臺灣史研究》，第18卷第2期，2011，頁1-52。其中註13提到魚鱗冊圖在清代仍保留其重要性。

各種牽涉田土與房舍的「契」內容，描繪清朝私人與人間財產關係的法規範圖像，藉此說明要討論清朝有關私人與私人間財產關係法規範的制度時，不能不考慮到財產制度牽涉到社會更整體制度設計。因此，任何單純比較傳統中國是否有近代西方民法制度的論述，需要重新思考與修正。

第六章 | 《欽定戶部則例》規範的蠲卹制度[1]

一、前言

　　本章將分析清朝《欽定戶部則例》規範的蠲卹制度，希望藉此說明清朝法規範並非僅有《大清律例》。清朝重要的法規範除了《大清律例》與本書探討的《欽定吏部則例》之外，跟一般人民關係最密切的法規範應該是《欽定戶部則例》[2]。由於在清朝不同皇帝時期，《欽定戶部則例》均有所修正，本章主要著重分析乾隆四十一年《欽定戶部則例》內容與其實際落實情形[3]。根據互動百科說明，清朝從乾隆四十一年到同治四年《欽定戶部則例》先後修訂有14個版本[4]。而不管哪個版本，蠲卹制度都是重要內容，其跟戶口、田賦、庫藏、漕運、鹽法、錢法、關稅等都是清朝戶部重要職掌項目，也是不同版本的《欽定戶部則例》必有內容之一。

　　當代許多研究者將清朝蠲卹制度跟當代西方社會福利體系相比較。不

---

1 本章是根據本書作者所寫的〈法律與社會結構—以清朝蠲卹制度爲例〉一文修改而成。該文曾發表於《中華法系第三卷》，北京，法律出版社，2012，頁21-48。從2012年到本書改寫的2015年，本書作者對於清朝史料的掌握更爲深入，因此，本章進行不少修正。

2 《內務府則例》、《宗人府則例》及《旗人則例》應該也是具有重要意義的法規範。本章所談的《戶部則例》則對於官吏及一般人民具有重要性。

3 蠲卹制度在台灣史學界早有人研究，主要從社會工作、賑恤措施、行政系統、歷史的角度分析，請參考李汾陽，《清代蠲卹制度之研究》，1991，文化大學史學研究所碩士論文。該論文於2006年出版，書名爲《清代蠲卹制度之研究》，文海出版社，2006。大陸亦有論文探討相關議題，請參考華桂玲，《清代蠲恤則例研究》，福建師範大學，碩士論文，2007，作者主要從清代蠲卹則例內容所規定的災情勘查、奏報時限、救災、賑飢、緩徵、蠲賦及蠲卹等內容加以探討分析。

4 參考互動百科說明，在網頁：http://www.baike.com/wiki/以「欽定戶部則例」可以查到。上網日期：2015年4月10日。

少研究者談到現代救貧制度或社會福利制度時，往往從清朝釐卹制度的賑災或矜卹制度找到中國傳統相類似制度的根源[5]。本書作者認爲清朝的釐卹制度範圍比當代救貧制度或社會福利制度更爲寬廣。釐卹制度範圍很可能跟今日德國社會法典範圍一樣廣泛。雖然，清朝《欽定戶部則例》與德國當代社會法法典之細部內容各有差異，且法規範背後的理念或思維各有不同；但兩個不同法規範想要處理的社會議題卻有一定的相似性。因此，本章也將比較清朝《欽定戶部則例》的釐卹制度與德國社會法典。

　　由於清朝《欽定戶部則例》版本甚多且內容非常廣泛，因此，本章首先將《欽定大清會典》有關戶部職掌事項的內容及乾隆四十一年《欽定戶部則例》內容簡單比較，藉此說明清朝法規範隨著時代變遷的痕跡並藉此說明清朝統治中國之際，跟戶部職權有關法規範結構與內容，尤其釐卹制度的變遷狀況。

　　釐卹制度內容非常廣泛，因此，本章主要著重在釐卹制度第一門「恩釐」法規範設計與實踐分析。而，本章中爲了說明清朝釐卹制度內容並非僅是當代社會救助法，其範圍超越福利法與救助法的範圍；因此，將清朝釐卹制度與德國、台灣當代社會安全法規範體系進行比較，希望藉此呈現清朝釐卹制度可能全貌。

　　本書作者瞭解任何不同社會看似相同法規範體制的比較，都有可能有所疏漏或不完整，尤其要注意法規範在整體社會架構的脈絡與影響。因此，在比較清朝釐卹制度與德國或台灣目前社會安全法規範體系時，也會針對清朝社會結構以及家庭、家族制度及地方團體的責任規劃跟當代德國或台灣的社會結構、家庭與地方團體的關係加以比較並分析。而，在有關清朝釐卹制度的細緻討論，則有鑑於清朝釐卹制度的範圍廣泛，本章也僅著重於有關恩釐制度法規範內涵分析並探討其實際運作情形。另外，本章

5　參考陳樺／劉宗志著，《救災與濟貧—中國封建時代的社會救助活動1750～1911》，中國人民大學出版社，2005；本書統計清朝冀、魯、豫、晉、蘇、浙、皖、湖等8省，從1880年到1910年30年間，每年每省一些縣遭受自然災害及清朝政府救災的情形，頁279-281。

也將簡單分析清朝蠲卹制度中的賑濟、卹賞及矜卹等相關法規範，至於有
關災蠲、及賞借部分就略而不談[6]。

二、清朝《欽定戶部則例》的版本與變化─以乾隆朝為例

　　清朝究竟從何時開始有《欽定戶部則例》值得研究。前面提到根據
互動百科說明，清朝從乾隆四十一年到同治四年《欽定戶部則例》先後
修訂有14個版本。本章主要所引用的所引清朝《欽定戶部則例》的版本
是以故宮博物院編，海南出版社與2000年出版的乾隆四十一年的《欽定
戶部則例》[7]。另外，在乾隆時期允祹編的《欽定大清會典》中也可以看
到類似《欽定戶部則例》的規範。但在內容上比乾隆四十一年的版本更
廣泛[8]。在《欽定大清會典》的凡例說明，該書告成於乾隆二十三年[9]。根
據乾隆二十三年《欽定大清會典》所載戶部職掌事項，主要記載在卷八
到卷十九。其內容包括戶口、田賦、權量、庫藏、倉庾、積貯、漕運、
錢法、鹽法、關稅、雜賦、俸餉與蠲卹等共15門。到了乾隆四十一年版
的《欽定戶部則例》戶部的職掌事項則僅列有12門，原來乾隆二十三年
《欽定大清會典》所在戶部職掌事項所包括的「敘官、疆理、權量及積
貯」等不再列入戶部執掌。除此之外，乾隆四十一年版的《欽定戶部則
例》增加稅則並將俸餉分為兩門，分別是稟祿及兵餉，雜賦則改稱為雜
支，放到戶部最後一門。其他各門則跟乾隆二十三年《欽定大清會典》記
載相同。

6　本章所引清朝《欽定戶部則例》主要運用的應該是乾隆四十一年《欽定戶部則例》，根據戶部提出
　　的奏摺，此一《欽定戶部則例》共有12門，例2729條，共126卷。參考故宮珍本叢刊，故宮博物院
　　編，海南出版社，2000年，冊1，頁1-5。本文所引用的卷108-117主要收於冊3，頁152-290。

7　在這個版本的《欽定戶部則例》內有乾隆二十六年五月十五日的日期記載，也有乾隆四十一年及乾
　　隆四十六年等日期，參考故宮珍本叢刊，故宮博物院編，海南出版社，2000年，冊1，頁1-5。

8　允祹編，《欽定大清會典》主要收於《欽定四庫全書》，全文可見中國哲學書電子化計畫網頁：
　　http://ctext.org/library.pl?if=gb&res=5542&by_title=%E5%A4%A7%E6%B8%85%E6%9C%83%E5%85
　　%B8。上網日期：2015年4月10日。

9　參考允祹編，《欽定大清會典》凡例。

在《欽定大清會典》卷19也規範蠲卹制度。將其內容跟乾隆四十一年《欽定戶部則例》蠲卹規定內容相比較，可以發現乾隆二十三年《欽定大清會典》卷十九對於蠲卹的規範還未完整。其內容雖然提到：「古者以保息養萬民，歲有不登則聚之以荒政，國家頻賜天下租稅，鰥寡孤獨者有養，其保息斯民者至矣。」並在卷十九提到保息之政有十一，分別為賜復、免科、免役、設養濟院、養幼孤等[10]，但跟乾隆四十一年《欽定戶部則例》規範的蠲卹制度有所不同。

乾隆四十一年《欽定戶部則例》共有十二門，第一百零八卷到第一百一十七卷規範蠲卹制度。蠲卹制度內容分為恩蠲（卷108），災蠲（卷109），賑濟（補蝗附）（卷110），賞借（卷111-112），卹賞（卷113-115），矜卹（卷116-117）[11]。

從乾隆二十三年到乾隆四十六年蠲卹制度的變遷，可以瞭解清朝法規範體系隨著社會變遷而有所修改。

三、何謂「蠲卹」制度—分析乾隆四十一年《欽定戶部則例》相關規定

在當代詞語解釋裡「蠲卹」二字往往被解釋為「免除賦役、賑濟飢貧」。但是，在乾隆四十一年《欽定戶部則例》第一百零八卷到第一百一十七卷中有關蠲卹制度規定卻說明清朝蠲卹制度內容比「免除賦役、賑濟飢貧」等概念更為廣泛。

乾隆四十一年《欽定戶部則例》（以下簡稱戶部則例）第一百零八卷到第一百一十七卷所規範之蠲卹制度，其內容包含十卷，分別規範恩蠲，災蠲，賑濟（補蝗附），賞借，卹賞，矜卹等六種類型。[12]

10　參考允祹編，《欽定大清會典》卷19蠲卹部分，同註7。

11　參考《欽定戶部則例》故宮珍本叢刊，故宮博物院編，海南出版社，2000，冊1，頁37-40總類，目錄部分。

12　參考《欽定戶部則例》，故宮珍本叢刊，故宮博物院編，海南出版社，2000，冊3，頁152-290。

1. 恩蠲[13]

卷第108主要規範普蠲地糧、普蠲漕糧、永蠲正賦[14]、永蠲雜賦、覃恩蠲免、巡幸蠲免、恩蠲積欠截數、恩蠲遇災補豁、恩緩耗羨。

2. 災蠲

卷第109主要規範報災、勘災、災蠲地丁（小字為緩徵附）、災蠲耗羨、被災蠲緩漕項、災蠲官租、蠲賦溢完流抵、業戶遇蠲減租、蠲免給單及奉蠲不實等。

3. 賑濟（補蝗附）

卷110，主要規範查賑、散賑（各省條例附）、折賑米價、坍房修費（火災賑卹附）、隆冬煮粥、士商捐賑、查勘災賑公費、督捕蝗蝻、鄰封協捕、捕黃公費、捕蝗禁令及捕蝗損禾給價等。

4. 賞借上、下

卷111-112，賞借上主要規範八旗月借庫銀、赴任官預支養廉、雲貴赴部官借支路費、駐藏官兵借支行裝、西安駐防筆貼式添給衣裝銀兩、現任官借項修署等。賞借下主要規範駐防因公借項、綠營兵丁差費、江南提

13　清朝在康熙及乾隆統治時期內，實行多次恩蠲政策，主要減免人民賦稅。請參考乾隆四十六年的《欽定戶部則例》，從前書，卷108，頁150-185。

14　根據乾隆四十一年《欽定戶部則例》對於永蠲正賦記載如下：「康熙六十一年奉上諭，聞陝西、甘肅二屬各州縣衛所地丁銀每錢額外徵收三釐米，每斗額外徵收三合以為備荒之用，此項徒有加賦之名而無賑濟之實，著自雍正元年為始，額外徵收銀米永行停止。欽此。」；雍正三年管理戶部事務怡親王奏請酌減蘇松二府浮糧，其內容，奉上諭：「覽管理戶部事務怡親王所奏具見勤求民隱為國推恩之意，正應戶部辦理之事。蘇松之浮糧當日部臣從未陳奏常廑皇考聖懷。朕體皇考愛民寬賦之盛心，准將蘇州府正額銀蠲免三十萬兩，松江府正額銀蠲免十五萬兩。論語曰百姓足，君孰與不足。周易曰損上益下民悅無疆。朕但願百姓之足時存益下之懷用是特沛恩膏著為定例。俾黎民輕其賦稅，官吏易於催科可飭令該地方知之。欽此。」，同前註，冊3，頁172。

標兵丁借濟銀兩等事務。

5. 卹賞上、中、下

卷113-115，卹賞上主要規範八旗官員紅白事賞俸等弟、在京入旗回子人員紅百賞項、八旗官員紅白事賞俸款項、賞俸工式、八旗兵丁紅白事賞銀等弟、八旗兵丁紅白事正例請賞款項、各項人等援例請賞款項、孀婦請賞款項、賞銀公式等。卹賞中主要規範優卹宗室、優卹八旗世職、優卹綠營難廕、優賞八旗告退兵丁、賞卹八旗節婦俸餉、賞卹八旗鰥寡孤獨等。卹賞下主要規範駐房官兵紅白賞銀、駐防節婦俸餉、駐防兵丁塋地、綠營兵丁紅白賞銀、微員回籍路費、優禮老人、優卹節孝、優稟貧生、撫卹被風番船等事務。

6. 矜卹上、下

卷116-117，矜卹上主要規範關於孤貧口糧的處理。矜卹下主要規範普濟堂、育嬰糖、五城棲流所、獄囚口糧、遞犯口糧等事務。

由上面所列乾隆四十一年《欽定戶部則例》第108卷到117卷有關蠲卹的規定內容，可以看到清朝蠲卹制度包含的不僅是當代賑災或救貧制度（災蠲、服濟、矜卹）；他還包括各種皇帝對於旗人、官員或者特定人士（世職）等「賞借」及「卹賞」等內容[15]。

蠲卹制度所牽涉範圍比當代德國社會法典體系的救貧與救災制度內容更為寬廣。從《欽定戶部則例》有關蠲卹制度執行，看到清朝社會結構；皇帝在執行蠲卹制度時，關心的不僅是一般平民。蠲卹對象區分對象為一般人民、宗室、官員、世職、旗人、兵丁、貧生及被風番船的外籍人士等[16]。清朝蠲卹制度包括恩蠲、災蠲、賑濟、賞借、卹賞、矜卹等制

---

15 參考乾隆朝《欽定戶部則例》，同前註，冊1，頁37-40之標題及冊3，頁152-290之內容。
16 在乾隆朝《欽定戶部則例》，卷115提到「撫卹被風番船——一沿海省分遇有被風飄到番船該地方官加意撫卹，動支存公銀兩，賞給衣糧、修理舟船。查明原載貨物，照舊裝載報明該上司，咨送歸

度。這些制度是否在當代台灣或中國大陸社會還存在，其存在的形式如何，值得進一步加以比較。透過比較研究，才能瞭解今日在中國大陸或台灣或其他華人地區社會安全法體系的法規範有哪些可能學習自德國或其他歐陸國家或英美國家制度？有哪些相關法規範可能主要受到傳統中國社會對於蠲卹制度思考的影響。究竟清朝蠲卹制度是否真的在當代華人社會已經因為繼受他國法規範體系而消失或者因為社會結構改變而消失，是本書作者關心的議題。下面將針對乾隆四十一年《欽定戶部則例》卷第108之恩蠲制度以及卷第115至卷第117之卹賞與矜卹制度的法規範結構以及法規範實踐加以分析，藉此說明清朝政府透過蠲卹制度所表現對於人民在困難時刻的保護與照顧政策。

四、清朝「恩蠲制度」的法規範與實踐

(一) 恩蠲制度的內涵——以乾隆十年之恩蠲為例

乾隆朝《欽定戶部則例》卷第108標題為恩蠲；其規範內容包括普蠲地糧、漕糧、永蠲正賦、永蠲雜賦、覃恩蠲免、巡幸蠲免、恩蠲積欠截數、恩蠲遇災補豁、恩緩耗羨等。分析其內容可以發現恩蠲制度是清朝皇帝在某種特定時刻或情境下，對於人民應徵錢糧的蠲免政策。

所謂特定時刻，例如當皇帝就位一定時間之後（乾隆十年或乾隆

國。」在則例中並記載實際發生的援助案例：1.「奉天省撫卹番船難民每名日給口糧銀五分停泊回棹一例，有缺衣履者每名製給皮衣一件、報銷工料銀棉襖一件報銷工料銀棉袴一一兩六錢一兩二錢條報銷工料襪一雙報銷工料銀鞋一雙報銷銀九錢二錢四分工料銀二錢。」；2.「山東省撫卹朝鮮國難民停泊之日每名日給口糧銀五分赴京回國每民給盤費銀五兩有缺衣履者每名製給皮帽一頂報銷工料銀皮二錢三分，衣一件報銷工料銀二兩面皮襪一雙報銷工布銀一兩六分一氅料銀二錢五鞋一雙報銷工料銀棉被一牀報銷工料分一錢八分銀八錢伴送官役按所護番民多少派撥各給盤費自五十兩至一百兩為率」。3.「江南省撫卹番船難民停泊之日每名日給口糧米一升鹽菜銀六釐回棹之日每名日給米八合三勺有缺衣履者每名製給氈冒一頂報銷。工料銀棉襖一件報銷工料棉褂一件報銷工七分銀六錢料銀九錢棉袴一條報銷工料襪一雙報銷工料銀鞋銀五錢二錢五分一雙報銷工料棉被一牀報銷工料席一條報銷三分銀九錢銷價銀五分。」

三十五年）或者皇帝的母親生日或者皇帝到地方巡幸的時刻等；皇帝在國家財政充裕之際，下旨宣布給予人民蠲免應徵錢糧的施恩措施。

以乾隆十年的恩蠲爲例；乾隆皇帝特降諭旨，公告乾隆丙寅年（乾隆十年）清朝直省應徵錢糧通行蠲免。乾隆十年時皇帝諭旨，說明爲何進行恩蠲：

> 常守節用，愛人之訓，凡以爲民」、「欲使海滋山陬一民一物無不均霑大澤。

由皇帝諭旨中這段文字，可瞭解恩蠲主要要表現皇帝要讓人民「均霑大澤」的心意。下面是乾隆十年諭旨全文：

> 我朝列聖相承深仁厚澤，無時不加意培養元元，以朝家給人足。百年以來薄海內外物阜民康，共享昇平之福。朕臨御天下十年，於茲撫育烝黎民，依念切躬，行儉約、薄賦、輕徭。孜孜於保治之謨，不敢稍有暇逸。常守節用，愛人之訓，凡以爲民也。今寰宇敉寧，既鮮糜費之端，亦無兵役之耗，所有解部錢糧，原爲八旗官兵及京官俸餉之所需，計其所給，較宋時養兵之費猶不及十之一二。至於各處工程爲利民之舉者，亦祇取給於存公銀兩。即朕偶有巡幸，賞賚所頒亦屬無幾。
>
> 是以左藏，尚有餘積。數年來直省偶有水旱，朕加恩賑濟，多在常格之外，如前年江南被水撫綏安插計費帑金千餘萬兩；凡此皆因災傷補救而沛恩澤者。朕思海宇乂安，民氣合樂，持盈保泰，莫先於足民。
>
> 況，天下之財，只有此數不聚於上，即散於下。……朕以繼志述事之心際重熙累洽之候欲使海滋山陬一民一物無不均霑大澤爲是特降諭旨將乾隆丙寅年直省應徵錢糧通行蠲免其如何辦理之處著大學士會同該部即速定。[17]

---

17 本段文字主要參考（清）彭元瑞編，《清朝孚惠全書》，北京，北京圖書館圖書館出版社，2005年

有關此次普蠲地糧實施過程，乾隆四十一年《欽定戶部則例》有詳細記載，透過這些記載，可以瞭解清朝如何執行恩蠲制度及其在執行過程中，如何因爲清朝不同統治地方原有地糧或漕糧的制度的差異，而有不同執行方法。這說明清朝的恩蠲制度如何在執行中因地制宜[18]。

從上面乾隆皇帝的諭旨可知恩蠲制度是一種一次性全國性減稅的措施。在當代社會僅在天災人禍之際，也會有類似立法[19]。例如在台灣因爲西元2000年9月21日發生大地震。爲了協助災民儘速重建家園，台灣立法院通過九二一震災重建暫行條例，針對災民的處境規範各種協助的政策。

本章後面將分析乾隆十年恩蠲制度執行歷程，主要參考清朝彭元瑞撰《清朝孚惠全書》及乾隆四十一年《欽定戶部則例》的記載。

(二) 恩蠲制度的發動主要延續過去皇帝的施恩政策

在乾隆皇帝十年的詔書中，強調其普蠲地糧是延續其皇祖康熙五十一年的蠲卹及雍正時期的減賦措施，在乾隆十年六月六日詔書中，說明此一政策：

時仰惟我皇祖在位六十一年蠲租賜復之詔史不絕書又曾特頒恩旨將天下錢糧普免一次。我皇考旰食宵衣勤求民瘼，無日不下減賦寬徵之令。如甘肅一省正賦全行免者十有餘年，此中外所共知者。朕以愛養百姓爲心，早夜思維惟期薄海內外，家給人足、共享昇平之福。故特頒發諭旨，將天下錢糧通行蠲免。誠以寰宇乂安、國用簡約。朕躬行節儉，糜費又少。左藏所儲可以供數年之經費，是以體古聖人損上益下之訓特沛恩

3月，頁24-25。本段文字之逗句係作者所加。

18 參考乾隆朝《欽定戶部則例》，同前註，冊3，頁159-167。

19 九二一震災重建暫行條例在2006年2月4日因爲期滿當然廢止。該條例全文可見全國法規資料庫，網頁：http://law.moj.gov.tw/LawClass/LawHistory.aspx?PCode=A0030110，上網日期：2015年4月11日。

膏。俾海滋山陬，無人不被其澤也。[20]

　　當乾隆十年頒發諭旨，「將天下錢糧通行蠲免」時，究竟在當時清朝的制度中，有無監督制度需要進一步研究。在彭元瑞撰《清朝孚惠全書》記載乾隆皇帝對於當時不同意見的反應。乾隆皇帝十年六月二十一日再度強調自己為何要「特頒發諭旨，將天下錢糧通行蠲免」[21]：

　　朕以愛養百姓為心，早夜思維惟期薄海內外，家給人足、共享昇平之福。故特頒發諭旨，將天下錢糧通行蠲免。誠以寰宇乂安、國用簡約。朕躬行節儉，糜費又少。左藏所儲可以供數年之經費，是以體古聖人損上益下之訓特沛恩膏。俾海滋山陬，無人不被其澤也。

　　接下乾隆皇帝針對御史赫泰反對意見回復如下：

　　赫泰身為臺諫，乃奏稱國家經費有備無患。今當無事之時，不應蠲免一年錢糧，若云恩綸已沛，成命難收。則請將緩徵帶徵之逋賦通行豁免等語。朕之溥施恩澤亦豈全不計國家之用度而為是舉。赫泰逞其私智小慧，妄議朝廷重大政務，勸朕收回成命，不知其出於何心。又稱成命難收，則寬緩徵、帶徵之項，以塞明詔。是將普免之恩，賚靳而不施，徒為煦煦之仁，以示惠愛。其多寡廣狹何嘗霄壤，況逋欠錢糧，固有一時水旱無力輸將者，亦有刁民抗玩有意拖延者，若一體加恩則良頑更無區別矣。凡為臣者苟存利民之心，即所言失當朕亦必鑒察其隱而優容之所為。觀過知仁。今朕撫育烝黎行慶施惠於常格之外。天下臣民諒皆色喜，而赫泰獨為是屯膏反汗之奏。性與人殊，悖謬已極，不能體朕愛民

20　參考（清）彭元瑞編，《清朝孚惠全書》，頁25。

21　清乾隆在位之際，普蠲地糧多次，例如乾隆10年、35年，參考乾隆朝（欽定戶部則例），同前註，冊3，頁159-162。

之心而反生異議，爲國爲民固如是乎？赫泰著交部嚴加議處所奏摺並發議。[22]

從上面的記載可建在清朝乾隆時期，一旦皇帝決定進行蠲卹制度。朝臣如果表示反對意見，可能招來「議處」的命運。

(三) 乾隆十年普蠲地糧具體施行狀況

前面提到在乾隆四十一年（欽定戶部則例）卷第108規定的恩蠲。其可能的方式包括有普蠲地糧、普蠲漕糧、永蠲正賦、永蠲雜賦、覃恩蠲免、巡幸蠲免、恩蠲積欠截數、恩蠲遇災補豁、恩緩耗羨等可能。乾隆十年（丙寅年）下旨目的是「直省應徵錢糧通行蠲免」也就是普蠲地糧。

在執行這個政策過程中，乾隆皇帝已注意到確實可能造成國家經費運用的困難。因此，下令要分三年執行這個制度。乾隆皇帝在這三年輪替蠲免地糧的規則如何定出，無法從《欽定戶部則例》的內容瞭解。但是在乾隆朝《欽定戶部則例》及清朝彭元瑞所撰《清朝孚惠全書》內容，瞭解乾隆十年六月二十四日普蠲地糧措施的施行狀況：

1. 根據康熙五十一年之例將各省分三年以次豁免

乾隆的諭旨如下：

朕特降諭旨將丙寅年各省錢糧通行蠲免，以嘉惠元元。經大學士戶部議稱應照康熙五十一年之例，將各省分爲三年以次豁免。朕已降旨允行。嗣後該省應免之年或遇水旱等事，若不格外加恩則被澤仍有同異，未爲普徧。著將特恩應免之數登記檔冊，於開徵之年補行豁除。該部即將朕此旨通行曉諭知之。

---

22 參考（清）彭元瑞編，《清朝孚惠全書》，同前註，頁27-29。

2.人民未完之舊欠停其徵收展至開徵之年令其照例輸納

爲了落實蠲免的德政，乾隆十年六月二十四日諭旨：

各省蠲免正賦之年若有未完之舊欠仍按期帶徵則民間猶不免追呼之擾
著一併停其徵收展至開徵之年令其照例輸納至於有田之家既邀蠲賦之恩
其承種之佃戶亦應酌減租糧使之均霑惠澤者該督撫轉飭州縣官善爲勸諭感
發其天良歡欣從事則朕之恩施更爲周普一切，照雍正十三年十二月諭旨
行。[23]

3.對於甘肅省、河東、河西的蠲免特別處理

將蠲免的範圍從地丁擴充到糧草或對於額徵屯糧草束蠲免三分之一。
乾隆十年八月二十八日諭旨：

向來蠲免錢糧定例止係地丁而糧草不在其內；朕前旨將乾隆丙寅年直
省應徵錢糧通行蠲免。惟是甘省地處邊隅，所徵地丁少而糧草多，其臨邊
各屬丙寅年應徵番糧一萬二千六百餘石，草五百餘束。著格外加恩，一體
蠲免。再河東河西額徵屯糧草束亦著蠲免三分之一，該督撫善爲辦理務使
民番均霑實惠。[24]

4.針對閩省台灣府屬一廳四縣額徵功力權行蠲免

乾隆十年九月二十日針對台灣府狀況特別諭旨：

---

23 參考（清）彭元瑞編，《清朝孚惠全書》，同前註，頁29-30。
24 同前註。

閩省丙寅年地丁錢糧已全行蠲免，惟是臺灣府屬一廳四縣地畝額糧向不編徵銀兩，歷係徵收粟穀。今內地各郡既通行蠲免而臺屬地畝因其編徵本色不得一體邀免；非朕普徧加恩之意。著將臺灣府屬一廳四縣丙寅年額徵供粟一十六萬餘石全行蠲免。[25]

5.針對川省情形特別規定

乾隆十年十月一日針對川省民番賦量的狀況特別規定。其諭旨內容：

……川省民番雜處賦糧不一，有徵收米豆雜糧者，有認納貝母青稞折徵米石者。其各廳、營土司又有番民認納夷賦銀兩及按例完納本折貢馬等項；均與應徵地丁無異。朕思該省丙寅年地丁錢糧業已全數蠲免而各民番土司所輸因非條糧，不能普霑惠澤。著加恩將丙寅年分寗遠、敘州二府所屬州縣、衛所，建昌鎮標各營應徵米豆，龍安府茂州、松潘鎮營所屬番寨折徵米石。雷波黃螂苗民認納本色雜糧，建昌鎮標會川會鹽南坪打箭鑪各廳營新撫各土司番民認納夷賦銀兩，各土司完納本折貢馬等項一例蠲免以示朕優恤邊方之意。[26]

6.針對乾隆十一年輪到應該蠲免的湖南及狀況特別規定該部即遵諭行

乾隆十年十二月十日乾隆皇帝諭旨：

……朕愛養黎元於三年內普免各省錢糧一週。明年應免湖南正賦。彼地隸有苗民，其歸化已久一例輸納地丁銀兩者已在蠲免之內。查有乾

---

25 同前註，頁30-31；另請參考乾隆朝《欽定戶部則例》，同前註，冊3，頁159。

26 參考（清）彭元瑞編，《清朝孚惠全書》，同前註，頁31-32；另請參考乾隆朝《欽定戶部則例》，同前註，冊3，頁159。

州鳳凰營永綏三廳苗民雜糧共三百八十三石六；斗城步綏盆二縣苗米共五百三十七石七斗，每年俱徵本色，湊給兵米及孤貧口糧等用。朕思此等苗民既無完納之地丁，其所納米糧亦應一體蠲免，使之均霑恩澤。又城綏地方新闢長安營有入官叛產一千三百八十餘畝招佃收租以爲公事之用，此項官田亦應免租十之三。[27]

7.乾隆十一年再度強調蠲免錢糧的德政並針對耗羨處理情形作規定

乾隆十一年正月四日皇帝再次諭旨說明：

朕愛育黎元格外加恩，將各省錢糧普免一次，以爲休養萬民之計。經大臣等酌議，國家每年一定之經費，皆取資於正賦。應將各省分作三年蠲免，則經費有賴而先後之間萬民均霑膏澤。至於耗羨乃有司養廉及辦理公務所必需應令照舊輸納。朕已允行。今思朕之逾格蠲免天下正賦者，所以藏富於民且使閭閻之間終歲不聞催科之聲也。今正賦既蠲而耗羨又令完納，是官民仍有交關猶不免有追呼之擾，若將蠲賦之年應徵耗羨一併緩至開徵之年，按數完納，使小民於交官之便完此些須，不必兩次伺候於公庭，亦體恤民情之意。著該部即遵諭行並將公用不敷之處作何撥抵酌議辦理。各省督撫當董率有司善爲之，勿因此又別生弊端也。[28]

8.針對浙江溫台二府所屬玉環山地方特別處理

乾隆十一年三月十二日再度諭旨：

---

27 皇帝並要求「著該部即速行文傳諭該巡撫知之。」，同前註，頁33-34；另請參考乾隆朝《欽定戶部則例》，同前註，冊3，頁159。

28 同前註，頁33-34。

朕愛育黎元，特降諭旨將直省錢糧輪年通免，使之均霑惠澤。查浙江溫台二府所屬玉環山地方從前棄置海外雍正六年設立文武官弁招徠開墾現在田地山場每年額徵本色穀一萬六千四百九十餘石又海寧縣有錢塘江海口南大壩中小壩之間天漲沙地給佃承種每年應徵銀五千五百二十餘兩以上二項與腹內地丁無異，因名為租穀租銀是以不在所蠲之內，彼邊海之地土瘠民貧，自當一視同仁俾免輸將以安作息丁卯年係該省輪免之期著將此二項一體蠲免……。[29]

9. 根據滇省官莊、義田的處理

乾隆十一年三月十五日又諭旨如下：

朕子惠元元將直省應徵錢糧輪年蠲免，查滇省有官莊地畝一項，係文武各官招佃開墾收租取息，又有各營生息田畝及義田等項，著照湖南城綏入官田畝之例，俱免租十分之三，使農民均霑恩澤，今歲係滇省免賦之年該部即遵諭速行。[30]

10. 針對直隸宣化府特別的處理

乾隆十一年閏三月二十一日諭旨如下：

朕加惠黎元將天下錢糧分年蠲免一次，今歲係直隸輪免之年，宣化府屬各州縣所有應徵屯糧，例不在蠲免之內。但念宣屬地處邊陲上年被災較重今春澤又復稀少。現在降旨加賑與常時不同，著將各該州縣本年額徵屯

---

29 同前註，頁34-35，在《清朝孚惠全書》記載強調：「該部即傳諭該督撫知之」；另請參考：乾隆朝《欽定戶部則例》，同前註，冊3，頁159-160。

30 同樣的在《清朝孚惠全書》記載：「該部即遵諭速行」，同前註，頁35。

糧蠲免三分之一，以紓民力。該部諭令該督那蘇圖速行辦理。[31]

11. 針對直隸省固安、霸州二防守尉所之屯糧處理

乾隆十一年六月十九日諭旨：

直隸通省今年應徵地丁錢糧已加恩全行蠲免，固安霸州二防守尉所轄應徵屯糧例不在蠲免之內，但朕念耕種井田之旗戶按畝輸穀在縣交納與民田徵賦納銀者相同；著將固安霸州二防守尉本應徵屯糧穀石一體加恩蠲免，該部即行文該督知之。[32]

12. 對於奉天省地丁錢糧及米豆均一體蠲免

乾隆十一年八月二十六日諭旨：

朕普免天下錢糧。奉天省本年係輪蠲之歲，各省定例祇蠲地丁銀兩。米豆不在應蠲之例。但奉天省地丁錢糧向來銀糧並徵其額徵米豆，即係正賦。著將奉錦二府乾隆十一年應徵米豆一體蠲免。該部即傳諭該府尹知之。[33]

13. 對於粵西省額徵官租學租銀米穀石蠲免十分之三

乾隆十一年十月初五日諭旨：

31　參考《清朝孚惠全書》，頁36。
32　同前註，頁36-37。
33　同前註，頁37。

朕加恩黎元將直省應徵錢糧輪年蠲免。粵西省桂梧楠太柳慶鬱等府州屬有額徵官田、租穀、銀米等項，俱係入官。田畝招佃承耕收租以充公用，又桂平等府州額徵學租銀米一項，因非地丁錢糧均不在蠲免之內，茲特加恩，將粵西省額徵官租、學租、銀米、穀石蠲免十分之三，俾邊徼農民均霑實澤該部即遵諭行。[34]

14. 對於山西太原等府州縣應徵本色酌免十分之三；大同朔平二府全形蠲免

乾隆十二年正月初五日諭旨：

朕嘉惠黎元以次輪免天下正供。山西通省地丁應於戊申年全免。但該省太原平陽潞安甯武澤州蒲州六府遼沁平忻代保解絳八州及歸化城各協理通判所屬有額徵本色米豆穀麥一項，以供滿漢官兵糧餉；例不蠲免。其實計田納賦本色即與地丁無異，今應納地丁者均已蠲免，其供輸本色者，雖係支給兵餉，未便概與蠲除；但此次特沛恩施亦應量加愷澤，俾伊等得以均霑。著將太原等府州縣應徵本色免十分之三；其大同朔平二府地處邊瘠頻年歉收，著全形蠲免該部即遵諭行。[35]

15. 對於安徽省馬稻租息蠲免十分之三

乾隆十二年三月十日諭旨：

朕普免天下錢糧，今歲安徽省輪免之年，聞該省有馬田稻租一項係歸公官田，不在蠲免之例。但念民佃終歲勤動，不得一體邀恩未免向隅。著

---

34 同前註，頁37-38。

35 同前註，頁38-39；另請參考乾隆朝《欽定戶部則例》，同前註，冊3，頁160。

加恩將馬稻租息蠲免十分之三，俾耕佃農民均霑實惠該部遵諭行。[36]

16. 對於河南省開封、歸德、彰德、懷慶、河南、南陽等府所屬灘地、官莊、官地、義田四項租課蠲免十分之三

乾隆十二年四月二十日諭旨：

朕普免天下錢糧，今歲係河南省輪免之年。聞該省之開封、歸德、彰德、懷慶、河南、南陽等府所屬有灘地、官莊、官地、義田四項租課，因非地丁正賦均不在蠲免之內。但念民佃耕種徵租不得一體邀恩，未免向隅；著加恩蠲免十分之三，俾農佃均霑實惠。[37]

17. 對於廣東省官租、學租、銀錢、米穀蠲免十分之一

乾隆十二年五月二十九日諭旨：

朕普免天下錢糧。今歲係廣東省輪免之年，該省廣韶等府州屬向有應徵官租及屯田曠軍餘羨等項銀錢米穀并有應徵學租銀兩。因非地丁錢糧，例不蠲免。朕念此等窮佃終歲勤動不得一體邀恩，未免向隅。著將此項官租、學租、銀錢、米穀蠲免十分之一，俾邊海窮民均霑惠澤。該部即遵諭行。[38]

---

36 同前註，頁39。
37 同前註，頁39-40；另請參考乾隆朝《欽定戶部則例》，同前註，冊3，頁160。
38 請參考乾隆朝《欽定戶部則例》，同前註，冊3，頁160。

18.對於天津所屬葦漁課銀豁除

乾隆十二年諭旨如下：

乾隆十一年分省直額徵地糧朕已普行蠲免。其天津所屬有葦漁課銀一項，向來貪入地糧完納者，加恩一例豁除，俾瀕海小民均沾惠澤。[39]

透過上面分析，可以知道乾隆十年執行普免天下錢糧一年的決定。爲了這次的恩蠲確實被執行，乾隆皇帝不斷針對實際執行的狀況，對於戶部或地方督撫等進行將近十八次諭旨。透過這些諭旨內容，可以看到乾隆皇帝如何針對清朝不同地方特殊狀況，進行恩蠲制度執行細緻化，以便可以讓不同地方人民，得到皇帝的恩澤。

在乾隆四十一年《欽定戶部則例》可以看到有關乾隆三十五年、三十六年及三十七年以及乾隆四十二年到四十五年間透過諭旨，對於各直省應徵錢糧通行蠲免政策。在記載中可以看到乾隆十年蠲免政策的執行方式，也就是要因地制宜的政策，重複的被施行情形[40]。比較分析康熙五十一年年普免天下錢糧的執行過程跟乾隆十年的制度，可以發現其相類似性。[41]

39　參考乾隆朝《欽定戶部則例》，同前註，冊3，頁160-161。

40　請參考乾隆朝《欽定戶部則例》，同前註，頁161-167對於這兩次的恩蠲有詳細的記載。

41　有關康熙51年的普免錢糧制度請參考：《皇朝通典》卷16，有關食貨「蠲賑上」有關賜復、免科、免役、災蠲及賑卹的記載。其記錄如下：「五十一年諭，朕宵旰孜孜勤求民瘼永維惠下實政無如除賦蠲租除每歲直省報聞偶有水旱災傷照輕重分數蠲免正供仍有賑卹外將天下地丁錢糧自康熙五十年爲始，三年之內全免一週。使率土黎庶普被恩膏，除將直隸奉天浙江福建廣東廣西四川雲南貴州山西河南陝西甘肅湖北湖南各省五十年、五十一年地丁錢糧一　蠲免：累年舊欠錢糧一併免徵外，所有江蘇安徽江西山東各省，除漕項外，康熙五十二年應徵地畝銀八百八十二萬九千六百四十四兩有奇，人丁銀百有三萬五千三百二十五兩有奇，悉行豁免。其累年舊欠銀二百四十八萬三千八百二十八兩有奇，著一併免徵。計三年之內總免過天下地畝人丁新徵舊欠銀三千八百有六萬四千六百九十七兩有奇，各該督撫務須實心奉行體朕軫念民生至意。又諭陝西潼關衛山西大同府所屬康熙五十一年應徵米豆芻草既已徵完，著將明年應徵者蠲免。又免陝西西安地丁并積欠銀。

五、清朝《欽定戶部則例》卹卹門有關災卹與矜卹規範

乾隆朝《欽定戶部則例》卹卹門，除了規範恩卹之外，還規範災卹，賑濟（補蝗附），賞借，卹賞，矜卹等五種卹卹類型。其中賞借與卹賞（卷第111及卷第115）從標題就可以知道主要針對八旗官兵或者官吏所給的恩惠。例如賞借上，標題分別為「八旗月借庫銀」、「赴任官預支養廉」、「雲貴赴部官借支路費」、「駐藏官兵借支行裝」。

賞借下，標題分別為「駐防因公借項」、「綠營兵丁差費」、「江南提標兵丁借濟銀兩」。或者在卹賞上，標題分別是「八旗官員紅白事賞俸等第」、「在京入旗回子人員紅白賞項」、「八旗官兵紅白事賞俸款項」及「賞俸公式」等。卹賞中的標題主要是「優卹宗室」、「優卹八旗世職」「優卹綠營難廕」「賞卹軍前殘疾八旗兵丁」「賞卹八旗告退兵丁」「賞卹八旗節婦俸餉」及「賞卹八旗鰥寡孤獨」等。

賞卹下的標題則包括「駐防官兵紅白賞銀」、「駐防節婦俸餉」「駐防兵丁塋地」「駐防官丁紅白賞銀」「微員回籍路費」。賞卹下的後面四個標題才跟一般人民有關：「優禮老人」、「優卹節孝」、「優瘝貧生」及「撫卹被風番船」等。

下面僅針對《欽定戶部則例》卷109所規定之災卹加以討論。在卷109對於報災、勘災、災卹地丁（小字為緩徵附）、災卹耗羨、被災卹緩漕項、災卹官租、卹賦溢完流抵、業戶遇卹減租、卹免給單及奉卹不實等事項都有詳細規定。從其內容，可以清朝統治者在處理災卹過程，非常重視對於人民災難救助是否能夠直接加惠於受災人民身上的考量。至少在法規範上，清朝統治者不斷強調要避免因為官僚體制運作，有貪污或者其他不利於災民之情事發生。

這樣的規定對於當代中國大陸或台灣等地政府官員，在處理各種災變

五十二年諭免天下明年房地租稅及積年逋欠山西河南陝西西安會寧等處今年田租。……」，以上全文取自下面網頁：http://www.guoxue123.com/shibu/0401/01qctd/020.htm，上網日期：2012年9月30日。

救助措施應該具有重要參考價值，本書作者認為傳統中國社會長久以來的救災實踐經驗對於今日華人社會的政府應該還具有非常實用的參考價值與意義。

《欽定戶部則例》在卷110規定賑濟；其主要規定如何進行對於災民救助行動。其中讓人印象深刻的是隆冬煮賑的規定。隆冬煮賑在清朝不是僅一日或幾日的救災行動，而是長達數月的救助行動。例如乾隆朝《欽定戶部則例》卷110「隆冬煮賑」規定：

京師五城每年十月初一日起至次年三月二十日止，按城設廠煮粥賑濟。每城每日給十成禾麥米、二石柴薪、銀一兩。每年開賑之初由部先期題明知照都察院暨倉場衙門。屆期該巡城御史備具文領徑赴倉場衙門請領米石并赴部請領薪銀。每日散賑由該御史親身散給。該察院堂官不時稽查，有不肖官吏私易米色通同侵蝕者指名題參。每年用過銀米由五城報銷。乾隆四十年遇閏十月經都察院照例具奏於閏十月朔開賑，欽奉諭旨展於十月十五日開賑等因欽遵在案）。[42]

直省省會地方照京師五城例，冬月煮賑。（江蘇省長州、元和、吳縣每歲歲底各設一廠煮賑。豐年煮賑一個月，欠歲加展一個月。每大口日需粥米二合，每小口日需粥米一合，每大小口四十口日需鹽菜一斤每斤銷價銀一分每廠書役九名每名日給飯米一升。每廠水火夫一十二名，每名日給工食米三升每用米一時需礱穅一十七挽每挽銷價銀九釐。每廠日需草一擔每擔銷價銀一錢，每廠夜需燈油一斤每斤削價銀四分五釐。每廠所需搭棚工料添備什物價銀隨時核實支銷。凡米石於鎮江府截漕贈米內動給銀兩於存公項下動給。江西省城南昌新建，每歲歲底煮賑以四五十日為率，不論大小口每口日需粥米四合每廠小夫二十名每日共給食米一斗。所需米石於簡備倉穀項下動給。陝西省咸寧長安二縣每歲歲底南北兩關設廠煮賑以一月四五十日為率所需銀米於道倉盈於項下動給其或夏秋被災較重例賑之

外，准於近城處所煮粥兼賑。[43]

除此之外，當代社會救助及救貧法規範內容也可以在乾隆朝《欽定戶部則例》蠲卹門卷「矜卹上」看到類似機制。

「孤貧口糧」標題下規定：

直省州縣境內凡有鰥寡孤獨，殘疾無告之人，照收養定額收入養濟院，給予養贍銀米。人多餘額，以額外收養。其銀米遇閏加增小建扣除按季由該管正印官親身散給。印官因公無暇遴委佐貳官代散。加結申報，各上司查核。[44]

由上述規定內容可見乾隆朝之際對於「孤貧口糧」政策重視程度。同樣在「孤貧口糧」標題下還規定：

州縣收養孤貧。查明的實取鄉約鄰佑保狀收養入院。人給烙印年貌腰牌（於散口糧食查驗）。照編甲之法每十名編一甲長。挨次輪充互相覺察。遇生事孤貧甲長稟官就治。疏縱通同作弊革糧另補。孤貧或患疾病官為撥醫調治，若病故給棺掩埋。所一名缺照額頂補。其院內房間分別男婦勿使混雜。（養濟院房間一例造入交代）。[45]

《欽定戶部則例》對於每一省可以收養請領口量的孤貧人口額數明確規定。例如直隸省額內收養孤貧人7362名，內正支本色口糧孤貧390名。

43　同前註，冊3，頁198。

44　同前註，冊3，頁264有關孤貧口糧的規定。

45　請參考乾隆朝《欽定戶部則例》，同前註，冊3，頁264。在《欽定戶部則例》對於每一省的每一個府可以收養請領口量的孤貧人口數。例如直隸省額內收養孤貧人7362名，內正支本色口糧孤貧390名。而奉天省額內收養孤貧498名，山東額內收養孤貧5356名，參考頁265-280。

而，奉天省額內收養孤貧498名，山東額內收養孤貧5356名[46]。而在蠲卹制度卷117除了對於普濟堂、育嬰堂、五城棲流所有所規定外，並對於獄囚口糧及遞犯口糧加以規定。在「矜卹下」部分非常詳細規定普濟堂、育嬰堂、五城棲流所制度各種措施。

除了「矜卹下」各種對於孤貧救助規範外，在蠲卹門「卹賞下」也可看到各種有關孤貧人士救助規定。在「優禮老人」標題下規定：

耆民年至九十以上，地方官不時存問其或鰥寡無子及子孫貧不能養贍者，督撫以至州縣公同設法卹養或奏聞，動用錢糧令沾實惠。若地方官藉端侵扣查參嚴究。

另外在「優卹節孝」標題下規定：

直省地方孝子節婦有實係貧苦不能自存者，地方官核實取具隣族甘節加具印結詳報。該上司於存公項下按月酌給口糧銀兩按年報部核銷。冒濫請給者將具結之隣族及胥吏嚴加治罪，地方官處分。

《欽定戶部則例》卷五十鹽法，「牌鹽」標題下，我們也可以看到類似今日社會救助制度相關規定。其規定：

各省附近場龜貧難小民及有殘疾並孤獨無依者，兩淮所屬之通州海州泰州東臺興化鹽城阜寧如安東等九州縣，兩浙所屬之仁和錢塘海寧海鹽鄞縣慈谿鎮海象山山陰蕭山餘姚上虞等十二州縣准報名該地方官驗實註冊給以印烙腰牌木籌，許其每人每日挑負鹽四十觔售賣易食，仍只准行陸路不准船載。[47]

---

46 同前註，頁265-280。
47 請參考乾隆朝《欽定戶部則例》，同前註，冊2，卷50，頁27。

　　透過上述相關規定，可以看到清朝政府在社會救助制度也給予人民一定謀生的可能。只是這跟當代透過職業訓練，讓人民可以有更多職業發展有所不同。

六、清朝蠲卹制度與當代德國社會法法典體系比較─談法律史比較方法

　　清朝蠲卹制度的範圍比當代社會救助或濟貧制度範圍更廣。蠲卹制度代表清朝統治者施恩、加惠於人民政策措施。蠲卹制度的主動權來自於皇帝。皇帝給予「蠲卹」的理由不僅是在人民發生災變或人民處於貧困的狀態，還包括其他各種皇帝要表示其「愛養百姓之心」的狀況。在清朝「蠲卹」執行過程中，皇帝主要要施展恩惠於旗人、官及民的用心。蠲卹制度中的「矜卹」部分，往往被認爲類似今日社會救助制度。

　　《欽定戶部則例》的內容所展現的蠲卹制度（不管是矜卹或災蠲），因爲主要強調是皇帝對於人民施恩並缺乏現代國會機制的設計，對於蠲卹制度跟國家財政負擔與平衡關係缺少監督機制。

　　當代德國的社會法典體系在某一程度可以跟清朝蠲卹制度相比較。德國在2005年完成其總共包含十二編的社會法法典[48]。這個社會法典體系，對於類似清朝社會救貧及救災事項，主要從憲政國家理論及憲法保障人權觀念出發。德國社會法典立法的想法在於認爲國家對於人民無法自己謀生或者在人民面對災害時有義務進行救助行動，這是國家的責任。而人民主張國家的救濟則主要基於基本權利的保障。因此有權向政府要求一定的救

---

48 這十二編社會法法典內容包括：(I)總則（Allgemeiner Teil）(II)尋找工作者的基本保障（Grundsicherung für Arbeitsuchende）(III)勞動補貼（Arbeitsförderung）| (IV)（共同規定（Gemeinsame Vorschriften）| (V)疾病保險（Krankenversicherung）(VI)退休保險（Rentenversicherung）| (VII)意外保險（Unfallversicherung）| (VIII)兒童與少年救助（Kinder- und Jugendhilfe）| (IX)身心障礙者的復健（Rehabilitation und Teilhabe behinderter Menschen）| (X)社會行政程序與社會資料保障（Sozialverwaltungsverfahren und Sozialdatenschutz）| (XI)照護保險（Pflegeversicherung）(XII)社會救助（Sozialhilfe）等等。

助與協助。這樣的社會法典規範認為對於人民的救助或支持行動不是國家加恩於民的表現，而是國家責任。在德國社會法典的制度設計下，救貧或救災制度是國家保障人民在社會上安全生活體系的一部分。他跟傳統中國的蠲卹制度範圍相類似，內容不僅是救貧與救災，還包括更範圍廣闊支持人民的制度。

但在現代德國社會所定定的各種社會福利法規，不僅要有政府行政部門的提案，還要通過由人民代表組成立法機關（國會）的檢驗與認同。而民意機關在通過社會安全等相關法規範時，必須從當代憲政的各項原則，例如平等原則、比例原則等，考量政府財政支出與社會公平性的平衡中決定是否通過。

相對於此，清朝法律所規範的蠲卹制度跟德國當代社會法典所規範社會安全或社會福利制度應是屬於兩個不同時代、不同政治體制，對於相同或類似事務的處理設計方式。他們的目的都在於讓人民面對各種自然災害或個人無法處理情境時，能有尊嚴的維持生命，繼續活下去的可能。

前面提到清朝蠲卹制度則主要從皇帝加恩施惠於民考量。其中救災、賑濟及救貧等制度，在清朝的家庭與家族制度下，僅在上述兩個制度失去功能後，皇帝才以加恩的角色介入，對於人民施惠。而當代發展自德國社會法典的規範體系，則是以個人主義出發。重點在於培養個人有能力在當代競爭型的社會，經濟上獨立且自主的生活能力。個人跟家庭的連結固然重要，但，社會救助系統不僅依賴家庭，社會救助系統在法律所設定的特定條件下，就會介入，協助個人可以獨立自主生活。

在當代德國家庭功能跟傳統中國家庭功能有所不同。德國家族成員彼此支持的義務相對較於中國傳統社會對於家庭成員間要求相對減輕，有時甚至居於次要地位。當然，以清代這樣一個龐大帝國，《欽定戶部則例》蠲卹門規定內容可以看到其法規範內容的細緻性與因地制宜考量。清朝蠲卹制度跟德國當代社會法法典的制度，雖然都為了保護人民不至於在面對災難或特殊情境時，處於無法生存的困境。但是，兩者之間的思考、設計的理念各有不同。也因此任何嘗試將兩個社會制度進行比較的努

力，如果沒有考慮到基礎社會結構的差異，就難以設定基準進行比較。

　　任何國家的社會安全體系都必然跟社會其他制度相配合運作。以清朝爲例，國家的救助或支持角色次於家庭與家族；僅在家庭、家族或者地方鄰里互相支持與互助系統失靈時，國家才介入。另外，清朝政府並沒有國家有義務協助所有人民接受教育或職業訓練的思維。相反的，在今日德國或當代台灣社會，國家有義務平等的給予所有人民受基本教育的機會並給予人民受到職業訓練的可能。

　　今日德國社會法法典體系，將各種教育促進及社會保險體制也納入，人民基於人性尊嚴可以要求國家設計各種社會保險、健康保險、老人照顧制度。這跟清朝蠲卹制度主要從皇帝施惠於民的司唯有所不同。另外，在清朝，除了《欽定戶部則例》之外，關於教育制度（生員制度）主要規範在《欽定禮部則例》，而對於貧苦生員給予卹賞或救助則規範在《欽定戶部則例》蠲卹門[49]。也因此兩者的比較有其困難。

　　分析清朝《欽定禮部則例》內容可以注意到清朝在教育上，著重生員制度，他並不像今日多數國家教育制度般，主張人人都要有受教育的權利。另外，清朝法規範除了要求父母子女之間要有互相照顧的義務外，更設有義田、祭田制度，讓家族可以協助有困難之家族內的人度過經濟困境。

　　從上面的討論可以確定，將清朝的蠲卹制度跟德國社會法法典的規範進行比較是有一定的困難度。在進行比較時一定要注意到社會結構與社會家庭、家族與社區制度的差異。

　　台灣在過去百年來，在法律制度上，一方面深受傳統中國文化影響及日本殖民時代統治的影響；另外，近幾十年來，在社會安全法規範又受到德國社會法體系的影響。台灣現有的社會安全法規範體制，包括全民健康保險法，國民年金法，勞工保險條例，公教人員保險法，軍人保險條例，農民健康保險條例，犯罪被害人保護法，兒童及少年福利暨權利保障

49　參考《欽定戶部則例》卷115，卹賞下「優稟貧生」之規定，同註46，冊3，頁261。

法，身心障礙者權益保障法，老年福利法，社會救助法等。在體系上跟德國社會法法典內涵有一定的相類似。未來台灣如何在這現有的社會安全相關法規範基礎上，將傳統中國社會某些鰥卹制度進行融合，有待觀察。如果能夠做到將傳統中國鰥卹制度與當代繼受自德國的社會安全法律體制進行融合，那麼這樣的法律體系將展出一個新的保障台灣人民人性尊嚴的社會安全體系，而跟清朝鰥卹制度是以皇帝施展恩惠於人民的鰥卹德政有所差別。

七、結論

本章希望透過分析清朝《欽定戶部則例》鰥卹門相關規定，說明清朝法規範除了《大清律例》、《欽定吏部則例》之外，還有《欽定戶部則例》。透過分析鰥卹門有關恩鰥規定與落實情形說明清朝在執行法規範時有其細緻性與周密性。除此之外，在本章中，也透過比較清朝的鰥卹制度跟當代德國社會法典體制，說明任何兩個社會法規範體制的比較，都要考慮到規範設計背後的社會結構與制度思維。以清朝的鰥卹制度為例，其出發點主要是從皇權加恩於民思考。國家的鰥卹措施僅在家庭、家族或地方團體的社會網絡失效時才介入。而當代德國的社會法典體制下，國家不是基於施展恩惠於民，而是基於義務，保障人民基本人權，因而發展完整的社會安全體系。兩者的不同，或許可以是從守望相助、患難相扶的團體主義思維與國家有義務協助人民可以獨立自主生存的個人主義思維加以區分[50]。

中國社會於清朝末年之際（1900年前後）開始學習歐陸（以德國為主）法律制度時，當時僅注意到德國或法國等在十八、十九世紀發展出來的刑法與民法法律體制，並沒有注意到德國已經逐漸發展的社會安全法律

---

50 請參考周永新，《社會福利的觀念和制度》，1990年，共165頁，書中提到在十九世紀前不管是在中國或西方社會裡，社會福利只是救貧的緊急措施。而在中國，二千多年來有「義倉」的設立，以救濟飢民，而親屬鄉里間的守望相助，患難相扶持，更是一向以來最有效的保障。

體系。二十世紀初，中國學習或繼受德國法律體制時，顯然是一個不完整的學習與繼受。

　　在繼受德國民法與刑法體制一百多年之後，華人社會的法學研究者，有必要一方面回觀自己傳統社會法律體制並從中吸取更多關於法規範設計想像與思維；另一方面也應對於德國社會整體法律體系的設計、理念及具體實踐有更深入的理解。唯有如此，華人社會才能整合既有的傳統法規範實踐經驗與繼受自外國（德國）法規範實踐經驗，創造適合華人社會的社會安全法規範體制，協助人民可以在面對生、老、病、死、殘廢、失業、貧窮等問題時，受到更多保障並擁有幸福生活的可能。

第七章 | 清朝法規範下的宗教活動 ── 以《欽定禮部則例》爲中心

一、前言

　　本章主要改寫自本書作者2011年參加台灣中央研究院舉辦「性別、宗教、種族、階級與中國傳統司法」學術研討會發表之〈《大清律例》中有關宗教及超自然現象的規範〉一文[1]。該文在2014年改寫，以〈清朝與宗教有關的法律規範〉爲題收錄於《中國法史論衡─黃靜嘉先生九秩嵩壽祝賀文集》[2]。在本書中再度改寫該文，希望更清楚說明清朝法律如何規範西方概念下宗教相關事務。

　　德國社會學家馬克斯・韋伯在二十世紀初，於《世界宗教的經濟倫理─儒教與道教》一書將「儒家與道家」代表中國宗教加以論述[3]。自此不管是西方或者中國學者也運用「儒教與道教」一詞討論中國傳統社會

1　〈《大清律例》中有關宗教及超自然現象的規範〉一文後來並未收錄中央研究院專書，因爲本書作者當時無法回應審查者要求修改建議。該文在2012年以〈清朝與宗教有關的法律規範〉收於黃源盛主編，《中國法史論衡─黃靜嘉先生九秩嵩壽祝賀文集》，台北，中國法制史學會出版，2014，頁249-283。

2　參考陳惠馨，〈清朝與宗教有關的法律規範〉收於黃源盛主編，《中國法史論衡─黃靜嘉先生九秩嵩壽祝賀文集》，台北，中國法制史學會出版，2014，頁249-283。黃靜嘉先生長期進行中國法制史研究工作。1950年代初即在台灣國立政治大學政治研究所完成《日據時期之臺灣殖民地法制與殖民統治》碩士論文，該論文於2002年增修後，以《春帆樓下晚濤急──日本對臺灣殖民統治及其影響》出版，台北，台灣商務印書館。黃靜嘉先生於1970年代在美國亞洲學會中文研究資料中心支持下點校清代薛允升先生所編《讀例存疑》一書並印成五冊。參考黃靜嘉先生編校，薛允升著述，《讀例存疑重刊本》，第一冊，台北，中文研究資料中心研究資料叢書，1970，頁7。

3　本書有關馬克斯・韋伯《世界宗教的經濟倫理─儒教與道教》中文版本主要參考王容芬教授直接從德文翻譯版本，北京，中央編譯出版社，2012；另參考台灣簡惠美由英文翻譯之韋伯著，《中國的宗教：儒教與道教》（修訂版），台北，遠流，1989（1996二版）。

「儒家與道家」，並以他們作爲中國宗教的代表[4]。「儒家與道家」是否能代表中國宗教的全貌，有必要再探討。西方在二十世紀以來，社會學者與歷史學者有關宗教論述內涵爲何？這些論述能否引出中國傳統社會「儒家與道家」就是中國宗教，值得深入再思考。本章將先分析近代幾位重要西方學者有關何謂宗教論述；接著將以西方學者所論述的宗教內涵分析清朝法規範如何針對西方學者所論述的宗教相關事務或宗教活動進行規範設計；主要分析乾隆朝《欽定禮部則例》並藉以探討清朝社會祭祀制度跟宗教或宗教活動關係[5]。另外，本章也將分析《欽定禮部則例》如何規範直省人民壇、廟、祠等宗教活動[6]。至於《大清律例》對於人民宗教信仰與祭祀活動的罰規定與實務案例將在本書第八章探討。

　　本書作者認爲，進行中國傳統宗教與法律研究時，不宜直接用西方學者觀點直接作爲中國宗教定義的參考。研究者有必要反思西方學者如何定義宗教以及他們討論宗教的社會背景。如果不帶批判角度，直接接受西方學者將中國社會「儒家與道家」定位爲「儒教與道教」論述並認爲「儒教與道教」就是中國傳統社會宗教代表，有可能扭曲或窄化宗教在傳統中國社會眞實面貌。

二、馬克斯・韋伯對於中國宗教的論述值得商榷

　　本書作者從2011年開始，多次從清朝《大清律例》及《欽定禮部則例》分析中國傳統社會法律與宗教關係。但，卻始終沒能發展出好的分析

4　參考黃進興，〈「聖徒與聖賢」：儒教從祀制與基督教封聖徒制的比較〉，收於《聖賢與聖徒》，北京，北京大學出版社，2005，思想史叢書，頁145-146。

5　清朝《欽定禮部則例》有許多不同版本。在本章中主要參考故宮博物院編，《欽定禮部則例二種》，海口，海南出版社，2000，（故宮珍本叢刊）五冊。其中冊1卷98-105，頁368-411及冊2，卷106-132，頁1-103部分。本書作者認爲《欽定禮部則例》乾隆朝有關祭祀制度是中國宗教的重要核心；尤其是卷98的祭祀清吏司有關「祭祀通例」內容。

6　本文所引《大清律例》主要參考（清）薛允升著；黃靜嘉點校，《讀例存疑重刊本》，台北：成文出版社，1970，共五冊及日本京都大學寺田浩明個人網頁中所載《讀例存疑》。

架構與角度。在本書中，將過去發表的論文分成兩章，再度調整角度論述
清朝法律如何規範宗教相關事務或宗教活動，企圖對於二十世紀初德國學
者馬克斯‧韋伯在《世界宗教的經濟倫理─儒教與道教》一書對於中國宗
教的論述進行修正與補充。2012年中文世界有一本比較完整的馬克斯‧
韋伯《世界宗教的經濟倫理─儒教與道教》一書翻譯出版，使得中文世界
的讀者可以更深入瞭解韋伯在書寫該書時，對於中國宗教的論述不僅參考
傳教士對於中國觀察記載，他還參考歐洲當時許多關於中國研究成果[7]。
韋伯在《世界宗教的經濟倫理─儒教與道教》一書文獻回顧時，說明他
寫作時，閱讀過當時J.萊格編，帶有導言小開本《孔子的生平與教誨》
（倫敦1867年版）。韋伯顯然透過該書儒家三部論著：《論語》、《大
學》與《中庸》瞭解儒家經典[8]。另外，韋伯顯然還接觸老子《道德經》
以及當時有關中國書籍。其中有許多是當時漢學家關於中國宗教描述之作
品，例如德‧格魯特《中國的宗教系統》及其在1918年柏林出版《「宇
宙一體論」─中國的宗教與倫理、政治學與科學的基礎》[9]。另外，從王
容芬女士翻譯《世界宗教的經濟倫理─儒教與道教》中文版所附施寒微教
授所寫〈版本考據〉說明，韋伯當時也參考德拉馬瑞所寫《明史》並認識
到中國禮部尚書與吏部尚書等制度[10]。

　　從韋伯《世界宗教的經濟倫理─儒教與道教》導論論述，可以知道韋
伯當時已經注意到儒家跟西方宗教有所不同。但是，由於韋伯在進行其
〈世界宗教的經濟倫理─比較宗教社會學初探〉研究時，主要的目的在於

7　參考（德）馬克斯‧韋伯（Max Weber）著，王容芬譯，《世界宗教的經濟倫理─儒教與道教》中
　　文版，北京，中央編譯出版社，2012，頁77-79，「關於文獻」的翻譯。
8　同前註，《世界宗教的經濟倫理─儒教與道教》中文版，頁77。
9　同前註，《世界宗教的經濟倫理─儒教與道教》中文版，頁78-79。
10　參考（德）馬克斯‧韋伯（Max Weber）著，王容芬譯，《世界宗教的經濟倫理─儒教與道教》中
　　文版，頁21、27及41；關於此一部分本書作者陳惠馨在《清代法制新探》之論述需要調整。在該
　　書中，提到韋伯有關中國的論述僅參考當時傳教師的記載，參考陳惠馨，《清代法制新探》，第二
　　版，頁32-35。

探究「究竟什麼是一種宗教的『經濟倫理』」；而他顯然認爲中國儒家思想影響中國人民的「經濟倫理」，因此決定將儒教列爲世界五種宗教之一[11]。韋伯在該書導論中提到：「儒教是受過傳統經典教育的世俗理性主義的食俸階層的等級倫理，不屬於這個教育階層的人都不算數，這個階層的宗教的（您要願意，也可以說非宗教的）等級倫理的影響遠遠超出了這個階層本身他規定了中國人的生活方式。」[12]。

　　韋伯在進行比較宗教社會學研究時，主要重點在於分析「世界宗教的經濟倫理」，因此，「儒教與道教」是否代表中國宗教不是他的研究重點。他所重視的是儒家思想影響中國社會對於經濟倫理的態度，跟韋伯所要證明西方基督教是重要生活準則系統一樣。韋伯特別強調：「我們要研究的不僅僅是作爲一種（在某些情況下當然也是十分重要的）認識手段的神學大綱式的倫理理論，而是紮根於各種宗教的心理與實際聯繫中的行動的實際動力。」[13]。從上面的敘述我們可以瞭解爲何韋伯選擇儒家作爲他論述中國宗教的代表，重點不在宗教，而在於尋找影響社會多數人「神學大綱式的倫理理論」。

三、西方社會學者關於何謂宗教討論

　　除了韋伯有關宗教社會學研究之外，西方社會在近代有關宗教與法律關係的論述與文獻非常多。在眾多文獻中，經常在中文世界被引用的是美

11　其他四個宗教分別是印度教、佛教、基督教與伊斯蘭教。參考（德）馬克斯‧韋伯（Max Weber）著，王容芬譯，《世界宗教的經濟倫理─儒教與道教》，同前註，頁41，導論部分。這個中文翻譯版本是王容芬教授直接從德文翻譯，跟台灣由簡惠美翻譯，韋伯著，《中國的宗教：儒教與道教（修訂版）台北，遠流，1989出版（1996二版）是由英文翻譯有所不同。兩本翻譯不同之處，在於王容芬教授翻譯本有韋伯所寫〈導論：世界宗教的經濟倫理─比較宗教社會學初探〉；簡惠美版本在頁1-25有康樂所寫〈導言：韋伯與《中國宗教》〉。

12　以上字句取自（德）馬克斯‧韋伯（Max Weber）著，王容芬譯，《世界宗教的經濟倫理─儒教與道教》中文版，頁42。

13　本段文字取自（德）馬克斯‧韋伯（Max Weber）著，王容芬譯，《世界宗教的經濟倫理─儒教與道教》中文版，頁41。

國學者哈羅德J.伯爾曼（Harold J. Berman，以下簡稱伯爾曼）在1974年出版《法律與宗教的交互運作》一書[14]。另外，伯爾曼在1986年出版《法律与革命》及2003年出版《法律與革命II》等書也是中文世界討論西方宗教時，常引用的書籍[15]。

　　伯爾曼教授在這些書籍中，將西方法律傳統形成期定位於十一世紀末到十三世紀末；主要以教皇革命爲起點，探討宗教與世俗界一系列重大改革，並說明這些改革構成了當代西方法律的基礎。伯爾曼教授在《法律與革命》一書分析教會與神學對於當代西方法律制度影響並在書中強調教會權力與國王權力二元對抗政治格局，藉此說明對抗與妥協是西方當代對於不同權力關係主軸[16]。

　　伯爾曼教授所分析西方教會與國王權力二元對抗關係是否也發生於傳統中國社會，值得進一步研究；但很明顯的，中國社會並沒有類似西方天主教、基督教宗教教義。傳統中國社會，宗教與法律關係跟西方學者所討論宗教與法律關係有很大差別[17]。關於中國社會宗教與法律的關係本書將於第八章論述。

14　（美）哈羅德J.伯爾曼（Harold J. Berman，以下簡稱伯爾曼）1974年關於法律與宗教的著作，書名原文爲*The interaction of law and religion*。該書在1993年由Wm. B. Eerdmans出版社出版。梁治平教授在1993年將本書以《法律與宗教》書名翻譯爲中文出版。請參考（美）伯爾曼著，梁治平譯，《法律與宗教》，北京，中國政法大學出版社，2002，書中梁治平教授（增定版譯者前言），頁2。

15　1983年與2003年伯爾曼出版兩本有關法律與革命書籍，內容討論宗教對於西方近代法律體系形成影響。這兩本書分別爲Law and Revolution, The Formation of the Western Legal Tradition及Law and Revolution, II: The Impact of the Protestant Reformations on the Western Legal Tradition (v. 2)，December 1, 2003。上述書籍的中文翻譯請參考：（美）伯爾曼著，賀衛方、高鴻鈞、張志銘及夏勇譯，《法律與革命第1卷西方法律傳統的形成》，北京，法律出版社，2003。

16　參考（美）伯爾曼著，賀衛方、高鴻鈞、張志銘及夏勇譯，《法律與革命第1卷西方法律傳統的形成》，北京，法律出版社，2003，頁28、95、106-112。

17　參考顧忠華，〈從宗教社會學觀點看台灣新興宗教現象〉，《社會學理論與社會實踐》，頁309-313；涂爾幹《宗教生活的基本形式》（原書1912年於巴黎出版）；周怡君等譯；尼克拉斯‧盧曼（Niklas Luhman）著，《社會的宗教》（Die Religion der Gesellschaft），台北，商周，2004。

　　歐洲二十世紀初社會學家包括法國艾彌爾‧涂爾幹（Émile Durkheim，以下簡稱涂爾幹），德國馬克斯‧韋伯（Max Weber，以下簡稱韋伯）以及當代的尼克拉斯‧盧曼（Niklas Luhman，以下簡稱盧曼）等都曾經著書探討宗教現象、宗教根源及宗教功能等議題[18]。尼克拉斯‧盧曼在《社會的宗教》一書曾經提問：「我們是憑什麼認識到，某些特定的社會現象涉及的是宗教。」[19]。這個提問應該是討論宗教與法律議題時核心提問。確實人們究竟如何認識到某些特定社會現象涉及的是宗教？對於這個提問西方與東方學者應該會有不同的切入點與答案[20]。

　　上面提到的西方學者在分析何謂宗教時，都是從自己社會中宗教發展與宗教型態出發，尋找宗教生活基本形式或宗教符碼。他們在討論其他文化宗教制度時，往往以佛教或伊斯蘭教（回教）等宗教為討論對象，很少分析中國宗教[21]。如前面所說，馬克斯‧韋伯在1915年寫出（儒教與道教）一文時，雖然宣稱要分析中國宗教；但，韋伯事實上是將「儒家與道家」思想認定是中國宗教，其德文標題是Die Wirtschaftsethik der Religionen Konfuzanismus und Taoismus[22]；中文將他翻譯為「儒教與道教」；但德文「Konfuzanismus und Taoismus」一詞事實上是表彰一種儒家主義與道家主義意味，翻譯為儒教與道教是否可以對應韋伯的原意值得再深思[23]。

18　同前註。

19　參考周怡君等譯：尼克拉斯‧盧曼著，《社會的宗教》，台北，商周，2004，頁34。

20　比較周怡君等譯：尼克拉斯‧盧曼著，《社會的宗教》，頁34及顧忠華，〈從宗教社會學觀點看台灣新興宗教現象〉，收於《社會學理論與社會實踐》，台北，允晨文化，1999，頁309-313。

21　同註4。

22　參考（德）馬克斯‧韋伯（Max Weber）著，王容芬譯，《世界宗教的經濟倫理—儒教與道教》中文版封面。另外也參考黃進興，〈韋伯論中國的宗教：一個「比較研究」的典範〉收錄於《優入聖域：權力、信仰與正當性》，北京，中華書局，2010，修訂版，頁40-41。

23　顧忠華教授提出，馬克斯‧韋伯在進行有關世界宗教系列研究分析時，雖然分析中國儒家與道家，但他的主要目標乃在於：「烘托出『傳統主義』在中國的力量，作為與西方近代以來展現的『理性主義』格局強烈的對比」，「這使得《儒教與道教》帶有幾分西方中心主義論的色彩」，參考顧忠

另外，韋伯對當時中國宗教型態分析，主要是以理念型架構，分析宗教。韋伯《世界諸宗教之經濟倫理》〈導論〉提到，他是用「非歷史的」途徑來建構世界各大宗教的理念型。他強調：「所謂非歷史的，是指有系統的將各個宗教倫理敘述成本質上具有統一性的個體而不是呈現出其實際的發展流程。」[24]。馬克斯‧韋伯對於中國宗教描述是否符合眞實？中國儒家與道家是否是宗教？都是當代研究者可以進一步考察。本書作者認爲當代研究者，要追問這個問題，有必要從宗教理論層次出發，避免僅用西方天主教或基督教等教會型態的宗教想像來勾勒中國宗教的面貌。

法國社會學家涂爾幹在《宗教生活的基本形式》一書對於宗教定義進行理論層次探討。涂爾幹在書中分析宗教元素：「宗教是由若干部分組成的：宗教是由神話、教義、儀式和典禮所組成的一種比較複雜或不複雜的體系。」[25]。他並強調：「宗教現象可以很自然地分爲兩個基本範疇：信仰和儀式。」[26]；「眞正的宗教信仰總是一個特定集體的共同信仰，這個集體聲稱忠於這些信仰並履行與其有關的各種儀式。」[27]。涂爾幹最後總結：「宗教是一種與神聖事務（即性質特殊的、禁止接觸的事務）有關的信仰與儀式組成的統一體系。」[28]

涂爾幹繼續對於教會進行下面描述，他強調當信仰與儀式把所有對之贊同的人團結在一起叫做「教會」。他認爲宗教概念與教會概念是不可

華，〈韋伯《儒教與道教》一文的方法論基礎〉，《韋伯學說新探》，台北，唐山出版社，1992，頁107及117。

24 參考顧忠華，〈韋伯《儒教與道教》一文的方法論基礎〉，《韋伯學說新探》同前書，頁113-114；另請參考簡惠美、康樂譯，《宗教與世界（韋伯選集II）》，頁89。另外，參考王容芬譯，《世界宗教的經濟倫理─儒教與道教》中文版，頁66-67。

25 參考涂爾幹著，瑞傳明、趙學元譯，顧曉鳴校閱，《宗教生活的基本形式》，第1章〈宗教現象和宗教的定義〉，頁37。

26 參考涂爾幹著，《宗教生活的基本形式》同前註，頁37。

27 參考涂爾幹著，《宗教生活的基本形式》同前註，頁37、38、45。

28 同前註。

分離的，宗教是一種明顯的集體性事物[29]。涂爾幹對於宗教的定義論述很明顯的跟他自己所處社會結構有密切關係。事實上，在不同文化中，是否所有的宗教都必然存在類似西方組織嚴密的「教會」系統，值得深入研究。以傳統中國社會爲例，雖然，社會中確實有宗教性質祭祀儀式與祖先崇拜等信仰與儀式；但中國傳統統治者並不允許人民毫無限制的組織類似西方教會宗教團體；至少清朝法規範嚴格禁止人民組織教會或宗教團體。

　　德國當代社會學者盧曼在《社會的宗教》（Die Religion der Gesellschaft）第五章「宗教溝通的分出」也提到儀式（宗教溝通）。他認爲宗教儀式牽涉到時間與空間；因此，確定有關神聖事務溝通地點和時間非常重要。盧曼教授認爲人們在接近某些場所，像是特別的小屋或聖殿時，會期待神聖的事物出現。另外，時間秩序規定了從世俗空間到神聖空間的往返運動。盧曼在書中舉例說明，例如人們在禮拜天上教堂。[30]

　　彙整涂爾幹在《宗教生活的基本形式》所提到「信仰和儀式」以及盧曼在《社會的宗教》提到宗教儀式牽涉到時間與空間的論述，可以在傳統中國社會找到類似的東西那就是祭祀活動。在傳統中國社會雖然沒有類似西方教會信仰者在星期天上教堂的現象；但是中國傳統社會也存在一種在固定時間、空間跟神聖事務溝通的祭祀活動與儀式。而，清朝《欽定禮部則例》對於上述祭祀活動、祭祀時間、地點及儀式進行均有明確規定。

　　華人地區的學者近年來也開始討論宗教定義與宗教要素，有學者認爲宗教應該具備六大要素：宗教神聖、宗教信徒、宗教意識、宗教實踐、宗教組織和宗教器物[31]。關於宗教神聖要素的討論主要談宗教信仰對象，包

29　參考涂爾幹著，《宗教生活的基本形式》同前註，頁49。

30　參考周怡君等譯，尼克拉斯·盧曼（Niklas Luhman）著，《社會的宗教》，頁229-230。

31　參考詹石窗主撰，《中國宗教思想通論》，北京，人民出版社，2011，緒論中關於宗教定義與宗教要素之構成的討論，頁1-9（尤其是頁9）。

括神靈、神聖事務或者人物之類[32]。而關於中國宗教界定，學者認為中國本土所產生的宗教包括儒教、道教及雖然來自海外，但已經完成中國本土化的佛教[33]。當代許多有關中國宗教的研究往往集中在討論儒家在中國社會的宗教性意義；並強調祭祀功能是重要核心議題；學者在討論儒家的宗教性質時，有時會提到：儒教與與釋、道二教結合而成的民間宗教。[34]在清朝《欽定禮部則例》「祭祀清吏司」與「祭祀通例」對於各種祭祀儀式，例如大祀、中祀及群祀（小祀）舉行時間、地點、祭器及祭物，誰參與儀式及儀式進行程序等都有明確規定。整體而言，傳統中國的祭祀制度符合上面幾位西方社會學家關於宗教性質的討論，也存在華人地區有關宗教教育與宗教要素的內涵：也就是有關信仰、儀式及跟神聖事務溝通等要素。下面將分析乾隆朝《欽定禮部則例》有關祭祀制度規定。

四、清朝《欽定禮部則例》有關祭祀制度規定—以祭祀通例為例

(一) 祭祀制度在中國社會的發展

中國早在唐朝的《唐六典》便清楚記載國家祭祀儀式。《唐六典》正文，卷四，尚書禮部記載如下：

「龍朔二年……禮部尚書、侍郎之職，掌天下禮儀、祠祭、燕饗、貢舉之政令。其屬有四：一曰禮部，二曰祠部，三曰膳部，四曰主客；尚書、侍郎總其職務而奉行其制命。凡中外百司之事，由于所屬，皆質正

---

32 參考詹石窗主撰，《中國宗教思想通論》，同前註，頁8。

33 參考詹石窗主撰，《中國宗教思想通論》，同前註，頁9。

34 參考黃進興著，〈「聖徒與聖賢」：儒教從祀制與基督教封聖徒制的比較〉，收於《聖賢與聖徒》，北京，北京大學出版社，2005，（思想史叢書），頁145-146。黃進興教授在書中說明此段引文原以〈作為宗教的儒教：一個比較宗教的探討〉發表於《亞洲研究》，第23期，香港，1997，頁206-207。

焉。」

　　據《唐六典》記載，當時的祭祀之名有四：

　　「一曰祀天神，二曰祭地只，三曰享人鬼，四曰釋奠于先聖先師。其
差有三：若昊天上帝、五方帝、皇地只、神州、宗廟爲大祀，日、月、
星、辰、社稷、先代帝王、岳、鎮、海、瀆、帝社、先蠶、孔宣父、齊太
公、諸太子廟爲中祀，司中、司命、風師、雨師、眾星、山林、川澤、五
龍祠等及州縣社稷、釋奠爲小祀。」

　　有學者認爲中國祭祀制度是統治者爲了政權傳承自我肯定的儀式[35]。
祭祀制度在中國於唐朝就發展完備；主要將祭祀制度區分爲大祀、中祀
及小祀[36]。而清朝乾隆四十九年（欽定禮部則例）則將祭祀制度區分爲大
祀、中祀與群祀[37]。清朝《欽定禮部則例》中規定禮部負責事務包括儀
制、祠祭、主客及精膳等；其中祭祀制度主要由祠祭清吏司負責。

　　清朝皇帝在不同時期各頒佈《欽定禮部則例》；基本上，內容大致相
同，僅規範順序有所變動，例如乾隆四十九年《欽定禮部則例》規範祠祭
清吏司主要在卷98到卷165；而道光年二十四年《欽定禮部則例》規範祠
祭清吏司則在卷103到卷170[38]。本文所分析祭祀制度主要參考乾隆四十九

35　參考黃進興，〈道統與治統之間：從明嘉靖九年（1530年）孔廟改制論皇權與祭祀禮儀〉收於《優
　　入聖域》前揭書，頁109。

36　唐貞觀四年（西元630年）下令州縣學通立孔廟，祭孔便成爲祭祀制度的一環。參考黃進興著，
　　〈「聖徒與聖賢」：儒教從祀制與基督教封聖徒制的比較〉，收於《聖賢與聖徒》，前揭書，頁
　　161。

37　參考故宮博物院編，《欽定禮部則例二種》，海口，海南出版社，2000，（故宮珍本叢刊），乾隆
　　四十九年卷98，冊1，頁368，在定義中祀後，提到：先醫等廟賢良昭忠等祠爲群祀。

38　本文引用的《禮部則例》主要參考故宮博物院編，《欽定禮部則例二種》，海口，海南出版社，
　　2000，（故宮珍本叢刊）。其中乾隆四十九年《欽定禮部則例》有關祠祭清吏司規定主要在冊1，
　　頁368-411卷98-105及冊2，頁1-301，卷106-165；尤其是「祭祀通例」部分，冊1，頁368-372。道

年（欽定禮部則例）。

(二) 清朝祭祀制度：《欽定禮部則例》與《大清律例》（禮律）

　　乾隆四十九年《欽定禮部則例》卷98祭祀通例對於祭祀的種類、祭期、齋戒制度都有詳盡的規定。在祭祀通例規定說明，官員不遵守《欽定禮部則例》有關各項祭祀活動規定者，將受到議處。根據《大清律例》（禮律）「祭祀門」「祭享條」律與例文規定，也對於負責祭祀工作者及百官儀式行為加以規範，官員不根據《欽定禮部則例》準備祭祀儀式或者遵守祭祀儀式，將受到制裁。《大清律例》（禮律）「祭祀門」「祭享條」律文對於祭祀制度加以規定：

　　凡天地、社稷大祀及廟享，所司不將祭祀日期預先告示諸衙門者，笞五十。因而失誤行事者，杖一百。其已承告示，而失誤者，罪坐先誤之人。若（傳制與百官齋戒）百官已受誓戒，而弔喪問疾、判署刑殺文書，及預筵宴者，皆罰俸一月。其知有緦麻以上喪、或曾經杖罪，遣充執事，及令陪祀者，罪同。不知者不坐。若有喪有過，不自言者，罪亦如之。其已受誓戒人員，散齋不宿淨室，致齋不宿本司者，並罰俸一月。若大祀，牲牢玉帛黍稷之屬，不如法者，笞五十。一事缺少者，杖八十。一座全缺者，杖一百。若奉大祀（在滌之）犧牲主司餧養不如法，致有瘦損者，一牲笞四十。　一牲加一等，罪止杖八十。因而致死者，加一等。中祀有犯者罪同。[39]

　　《大清律例》「祭享條」還有兩個例文規範祭祀行為。「祭享條」例文1規定「致齋」儀式；例文2則規定大祀、中祀及小祀時，祭祀犧牲應

　　光二十四年《欽定禮部則例》有關祠祭清吏司規定主要在冊4，頁142-380；卷103-141及冊5，頁1-261，卷142-170。其中關於「祭祀通例」主要在冊4，頁142-154。

39 本文所引條文主要是乾隆五年版《大清律例》，頁273-274。

該如何滌治。上述兩條例文規定如下：

> 凡郊祀，齋戒前二日，太常寺官宿於本司，次日具本奏聞，致齋三
> 日，次日進銅人傳制論文武官，齋戒不飲酒，不食蔥韭薤蒜，不問病，不
> 弔喪，不聽樂，不理刑，不與妻妾同處。定齋戒日期，文武百官先沐浴
> 更衣，本衙門宿歇。次日聽誓戒，畢，致齋三日。宗廟、社稷亦致齋三
> 日，惟不誓戒。（例一）

> 大祀前三月，以犧牲付犧牲所滌治如法。中祀前三十日滌之。小祀前
> 十日滌之。大祀，祭天地，太社，太稷也。廟享，祭太廟，山陵也。中
> 祀，如朝日夕月、風雲、雷雨、嶽鎮、海瀆及歷代帝王、先師、先農、旗
> 纛等神。小祀，謂凡載在祀典諸神。惟帝王陵寢及孔子廟則傳制特遣。
> （例二）[40]

　　上述《大清律例》有關「祭享條」規定內容跟《欽定禮部則例》有關
祭祀相關規定有密切相連結關係。《欽定禮部則例》在祠祭清吏司中對於
各種祭祀活動應該如何進行有詳細規定。在《欽定禮部則例》中規定清朝
皇帝，王公以及在京文、武百官，外省官吏必須各依其地位與官品，參加
各種不同的祭祀活動。相關官員如果沒有依據規定準備祭祀活動，將根據
《大清律例》受到處罰。

(三) 清朝《欽定禮部則例》「祭祀通例」的規範

　　乾隆四十九年（西元1785年）《欽定禮部則例》（祀祭清吏司）
「祭祀通例」規定，每一年（每歲）祭祀活動期間（祭期）必須在前兩年
十月時，由欽天監將祀典進行時間，選擇吉祥日及每年確定並開冊提交禮
部。而，禮部在接到通知後，須跟太常寺討論並確定祭祀活動。禮部所確
定的活動版本必須要在每歲前一年正月，以黃冊提交清朝皇帝作最後確

40　參考乾隆五年版《大清律例》，頁274。

定。而，在皇帝確定祭期之後，禮部還要刊刻「祭祀全單」交給官吏：包括在京文武衙門、直隸各省及陵寢奉祀官。

　　由於清朝各種祭祀活動要求不同地位或官品官員參與，根據「祭祀通例」規定，吏部與兵部要事先瞭解各省督撫、將軍等參與的狀況並決定如何添給[41]。上面提到的作業流程規定在乾隆四十九年《欽定禮部則例》（祠祭清吏司）「祭祀通例」：

　　　　每歲祭期均於前二年十月箚欽天監將後年祀典應卜日者，預擇吉期開冊，送部。箚太常寺議定。乃於前一年正月開列所選吉日並諸祀之歲有定日者，恭繕黃冊具題。得旨交太常寺屆期題奏，按冊遵行。禮部刊刻祭祀全單，通行在京文武衙門並直隸各省及陵寢奉祀官。仍先咨吏兵二部將各省督撫、將軍、都統、副都統、提督總兵、城守尉、專城防守尉有無新設查明以便添給。[42]

　　此一規定說明清朝每年各種不同祭祀時間由禮部預先刊刻公告，在名單上應該參與祭祀之人，如未參與祭祀活動將受到處罰[43]。

(四) 清朝祭祀制度的規範─以大祀爲例

　　清朝《欽定禮部則例》對於大祀、中祀及群祀的規定非常明確。根據祭祀通例規定，大祀包括：圜丘、祈穀、雩祀、芳澤、社稷及太廟。大祀儀式原則上由皇帝親自主持。皇帝在進行大祀祭禮時，尤其是圜丘壇祭祀時，需要行三跪九拜禮；而陪祀王公及百官們也不例外[44]。通常大祀祭祀

41　參考故宮博物院編，《欽定禮部則例二種》冊1，祠祭清吏司，祭祀通例，頁368；另參考道光二十四年的規定，冊4，卷103，頁142-143。

42　參考故宮博物院編，《欽定禮部則例二種》卷98，祠祭清吏司，祭祀通例，頁368。

43　在祭祀通例中規定，滿漢王公大臣應齋戒陪祀者，由都察院等衙門核奏並於歲底彙查。如無故不到三次以上，照例分別議處。參考：乾隆四十九年《欽定禮部則例》卷98，前揭書，頁261

44　參考乾隆四十九年《欽定禮部則例》卷103，前揭書，頁400-408，主要是圜丘壇的祭祀。

程序包括齋戒與祭祀[45]。下面簡單分析清朝有關大祀齋戒及祭祀規定。

1. 齋戒期間、參與齋戒人員及地點

根據《欽定禮部則例》規定，大祀齋戒要有三日，中祀二日。齋戒時間因為大祀種類而不同；對於應該參與祭祀之人及齋戒地點也有不同規定。根據乾隆四十九年《欽定禮部則例》卷98祭祀通例規定，圜丘祭祀，太常寺恭進齋戒牌銅人，乾清門，圜丘於祭祀前三日齋於大內齋宮；前一日齋於壇內齋宮；而方澤則齋於大內齋宮，其他大祀則都齋於別殿[46]。

另外，根據祭祀通例規定，王公在大祀時則應該齋於紫禁城內；文武百官大祀時則齋於公署中。負責齋戒等相關事的禮部官員在《欽定禮部則例》均有規定。禮部所派執事司員，除監宰收職各官不致齋之外，其他監理、監視等官也都要在公署內致齋[47]。

《欽定禮部則例》對於哪些官員應該參與大祀前齋戒有明確規定，例如圜丘及方澤祭祀，自王公大學士以下，文職五品員外郎以上，武職四品，佐領騎都尉以上都要參與[48]。為了確定誰有義務參與整個祭祀儀式（齋戒與陪祀），清朝規定，齋戒前期，禮部要行文各部院衙門，兵部要轉八旗，預先將要參與齋戒官員造冊。文職要送給吏部，武職要送給兵部並且還要送給都察院查核[49]。

為了確定是否官員們都確實參與齋戒，《欽定禮部則例》還規定禮部要在圜丘、方澤齋戒期間，派查齋官一員稽查各衙門官齋戒；查壇官一員稽查壇內官齋戒；查核後還要冊開職名送都察院暨京畿道查核[50]。

---

45 同前註，卷98，頁368；卷103、104，頁400-411，圜丘壇與祈穀壇的祭祀主要是由皇帝親自進行。
46 同前註，頁368-369。
47 參考故宮博物院編，《欽定禮部則例二種》冊1，祠祭清吏司，卷98，祭祀通例，頁368-369。
48 同前註，頁369。
49 參考故宮博物院編，《欽定禮部則例二種》冊1，祠祭清吏司，卷98，祭祀通例，頁369。
50 同前註，頁369。

2. 祭祀與陪祀

當皇帝親自主持大祀祭祀時，《欽定禮部則例》規定，一定王公、大臣官員及外任來京文職、武職官員都要陪祀。對於誰應該陪祀，同樣也事先造冊通知並由稽查衙門進行核對；甚至在祭祀進行當日，也會由宗人府、吏部及兵部派人查核。《欽定禮部則例》規範如下：

陪祀職名豫行知各部院衙門。兵部轉型八旗各該處，將應陪祀大臣官員職名數目造冊銓印移送各承辦稽察衙門核對。是日，王公並宗室各職名由宗人府派員查收。吏部派員查收，武職兵部派員查收，禮部、都察院亦各判員查收俱於壇廟門外親行查核。[51]

透過上述規定，可知清朝對於不同種類大祀儀式要求不同官吏參與。例如在太廟祭，社稷祀典要求文職五品科道郎中以上，武職三品冠軍使、參領、輕車、都尉以上都要參加[52]。而在大祀進行過程中，不同祭祀活動應該使用祭器、祭器擺放位置，皇帝應該如何走入祭祀場所、皇帝移動路線及陪祀者應該穿什麼樣服裝或者應該站在哪裡，祭祀時祭具陳設，犧牲種類、洗滌方式及數量等都在《欽定禮部則例》詳細記載[53]。

(五) 違背祭祀制度規定後果

清朝《欽定禮部則例》對於祭祀時間、程序，祭祀時使用祭品、參與祭祀官吏在祭祀期間應有行為都有詳細規定。違背《欽定禮部則例》相關規定之人，會有兩個法律後果，一是根據則例受到議處，另一則是根據《大清律例》規定受到處罰。在《欽定禮部則例》祭祀通例規定：

51　同前註，頁369。

52　同前註，頁369。

53　參考故宮博物院編，《欽定禮部則例二種》冊1，祠祭清吏司，卷100-104的內容，頁376-411。

　　滿漢王公大臣應齋戒陪祀者，由都察院等衙門核奏。並於歲底彙查。
如無故不到三次以上，照例分別議處。其年逾六旬或致齋而不陪祀或並
不能致齋者，聽。均於齋戒冊內註明年歲，送應稽察各衙門，以憑一體查
核。[54]

　　各衙門應陪祀官員倘無故不行齋戒，或以開齋戒職名不致齋集處者，
經承辦稽察衙門查出，將該員照違令私罪議處。該管大臣照不行詳查例議
處。[55]

　　由上述兩條規定可以瞭解清朝政府對於祭祀制度重視情形。除了《欽
定禮部則例》對於違背祭祀制度規定陪祀官員要加以議處外，《大清律
例》（禮律）「祭享門」「祭享條」律文前段也針對違反祭祀制度官員處
罰規定：

　　凡天地、社稷大祀及廟享，所司不將祭祀日期預先告示諸衙門者，
笞五十。因而失誤行事者，杖一百。其已承告示，而失誤者，罪坐先誤
之人。若（傳制與百官齋戒）百官已受誓戒，而弔喪問疾、判署刑殺文
書，及預筵宴者，皆罰俸一月。其知有緦麻以上喪、或曾經杖罪，遣充執
事，及令陪祀者，罪同。[56]

　　從《欽定禮部則例》祭祀通例規定及《大清律例》（禮律）「祭祀
門」「祭享條」律文內容並無法確定「百官已受誓戒，如果進行弔、
喪、問疾、判署刑殺文書及豫筵宴者或者有官吏發生「緦麻以上喪，或

54　參考故宮博物院編，《欽定禮部則例二種》冊1，祠祭清吏司，卷98，祭祀通例，頁369-370。此處
　　的例指的應該是吏部處分則例規定。

55　同前註，頁370。

56　根據這一條「律」文中的小註，在清朝要祭祀先要有下面幾個儀式：「將祭，則先致齋；將齋，則
　　先誓戒；將戒則先告示」，參考乾隆五年版《大清律例》，同前註，頁273。

曾經杖罪」還遣充執事及令陪祀者」時，應該如何處罰。《欽定禮部則例》及《大清律例》（禮律）「祭祀門」「祭享條」規定間彼此關係？或許有必要從清朝其他法規範例如《吏部處分則例》加以瞭解[57]。

　　清朝法律強調祭祀制度神聖性；沈之奇所撰《大清律輯注》說明：「若百官於已受誓戒之日，而犯戒禁，弔死問疾，判署刑殺，則身親凶穢，筵宴則心志散逸，皆非所以通神民也，故罰俸一月。」[58]

　　《大清律例》（刑律）「斷獄門」「有司決囚等第條」也針對齋戒期間應該如何處理「弔死問疾，判署刑殺」等事務加以規定：

　　秋朝審處決重囚及一應立決人犯，如遇冬至，以前十日爲限；夏至以前五日爲限，俱停止行刑。若文到正值冬至、夏至齋戒日期及已過冬至、夏至者，於冬至七日，夏至三日以後，照例處決。[59]

　　凡遇南郊北郊大祀之期前五日，後五日，刑部及順天府衙門，凡在京立決重犯，俱停止題奏。其核覆外省速議及立決本章仍止迴避齋戒日期。[60]

　　透過分析乾隆四十九年《欽定禮部則例》卷98-165有關祭祀制度規定，可以看到清朝法規範規定皇帝、王公、文武百官等要參與不同祭祀活

57　根據乾隆四十九年《欽定禮部則例》祭祀通例規定，王公及文武百官在齋戒期間各佩齋戒牌，不理刑名，不宴會、不作樂，。不入內寢，不問疾弔喪、不飲酒茹葷，不祭神，不掃墓，有疾有服者勿與。」。同樣的《大清律例》（禮律）「祭享」條例文中也規定「凡郊祀，齋戒前二日，太常寺官宿於本司，次日具本奏聞，致齋三日，次日進銅人傳制諭文武官，齋戒不飲酒，不食蔥韭薤蒜，不問病，不弔喪，不聽樂，不理刑，不與妻妾同處。定齋戒日期，文武百官先沐浴更衣，本衙門宿歇。次日聽誓戒，畢，致齋三日。宗廟、社稷亦致齋三日，惟不誓戒。」。

58　（清）沈之奇撰，懷校鋒、李俊點校，《大清律輯注》（上），頁384。

59　根據薛允升的說明：此例原係二條，一係雍正十年定例，乾隆五年修改。一係乾隆十年，欽奉上諭，恭纂爲例，嘉慶十二年修併。請參考（清）薛允陞著：黃靜嘉點校，《讀例存疑重刊本》，冊5，頁1257。

60　參考（清）薛允陞著：黃靜嘉點校，《讀例存疑重刊本》，冊5，頁1262。

動並且要遵守一定的要求；例如卷128規範告祭嶽鎮海澤各省陵寢時要遣官致祭；由部開列侍郎以下，四品以上滿漢堂官職名，題請欽派六員，分往六路致祭。《欽定禮部則例》卷98-165所規範的祭祀制度主要是跟統治階級有關，跟一般民眾似乎關係不大。關於一般人民的祭祀事務主要規範在《欽定禮部則例》卷129-130有關直省壇廟祭祀。

五、《欽定禮部則例》直省壇廟祠祭祀規定

前面提到乾隆四十九年《欽定禮部則例》卷98-128主要針對皇帝、王公、大臣及百官等參與大祀、中祀與群祀祭祀活動加以規範。《欽定禮部則例》卷129及卷130「直省壇廟祭祀上、下」則規範清朝直省府、州、縣地方官員祭祀活動。

乾隆四十九年《欽定禮部則例》卷129、130「直省壇廟祭祀」規定，直省府、州、縣的官員基於為人民祈福目的，負責建造社稷壇、神祇壇及先農壇。另外，直省府州縣地方官員也要對已經存在廟宇，包括風雲雷雨神之廟、前代帝王陵廟、先師廟、文廟、崇聖祠、關帝廟、賢良祠、忠臣祠等祭祀或巡視防護。由此可見直省壇廟及祠祭祀制度規範跟一般人民生活有直接關係。下面分析《欽定禮部則例》卷129、130有關直省壇、廟及祠之規定。[61]

(一) 直省社稷壇、神祇壇及先農壇與祭祀規定

《欽定禮部則例》對於直省、府、州、縣，基於為人民祈報而建立社稷壇、神祇談及先農壇及祭祀有所規定。乾隆四十九年《欽定禮部則例》卷129「直省壇廟祭祀上」規定，社稷壇必須在北向位置並於每年春秋仲月上戊日為民祈報。這個時間跟每年皇帝在京城社稷壇祭祀太社、太稷時間一樣[62]。其規定如下：

61　參考故宮博物院編，《欽定禮部則例二種》冊2，卷129，頁88。

62　參考故宮博物院編，《欽定禮部則例二種》冊2，卷110及129，頁25、88。

　　凡直省府州縣各擇爽塏之地建社稷壇均北向。歲以春秋仲月上戊日爲民祈報會城巡撫主祭，有總督省分則以總督主祭，道員分治各府者於所治主祭。其餘府州縣皆正印官將事以各學教官糾儀生員充禮生會城丞□執事。府州縣以椽吏執事。[63]

　　《欽定禮部則例》卷129「直省壇廟祭祀上」對於神祇壇祭祀也有明確規定。在規定中要求直省府州縣必須建立神祇壇外並要求地方官員要在春秋仲月祭天神、地祇及本境城隍之神。上述規定內容呈現出清朝直省、府、州、縣地方官員祭祀活動跟《欽定禮部則例》卷127京師壇廟祈報祭祀活動有一定對應性。不管是京城或地方壇廟祭祀，主要目的都在祈求雨澤；京城祭祀對象是天神、地祇及太歲三壇；而地方祭祀對象則是天神、地祇及本境城隍之神[64]。

　　《欽定禮部則例》卷129規定神祇壇祭祀儀式要參照社稷壇祭祀儀式。有關神祇壇建立及祭祀規定如下：

　　凡直省府州縣各建神祇壇，於春秋仲月祭天神地祇及本境城隍之神。在城文武皆與祭。雩祭及祭屬均詣壇將事例同。[65]。

　　其陳福酒福胙於尊俎之次，主祭官及陪祀官執事官序班並如祭社稷壇之儀引班引贊通贊及執事諸人以次序立質明引班引陪祭官入引贊引主祭官入通贊贊執事者各司其事贊就位引主祭官至階下盥手就拜位立陪祭官按班就東西拜位立均北面迎神上香讀祝行三獻禮儀節均與祭社稷壇同。[66]

　　另外，《欽定禮部則例》卷129針對直省地方神祇壇祭祀特別規定：

63　參考故宮博物院編，《欽定禮部則例二種》冊2，頁88。

64　同前註卷127，頁78-79。

65　同前註，卷129，頁88-89。

66　同前註，卷129，頁89。

……前若歲間不雨，守土長吏諏宜祀之辰，具祝文（隨時撰擬）備牲牢、籩豆、香帛、尊爵、鑪鐙之屬，率屬素服祈禱行禮儀節與常祀同。既應而報陳，設供具朝服行報祀禮與祈祀同。每歲三月寒食節七月望十月朔日祭屬壇於城北郊前。期守土官飭所司具香燭公服詣神祇壇。以祭屬告本境城隍之神。[67]

除了社稷壇及神祇壇之祭祀外，《欽定禮部則例》卷129「直省壇廟祭祀上」也規定先農壇建造及祭祀活動。同樣的，先農壇祭祀跟京城由皇帝親自行禮或遣官行禮先農壇祭祀也有對應性，都在春三月進行[68]。

《欽定禮部則例》卷129規定：

凡直省府州縣各建先農壇。歲以三月亥日致祭，省會以總督或巡撫主祭。有故則布政使攝。陪祀文武官及各執事均與祭社稷同。[69]

(二) 直省廟宇規定：前代帝王陵廟、先師廟、關帝廟、文廟及風雲雷雨神專廟

《欽定禮部則例》卷130對於地方官員如何祭祀與維護已經存在前代帝王陵廟、先師廟、關帝廟、文廟及風雨雷神專廟有明確規定。《欽定禮部則例》卷130「直省壇廟祭祀下」規定如下：

凡前代帝王陵廟所在有司勤爲防護，嚴禁樵採。遇有損壞即加修葺，每歲守吏以春秋仲月致祭。[70]

67　同前註，卷129，頁90。

68　參考故宮博物院編，《欽定禮部則例二種》冊2，卷113，頁34。

69　同前註，卷129，頁90-91。

70　同前註，卷130，頁91。

所謂前代帝王陵廟包括各地方已經長久存在帝王陵廟。例如河南淮寧縣、甘肅泰州祭太昊伏羲氏，山西趙城縣祭女媧氏等[71]。

《欽定禮部則例》卷130「直省壇廟祭祀下」對於先師廟祭祀規定，在每年春秋仲月上丁日，祭祀先師孔子。這個祭祀時間也跟《欽定禮部則例》卷116規範皇帝先師廟祭祀時間相同[72]。規定如下：

凡直省每歲以春秋仲月上丁日釋奠於先師孔子。省會首府有總督駐箚者總督正獻；若只巡撫駐箚者，巡撫正獻。兩序以布按二司及道員各一員，兩廡以知府同知各一員分獻。視宰省齋。以佐貳官各一員糾儀，以教授訓導各一員司祝、司香、司帛、司爵、司饌，引贊通贊引班以學弟子員嫻禮儀者執事。在城文武官、縣丞、千總以上咸與祭並致齋二日。一月朔釋菜。望日上香，以教授、教諭、訓導等官分班行禮與太學同。[73]

《欽定禮部則例》卷130規定直省在祭祀先師廟時，同時也要致祭崇聖祠。其規定如下：

釋奠先師之日同日致祭崇聖祠。以學政正獻，如學政按試他郡，以布政使攝，分獻以教諭、訓導。執事以學弟子員。於陳設行禮儀節並如太學祭崇聖祠儀。[74]

同樣的，卷130也規定不隸屬省會、府、州、縣文廟及崇聖祠祭祀方式：

71　所謂前代帝王包括帝堯、帝舜、夏禹等，請參考：《欽定禮部則例二種》冊2，卷130，頁91-92。

72　《欽定禮部則例二種》冊2，卷116，頁47及卷130，頁92-93。

73　同前註，頁92。

74　同前註，頁92-93。

不隸省會之府州縣文廟祭丁日，有道員分駐者，以道員爲正獻。無道員分駐者，長官正獻。兩序以其貳及所屬兩廡以食餼學弟子員各一人分獻。崇聖祠教諭正獻兩序訓導分獻兩廡皆食餼學弟子員，各一人分獻陳設器數行禮儀節與省會同月朔釋菜望日上香亦與省會同。[75]

關於廟宇祭祀，《欽定禮部則例》卷130「直省壇廟祭祀下」除了規定先師廟、文廟等之祭祀外，還規範關帝廟及風雨雷神祭祀。其規定如下：

凡直省供設立關帝廟，每歲春秋仲月諏吉及五月十三日府州縣均致祭前殿。以地方正印官主祭後殿，以丞吏將事。執事以禮生祭日陳設牲牢器數及迎神上香奠獻讀祝送神視燎儀祝均與京師祭儀同。[76]

凡直省風雨雷雨之神如有專利廟宇者，守吏以時致祭。[77]

(三) 直省關於祠之祭祀：名山大川之神專祠、賢良祠、忠孝節義祠、忠臣祠

《欽定禮部則例》卷130「直省壇廟祭祀下」主要規定不同祠建築與祭祀。規範對象包括有名山大川之神專祠、賢良祠、忠臣祠等。規範內容如下：

凡直省名山大川之神，每歲春秋仲月守吏率屬致祭有專祠者，於祠內行禮未立專祠者，設壇致祭，儀與告祭遣官同。但告祭有用太牢者，常祭

75　同前註，頁93。

76　參考故宮博物院編，《欽定禮部則例二種》冊2，卷130，頁93。

77　同前註，頁91。

俱用少牢。[78]

　　凡直省建立賢良祠於省會之地，守土大吏有功德於民者，由督撫疏請入祠。每歲以春秋仲月諏吉致祭，祭日知府主祭，教授教諭訓導等官執事。祭品用羊一豕一果實五盤帛一尊爵鑪鐙具。主祭官上香奠帛三獻禮儀均與祭忠孝節義祠同。忠孝節義名宦鄉賢等祠。[79]

　　凡直省府州縣文廟左右建忠義孝弟祠，以祀本地忠臣、義士、孝子、悌弟、順孫。建節孝祠，以祀節孝婦女。名宦祠以祀仕於其土有功德者。鄉賢祠以祀本地德行著聞之士。地方官歲以春秋致祭。[80]

　　官員忠節著聞已入昭忠祠者，仍准題請入忠臣祠

　　古聖先賢名臣忠烈凡有祠廟墓地并令有司官巡視防護。歲終以防護無誤造冊報工部。如有損壞即行修理。[81]

　　《欽定禮部則例》卷130規定說明在清朝於直省府、州、縣等地方文廟的左右建祠要區分：忠義孝弟祠、節孝祠、名宦祠及鄉賢祠。忠義孝弟祠祭祀的是本地忠臣、義士、孝子、悌弟、順孫；節孝祠祭祀的是地方節孝婦女；名宦祠祭祀守土有功德之人；鄉賢祠祭祀地方有德行之人。

　　地方官員在每年春秋之際要進行祭拜儀式。清朝《欽定禮部則例》卷129、130對於直省設立壇、廟宇、祠祀等祭祀場所、祭祀對象、祭祀方式及祭祀時間規定主要連結祭祀制度與一般人民生活世界。地方官員如果沒有根據《欽定禮部則例》規定進行祭祀活動時，將會受到《大清律例》處罰規定。《大清律例》（禮律）「祭祀門」「致祭祀典神祇條」律文針對府、州、縣官員的祭祀行為規範如下：

78　參考故宮博物院編，《欽定禮部則例二種》冊2，卷129，頁91。

79　參考故宮博物院編，《欽定禮部則例二種》冊2，卷130，頁93。

80　同前註，頁93-94。

81　同前註，頁94。

　　凡（各府州縣）社稷山川風雲雷雨等神，及（境內先代）聖帝明王忠臣烈士，載在祀典，應合致祭神祇，所在有司，置立牌面，開寫神號祭祀日期，於潔淨處常川懸挂，依時致祭。至期失誤祭祀者，（所司官吏）杖一百。其不當奉祀之神，（非祀典所載。）而致祭者，杖八十。[82]

六、結論

　　本章主要從西方學者有關何謂宗教論述尋找中國類似宗教制度或宗教活動並分析清朝乾隆四十九年《欽定禮部則例》規範祠祭清吏司卷98到卷165有關清朝在京城「祭祀通例」規定以及《欽定禮部則例》卷129、130有關直省地方官員對於壇廟及祠祭祀活動規定。從《欽定禮部則例》規範可以瞭解清朝如何透過法規範，要求京城皇帝、王公、大臣、百官祭祀活動以及直省地區官吏應該負責之祭祀活動。從規範內容可以看到清朝法律制度很早就將信仰與儀式納入政治統治系統[83]。

82　參考（清）薛允陞著：黃靜嘉點校，《讀例存疑重刊本》，冊3，頁420。這條律文在順治三年（西元1646年）於「凡」字之後，「社稷山川風雲雷雨等神」等文字之前加了「各府州縣」小註；並在「及」自之後，「聖帝明王……」等字之前，加了「[境內先代]小註，確定這個條文主要專門針對地方「府、州、縣」官司的規定。

83　關於傳統中國社會孔廟祭祀制度的形成，請參考黃進興著，〈權力與信仰：孔廟祭祀制度的形成〉，收於《聖賢與聖徒》，同前書，頁1-46。

第八章 | 《大清律例》對於人民宗教信仰之管制[1]

一、前言

　　本章延續第七章討論宗教與法律的關係，尤其著重在清朝如何運用法規範限制人民的信仰以及其背後的思維。在第七章主要探討清朝政府如何以《欽定禮部則例》及《大清律例》的（禮律）「祭祀門」規範在京城皇帝、王公及官吏進行祭祀活動也同時規範清朝京師地區以外直省的祭祀活動。

　　在本章中將討論中國傳統社會世俗的統治者很早就以國家法規範規劃具有宗教意義的祭祀制度，另外，國家法律也對於人民的宗教信仰與宗教活動有所規範。這跟在德國或法國等歐洲地區的發展有所不同。在西歐國家，宗教的領導者，教皇的權力曾經高過於世俗統治者皇帝的權力。在中世紀之後，世俗統治者的力量才逐漸取得跟宗教統治者平行的權力。而，到了近代，西方現代國家以法律統治世界的形式取得統治正當性之後，宗教界對於世俗界的影響才逐漸退讓。目前歐洲各國的世俗統治者主要透過法律進行統治。

　　目前東亞各國所學習的西歐法律體制是在十八、十九世紀才逐漸發展並以法典方式呈現。而在傳統中國社會，國家統治者很早就以法典的規範形式對於人民各個層面生活進行規範與限制。本章將先分析並比較德國與傳統中國社會之宗教與政治關係並分析清朝《大清律例》對於人民宗教信

1　本章跟第七章一樣都是改寫自〈《大清律例》中有關宗教及超自然現象的規範〉與〈清朝與宗教有關的法律規範〉論文，主要將原來的論文內容分成本書第七章與第八章重新加以論述與分析。兩篇論文的發表請參考第七章註1之說明。

仰與宗教集會的規範以及其在實務落實情形。[2]

二、宗教、政治與法律關係—比較德國與中國傳統社會

　　世界上不同國家有其各自處理宗教、政治與法律關係的方式；其內容與形式主要受到各自社會、歷史、文化及傳統的影響，因而各有差異。以德國為例，從中世紀以來到近代間，存在於神聖羅馬帝國地區「兩把劍」理論，說明皇帝所代表的世俗統治力量與教皇所代表的精神界宗教力量[3]。在西方近代國家興起之前，世俗的統治力量低於宗教的精神力量；也因此負責世俗事務的皇帝或國王即位時，要受到教宗或者教會領袖加冕；世俗統治者所定的法律不能規範宗教事務[4]。

　　十八世紀之際，德國社會經過康德（Immanuel Kant）、費希特（Johann Gottlieb Fichte）及黑格爾（Georg Wilhelm Friedrich Hegel）等學者提出各種理論，挑戰既有宗教統治權高於世俗統治權的狀況。德國社會乃逐漸發展出認為宗教，尤其是（教會）應該被放到國家權力之下的想法[5]。德國宗教統治者原來高於世俗統治者的情境，在十八世紀後，逐漸被放到世俗統治之下或跟世俗力量等同地位。

2　本章所引《大清律例》主要參考（清）薛允升著；黃靜嘉點校，《讀例存疑重刊本》，台北，成文出版社，1970，共五冊，日本京都大學寺田浩明個人網頁中有關《讀例存疑》之全文以及田濤/鄭秦點校，《大清律例》，北京，法律出版社，1998，此為乾隆五年版本。

3　關於宗教精神世界與皇帝世俗世界的消長關係，參考（美）伯爾曼著，賀衛方、高鴻鈞、張志銘及夏勇譯，《法律與革命第1卷西方法律傳統的形成》，北京，法律出版社，2003，頁106-107。

4　參考陳惠馨，《德國法制史—從日爾曼到近代》，台北，元照出版社，2007，頁206-208、287；另外，參考Peter Landau，〈Rechtsbegriff des Kirchenrechts in philosophisch-historischer Sicht從哲學與歷史的角度看教會法的法概念〉，收錄於Hrg. Gerhard Rau Hans-Richard Reuter und Klaus Schlaich，《Das Recht der Kirche, Band1 Zur Theorie des Kirchenrechts)》（教會的法，第一冊教會法的理論），頁201。

5　彼得‧蘭道教授（Peter Landau）認為費希特在他《自然法的基礎》一書中對於法概念主要僅從國家的法律發展，教會法制度對於費希特而言，是一個歷史模型。因此在費希特理論中，國家具有最高的禁令，具有可以停止其他公共權力的力量。以上請參考Peter Landau，《Das Recht der Kirche, Band1 Zur Theorie des Kirchenrechts》（教會的法，第一冊教會法的理論）一文，頁200。

在德國，宗教與世俗統治力量地位於過去兩百多年有重大變化。許多原來隸屬於宗教統治的事務例如結婚、繼承等相關事務，逐漸被世俗統治者以法律加以規範。例如在德國1896年公布並於1900年開始施行的《民法典》，在親屬編與繼承編規範婚姻、家庭與繼承相關事項。將這些原來由宗教界所管轄事務轉由世俗國家的法律所規範。

黑格爾在1820年出版《法哲學》一書討論國家及宗教關係。書中主張國家與教會不再是一體（Keine Einheit），而是各有其特別存在。黑格爾認為國家是以理性為基礎倫理性最高層級。因此，教會當然是在國家之下，不再有一個自主規範權。透過在德國十八世紀以來，漫長且激烈的討論，有關宗教力量應該放置到國家統治權力之下主張，逐漸被社會大眾接受。

1919年德意志共和國訂定的《威瑪憲法》（die Verfassung des Weimars）明確規定國家要尊重教會（宗教團體）公法上自主權。《威瑪憲法》第137條第5項規定：

宗教團體維持他們到目前為止擁有的公法法人地位，其他的宗教團體的基本理念（Verfassung）及他們的成員數如果足以保證維持長久，經過申請將保證有同樣的權利，如果有多個具有這種公法人地位的宗教團體組成一個聯盟（Verband），聯盟也保有同樣公法法人的地位。具有公法人地位的宗教團體有權根據市民納稅表（auf Grund der bürgerlichen Steuerlisten），依據邦的規定標準取得一定數額稅款。[6]

---

6 原文如下：「Die Religionsgesellschaften bleiben Körperschaften des öffentlichen Rechtes, soweit sie solche bisher waren. Anderen Religionsgesellschaften sind auf ihren Antrag gleiche Rechte zu gewähren, wenn sie durch ihre Verfassung und die Zahl ihrer Mitglieder die Gewähr der Dauer bieten. Schließen sich mehrere derartige öffentlich-rechtliche Religionsgesellschaften zu einem Verbande zusammen, so ist auch dieser Verband eine öffentlich-rechtliche Körperschaft.

Die Religionsgesellschaften, welche Körperschaften des öffentlichen Rechtes sind, sind berechtigt, auf Grund der bürgerlichen Steuerlisten nach Maßgabe der landesrechtlichen Bestimmungen Steuern zu erheben.」

　　根據目前德國基本法第一百四十條規定，威瑪憲法第一百三十七條依舊屬於基本法的一部分，也就是宗教團體在德國維持他們到目前為止擁有的公法法人地位[7]。

　　不同於德國地區發展，中國政治統治權力很早就高於宗教權力。中國國家統治者很早就以「神聖」的象徵符號為其統治提供正當性；也就是透過祭祀儀式，中國統治者宣誓其統治的正當性[8]。研究者指出，中國統治階層，包括君主與官僚集團，很早就掌握孔廟從祀人選主控權，他不像基督教封聖是由下而上民間宗教活動[9]。從清朝法規範體系觀察，可以看到統治者以法規範介入各種有關宗教儀式及人民信仰宗教活動痕跡。

　　《唐律》十二篇，三十卷共五百條（或五百零二條）條文中，有各種跟宗教有關的法規範；這些規範例如《唐律》卷十五（廄庫律）「大祀犧牲不如法條」，第十八、卷十九（賊盜律）「造妖書妖言條」、「盜大祀神御物條」或者卷二十七「毀大祀邱壇條」等。另外，《唐格》中也有「道僧格」對於僧人進行管理。[10]

　　明朝《大明律》將原來散見在《唐律》各篇跟宗教有關祭祀儀式規定，彙整到《大明律》七篇體制（禮律）。清朝政府更是透過《欽定禮部則例》規定祭祀活動程序與儀式。可惜，當代華人社會有關中國傳統宗教與法律關係的研究成果不多。

　　瞿海源教授在1993年發表〈宗教與法制及法律觀念〉時，分析陳顧遠先生及瞿同祖先生有關傳統中國宗教與法律關係的討論。瞿教授指出陳顧遠先生認為中國法系在古時就已不受宗教影響的論點應受質疑；因為中

7　德文原文為：「Die Bestimmungen der Artikel 136, 137, 138, 139 und 141 der deutschen Verfassung vom 11. August 1919 sind Bestandteil dieses Grundgesetzes.。」（中文1919年8月11日德國憲法第136、137、138及139條為此基本法一部分。）

8　參考顧忠華，〈從宗教社會學觀點看台灣新興宗教現象〉，頁314。

9　參考黃進興，〈「聖徒與聖賢」：儒教從祀制與基督教封聖徒制的比較〉，收錄於《聖賢與聖徒》，同前註，頁149。

10　參考陳登武，〈從內律到王法〉，《政大法學評論》第111期，2009年10月，頁3-5。

國皇帝以天子自居，其所顯示的宗教意義有一套宗教性的意識型態，影響
到法律的制訂和施行。他提到祭天和以天爲主的宗教在中國一直是很重
要的特徵[11]。瞿教授對於瞿同祖先生強調中國法律與宗教的關係主要在神
判、福報、刑忌和巫蠱等觀念不認同，他認爲這些對於法律影響無直接關
係，主要影響在於對審判過程與施行結果[12]。除此之外，當代學者甚少討
論宗教與傳統中國法律的關係。

三、清朝有關人民信仰管理與限制規定

　　有關清朝統治者如何透過《欽定禮部則例》規定祭祀制度已經在本書
第七章有詳細的論述。本章主要分析清朝如何透過《大清律例》，對於
人民的信仰加以管理與限制。其內容包括透過機制設計給予人民創建寺
觀、神祠機會並在《大清律例》對於僧道訂定管理機制並規定人民不得信
仰特定宗教，對於人民於家庭生活中某些信仰儀式加以限制並禁止婦女在
寺觀、神廟燒香。下面將分析這些相關規定的內容。

(一) 清朝對於人民建立寺、觀及神祠的規範及僧道管理制度

　　清朝對於一般人民是否能夠自己建立祭拜的寺、觀、庵廟有所規定。
　　《大清律例》（戶律）「戶役門」「私剏庵院及私度僧道條」對於人
民建立宗教性建築物規範如下：

　　民間有願創造寺觀神祠者，呈明該督撫具題，奉旨方許營造，若不俟
題請擅行興造者，依違制律論。[13]

11　參考瞿海源，〈宗教與法制及法律觀念〉，收於《政教關係》，頁170-172。全文請見以下網址：
　　http://www.ios.sinica.edu.tw/ios/people/personal/hyc/1993宗教與法制及法律觀念.doc，上網日期，
　　2015年4月17日。

12　瞿海源，〈宗教與法制及法律觀念〉，同前註，頁173-174。

13　參考（清）薛允升著；黃靜嘉點校，《讀例存疑重刊本》，冊2，頁244。

　　根據《大清律例》（戶律）「戶役門」「私剏庵院及私度僧道」律文規定，在清朝，一般人民如果沒有經過督撫具題並經皇帝允許，自行創造寺、觀、神祠，將受到杖一百的處罰[14]。而若僧人或道人違反規定，創建增置寺、觀、神祠，將受到更嚴厲處罰。除了被要求要還俗之外，還要發邊遠地方充軍；尼僧、女冠入官爲奴官爲奴。《大清律例》規定如下：

　　凡寺觀庵院，除現在處所外，不許私自創建增置，違者，杖一百，僧道還俗。發邊遠充軍。尼僧、女冠入官爲奴。[15]

　　在上述規定的背後，呈現出清朝對於僧、道管理制度。《大清律例》（戶律）「戶役門」「私剏庵院及私度僧道」律文更規定僧道管理制度，主要以度牒制度加以規範。薛允升在《讀例存疑》中提到，光緒30年前後，禮部已經頒發給各省僧道度牒約30餘萬張[16]。

　　清朝對於未得到許可但卻私自剃髮的人民立法規定加以處罰。《大清律例》（戶律）「戶役門」「私剏庵院及私度僧道」律文規定：

　　若僧道不給度牒，私自簪薙者，杖八十。若由家長，家長當罪。寺觀住持及受業師私度者，與同罪。並還俗。

　　乾隆年間，「私剏庵院及私度僧道」增加例文限制發給度牒。其規定如下：

　　凡僧道停止給發度牒，其從前領過牒，照各僧道，遇有事故，仍將原領牒照追出，於歲底彙繳。至選充僧綱、道紀，令地方官查明僧道中之實

14　同前註，頁244。
15　在例文小註特別強調現在處所是指「先年額設」並說明如果私自創建增置，「地基材料入官」。
16　（清）薛允升著；黃靜嘉點校，《讀例存疑重刊本》，冊2，頁245。

在焚修，戒法嚴明者，具結呈報上司，咨部給照充補。如僧道官犯事，將結送官交部察議。[17]

《大清律例》對於人民的出家、收生徒及僧道還俗均有明確規定。《大清律例》（戶律）「戶役門」「私剃庵院及私度僧道」例文規定：

民間子弟，戶內不及三丁或在十六以上而出家者，俱枷號一箇月，並罪坐所由。僧道官及住持知而不舉者，各罷職，還俗。

現在應付、火居等項僧道，不准濫受生徒。其年逾四十者，方准招徒一人。若所招之人無罪犯而病故者，准其另招一人為徒。如有年未四十，即行招受及招受不止一人者，照違令律，笞五十。若招受之人身犯姦、盜重罪，伊師亦不准再行續招。其有復行續招者，亦照違令律治罪。僧道官容隱者，罪同，地方官不行查明，交部照例議處，所招生徒俱勒令還俗。

僧道犯罪該還俗者，查發各原籍安插，若仍於原寺觀庵院或他寺觀庵院潛住者，並枷號一箇月，照舊還俗。其僧道官及住持知而不舉者，照違令律治罪。[18]

《大清律例》甚至對於道士女冠跟他們受業師之間關係明確加以規定，基本上將道士女冠與受業師關係等同「伯叔父母」關係。《大清律例》（名例律）「稱道士女冠」律文規定：

凡（律）稱道士、女冠者，僧、尼同。若於其受業師、與伯叔父母同，其於弟子與兄弟之子同。

---

17 根據薛允升說明：「此條係乾隆二十九年，山西道監察御史戈源奏請停給僧道度牒一摺，欽奉諭旨准行。及乾隆四十一年，據廣東巡撫德保咨請部示，經禮部奏准在案，因併纂為例。」

18 根據薛允升的說明這些例文是在乾隆3年禮部議准定例，42年、53年修改。

　　由於道士女冠的受業師在法律上被訂爲爲「與伯叔父母同」；因此，根據《大清律例》規定，一般人罵伯、叔父母將被判杖六十，徒一年；道、冠、僧、尼罵受業師也將受到杖六十，徒一年的處罰。另外，一般人毆殺兄弟之子，要被處以杖一百，徒三年；因此，道冠、僧尼毆殺弟子也將受到杖一百，徒三年的處罰[19]。

　　清朝《刑案匯覽》卷三十八，「毆受業師」題下，收有三個僧人跟生徒之間衝突案件。分別是「僧人毆打違例收徒殺傷應同凡論」、「僧被伊師毆打情急故自傷殘」及「道士因徒遊蕩頂撞將徒毆死」等案件。其中「道士因徒遊蕩頂撞將徒毆死」案在道光九年（1829）刑部山西司「說帖」記載：

　　查例載：弟子違犯教令，以理毆責致死者，僧尼道士照尊長毆死大功卑幼律擬絞監候。

　　「說帖」中江西司對於案件說明如下：

　　查梁南道兒自幼拜該犯爲師，教養有年，師徒名分已定，該犯因廟內失去什物向其斥責，梁南道兒不服頂撞，該犯將其吊毆致斃，核其吊毆之情，由於不服頂撞所致，且用麻繩毆傷兩腿，亦與例內所稱執持金刃兇器非理紮毆應以凡論者不同，自應照以理毆責之例定擬。……該撫將高成保照非理毆殺弟子，依凡人鬥殺律擬絞，罪名雖無出入，引斷究未允協，應即更正。高成保應改依弟子違犯教令，以理毆責致死，僧尼道士照尊長毆死大功卑幼律擬絞監候。

　　透過山西司「說帖」的說明，可以瞭解在清朝之際僧尼、道士間師徒

19　參考《大清律例》本條例文中小註。另參考（清）薛允升著；黃靜嘉點校，《讀例存疑重刊本》，冊2，頁137。

關係照尊長與大功卑幼間的關係處理，因此，本案中高成保依「尊長毆死大功卑幼律」，擬絞監候。由這個案件可知清朝的《大清律例》規定在實際案件運用情形。

《大清律例》還明白規定僧、道及女冠、尼不能結婚。（戶律）「婚姻門」「僧道娶妻」律文規定：

> 凡僧道娶妻妾者，杖八十，還俗。女家同罪，離異。寺觀住持知情與同罪，不知者不坐。若僧道假託親屬或僮僕為名求娶，而僧道自占者，以姦論。

除不能結婚外，根據《大清律例》規定，僧、尼、道士、女冠也不能與人發生性關係，否則也會受到處罰。（刑律）「犯姦門」「居喪及僧道犯姦」律文及例文規定：

> 凡居父母及夫喪，若僧尼道士女冠犯姦者，各加凡姦罪二等，相好之人，以凡姦論。

根據這條規定將僧尼道士女冠犯姦跟「居父母及夫喪犯姦」一樣嚴重，要加重處罰。但對於相好之人，則以凡姦論。

> 僧道官、僧人、道士有犯挾妓飲酒者，俱杖一百，發原籍為民。
>
> 僧道、尼僧、女冠有犯和姦者，於本寺觀庵院門首，枷號兩箇月，杖一百。其僧道姦有夫之婦及刁姦者，照律加二等，分別杖、徒治罪，仍於本寺觀庵院門首，各加枷號兩箇月。

(二) 限制人民不得信仰的特定宗教

清朝政府延續著明朝《大明律》在（大清律例）（禮律）「祭祀門」

「禁止師巫邪術條」限制人民不得信仰特定宗教。條文內容爲：

> 凡師巫假降邪神，書符咒水，扶鸞禱聖，自號端公、太保、師婆（名
> 色），及妄稱彌勒佛、白蓮社、明尊教、白雲宗等會，一應左道異端之
> 術，或隱藏圖像，燒香集眾，夜聚曉散，佯修善事，煽惑人民，爲首
> 者，絞（監候）。爲從者，各杖一百，流三千里。[20]

嘉慶六年（1811年）並在《大清律例》（刑律）賊盜門「謀反大逆
條」增加例文規定，將創立邪教比照「謀反謀大逆條」定罪。嘉慶十八年
（1813）《大清律例》（禮律）「禁止師巫邪術條」也增加例文規定，
擴大邪教的種類。其規定如下：

> 除實犯反逆及糾眾戕官反獄、倡立邪教、傳徒惑眾滋事，案內之親
> 屬，仍照律緣坐外，其有人本愚妄，書詞狂悖，或希圖誆騙財物，興立邪
> 教，尚未傳徒惑眾，及編造邪說，尚未煽惑人心，並姦徒懷挾私嫌，將謀
> 逆重情捏造匿名揭帖，冀圖誣陷，比照反逆及謀叛定罪之案，正犯照律辦
> 理，其家屬一概免其緣坐。[21]

> 凡傳習白陽、白蓮、八卦等邪教，習念荒誕不經咒語，拜師傳徒惑眾
> 者，爲首，擬絞立決。爲從，年未逾六十及雖逾六十而有傳徒情事，俱改
> 發同城，給大小伯克及力能管束之回子爲奴。如被誘學習，尚未傳徒，而
> 又年逾六十以上者，改發雲、貴、兩廣煙瘴地方充軍。旗人銷除旗檔，與
> 民人一律辦理。至紅陽教及各項教會名目，並無傳習咒語，但供有飄高
> 老祖及拜師授徒者。發往烏魯木齊，分別旗、民，當差爲奴。其雖未傳
> 徒，或曾供奉飄高老祖及收藏經卷者，俱發邊遠充軍。坐功運氣者，杖
> 八十。如有具結改悔赴官投首者，准其免罪，地方官開造名冊，申送臬司

20　參考（清）薛允升著；黃靜嘉點校，《讀例存疑重刊本》，冊3，頁421。

21　參考（清）薛允升著；黃靜嘉點校，《讀例存疑重刊本》同前註，頁556。

衙門存案。儻再有傳習邪教情事，即按例加一等治罪。若挐獲到案，始行改悔者，各照所犯之罪問擬，不准寬免。如訊明實止茹素燒香諷念佛經，止圖邀福，並未拜師傳徒，亦不知邪教名目者，免議。[22]

嘉慶十八年（1813）新禁止的宗教包括有「白陽、白蓮、八卦、紅陽及各項教會」等。《大清律例》在條文中直接宣稱這些宗教就是「邪教」。信仰法律所禁止邪教者將受到處罰。但是如果調查發現信仰者

實止茹素燒香諷念佛經，止圖邀福，並未拜師傳徒，亦不知邪教名目者，免議。[23]

清朝對於人民信仰特定宗教的禁止除了透過《大清律例》（禮律）「禁止師巫邪術條」加以規範外，更在嘉慶二十二年（1817）於《大清律例》（戶律）「戶役門」「人戶以籍爲定條」增加例文規定，人民如果信仰特定宗教，其子孫將被剝奪「考試報捐」資格。「人戶以籍爲定」增加例文如下：

先經習教人犯，除自行呈首免罪，及坐功運氣茹素諷經，尚非實犯邪教外，其實因習教犯案，罪在徒流以上者，查明其子孫實未入教，即以本犯之子爲始，三輩後所生之子孫，始准考試報捐。其應行入考報捐之人，先行呈明地方官，取具鄰族甘結，詳報督撫咨部查核。儻有朦混應考報捐者，以違制論。至習教復又從逆，各犯子孫永遠不准考試報捐。[24]

不僅《大清律例》有上述規定，在道光二十四年《欽定禮部則例》卷

22　（清）薛允升著；黃靜嘉點校，《讀例存疑重刊本》，冊3，頁423。

23　同前註，冊3，頁424。

24　同前註，冊2，頁242。

60（儀制清吏司）「童試事例」中也對於信仰特定宗教者之子孫參加考試資格給予限制。其規定：

> 民人因習教犯案，罪在徒流以上者，查明其子孫實未入教，即以本犯之子爲始，三輩後所生之子孫，始准捐考。仍呈明地方官，取具鄰族甘結，詳報督撫咨部查覆。倘有朦混捐考報捐者，以違制論。至習教復又從逆，其子孫永遠不准捐考。[25]

(三) 禁止人民私家告天拜斗

《大清律例》除了禁止人民信仰特定宗教外，並在（禮律）「祭祀門」「褻瀆神明條」律文中規定禁止人民私家告天拜斗，焚燒夜香，燃點天燈、七燈，違反者，將以褻瀆神明論罪。其規定如下：

> 凡私家告天拜斗，焚燒夜香，燃點天燈、七燈，褻瀆神明者，杖八十。婦女有犯，罪坐家長。若，僧道修齋、設醮而拜奏青詞、表文及祈禳火災者，同罪，還俗。[26]

清朝《刑案匯覽》於卷10「褻瀆神明」標題，記載「慶祝神壽點放煙火踩斃多命」案件。這個案件發生在嘉慶二十二年（1817）；由江西巡撫諮題案件。其內容記載：劉振搖因爲

> 慶祝許眞人壽誕演戲，並在東山設台點放煙火，集人往觀。

---

25 參考故宮博物院編，《欽定禮部則例二種》所收道光二十四年的《欽定禮部則例》卷60，儀制清吏司，「童試事例」，第三冊，頁380。

26 參考（清）薛允升著；黃靜嘉點校，《讀例存疑重刊本》同前註，冊3，頁420。

後來在

> 煙火畢後，忽天降大雨，往看之人各皆亂奔，因山坡陡窄，一時擁擠，以致擠倒多人，踩斃十七命。

《刑案匯覽》記載這個案件時提到劉振搖慶祝眞人壽誕，並非迎神賽會，即踏斃人命，亦在放畢煙火之後，因爲該犯夤夜設台點放煙火，致集多人觀看，因此「應比照違制律杖一百，枷號一個月。」；其餘「忠謨等聽從買放，應照爲從減一等杖九十，枷號二十五日。」[27]。

從這個案件內容可以發現，這個案件雖然在《刑案匯覽》被編到「褻瀆神明條」律文下，但其內容跟本條律文並沒有直接關係；而且案件中劉振搖及忠謨等人也沒有被以觸犯「褻瀆神明條」加以處罰。根據《刑案匯覽》記載審判者是依據「違制律」對他們判處杖一百，枷號一個月的刑罰。

(四) 禁止婦女在寺觀、神廟燒香

清朝以法律明白禁止官、軍民之家縱令妻子、女兒到寺觀、神祠燒香，主要原因或許並非基於對於人民信仰限制；而是擔心婦女因爲到寺觀神廟燒香，因而可能跟他人發生一定接觸或發生性關係。

《大清律例》（禮律）「祭祀門」「褻瀆神明條」的律及例規定如下：

> 若有官及軍民之家，縱令妻女於寺觀神廟燒香者，笞四十，罪坐夫男。無夫男者，罪坐本婦。其寺觀神廟住持及守門之人，不爲禁止者，與同罪。[28]

---

27 參考（清）祝慶琪等編撰；尤韶華等點校，《點校本刑案匯覽全編》，冊2，頁645。

28 （清）薛允升著；黃靜嘉點校，《讀例存疑重刊本》，冊3，頁420、423。

　　凡僧道軍民人等，於各寺觀庵院神廟，刁姦婦女，除將婦女引誘逃走仍按照和誘知情，分別首從，擬以軍、徒外；其因刁姦而又誆騙財物者，不計贓數多寡，為首之姦夫，發邊遠充軍。為從者，減等，滿徒。俱仍盡犯姦本法，先於寺觀庵院廟門首，分別枷號，滿日，照擬發配，財物照追給主。犯姦之婦女，仍依本例科罪。若軍民人等，縱令婦女於寺觀、神廟與人通姦，杖九十，枷號一箇月發落。[29]

　　清朝《刑案匯覽》卷10記載「和尚帶領婦女在於廟內姦宿」案件。這個案件發生在嘉慶二十三年（1818）。根據「東撫」提出「諮」說明：

　　僧人達朝因王家相之妾韓氏在外，領至廟內姦宿，與在他處刁姦者情節較重。惟該犯並未誆騙財物，自應量減問擬，達朝應照僧於寺觀神廟刁姦婦女而又誆騙財物擬軍例，量減一等，杖一百，徒三年。[30]

四、結論

　　本章透過分析《大清律例》規定說明清朝政府如何透過《大清律例》管理及限制人民的宗教信仰。透過本書第七章與第八章，可以瞭解清朝法律體制如何規範宗教活動。除了以《欽定禮部則例》規範在京城皇帝、王公、百官等的祭祀活動，包括大祀、中祀及群祀（小祀）等祭祀儀式之外，還規範直省地區的府、州、縣地方官員有關壇、廟宇及祠興建及祭祀活動。而《欽定禮部則例》對於祭祀制度的規範包括誰主持祭祀儀式，在祭祀之前是否要齋戒，參與齋戒與陪祀人員以及祭祀儀式過程中參與者應該遵守的規範。

29　本條例在清朝順治3年、乾隆5年及53年均有改定。

30　（清）祝慶琪等編撰；尤韶華等點校，《點校本刑案匯覽全編》，冊2，頁646。

　　清朝法制除了規範京城與直省地區舉行祭祀制度的進行方式之外，《大清律例》對於人民如何創建新寺觀或神祠以及僧道管理制度都有詳細規範；《大清律例》也對於人民的宗教信仰與宗教活動加以限制。

　　在過去一百多年來，華人地區的社會對於宗教的態度逐漸隨著社會變遷與法規範體系的變化有所改變。以台灣為例，當代台灣社會法律不再規範祭祀儀式；傳統中國社會非常重視的大祀、中祀及群祀等祭祀儀式已經不再是人民生活中重要重點。目前台灣憲法雖然保障人民宗教信仰自由；但是，台灣政府透過《集會遊行法》，《人民團體法》限制人民集會與結社權力。另外，透過《寺廟監督條例》及建築法規範，也對於傳統中國宗教建築物有所管制。[31]在本書第七與第八章主要分析清朝如何透過《大清律例》及《欽定禮部則例》規範宗教相關事務並藉此說明宗教與社會歷史傳統及文化密切關係。

---

31 有關台灣當代宗教相關法規範，請參考陳惠馨，《宗教團體與法律—非營利組織觀點》，台北，巨流圖書公司，2013年2月初版。頁21-58；許育典《宗教自由與宗教法》台北，元照，2005及江宜樺發行《宗教自由與宗教立法論壇實錄》，2010年8月，台灣，內政部出版，共224頁；其中附有2009年4月台灣行政院及立法委員提出不同版本的「宗教團體法」草案，頁208-224。

第九章 | 清朝末年以來中國社會法律變遷——亞洲與歐洲法律交流[1]

一、前言

　　本章探討清朝末年以來，在中國啓動繼受或移植西歐各國（以德國、法國爲主）法律體制歷程並從亞洲與歐洲法律交流觀點加以分析。清朝統治者在光緒二十四年（西元1898年）進行戊戌變法。光緒二十八年（1902）啓動繼受西歐各國法律，主要以刑法、民法、商法及訴訟法爲主的法律變革。光緒三十三年（1907年）面對來勢洶洶的革命浪潮，清朝決定成立憲政編查館，更全面啓動學習歐美及日本憲政體制。

　　直到今日，中國雖然已經改朝換代了，歷經國民政府與共產黨政權的轉換。但是，在法律體制部分還停留在繼受外國法律體制處境。不僅中國，東亞地區日本、韓國以及香港、新加坡及台灣等華人社會，目前也多數停留以學習自外國法律制度規範社會人民生活之情境。

　　是什麼樣的法律文化背景或者什麼樣的因素，讓東亞各國雖然已經繼受外國法超過一百多年；但似乎還未能脫離以西方法律體制作爲自己社會法規範理論與模式的情境？爲何東亞地區法學研究者至今無法從繼受外國法百年來的歷史經驗，找到一個可以融合外國法繼受經驗與法學論述，從自己社會的需求與法律文化的脈絡，創造新法律體制，規範自己社會的生活？

1　本章寫作動機來自於本書作者2013年11月參加北京中國政法大學法律史研究中心主辦「亞歐法律史論壇」；該會議主題爲：理念與過程：近代亞洲與歐洲的法律交流（19世紀末—20世紀初）。本章之內容曾經以〈從歐洲中心與清末變法談百年來亞洲與歐洲法律交流〉一文發表於《中華法系》第五卷，北京，法律出版社，2014年9月。

　　上述這種已經持續百年以上，由東亞國家繼受歐洲法律體制的亞洲與歐洲法律交流模式還要持續多久？是一個值得觀察的法律文化現象。本章從清朝末年所開啓中國與歐美法律交流角度，分析清朝末年繼受歐洲，或透過學習日本繼受歐洲法律路徑，尤其將著重光緒三十三年（1907年）清朝成立憲政編查館之後變法歷程加以分析。

二、繼受外國法一百多年之後，亞洲與歐洲法學交流現況

　　本書作者在台灣接受大學法學教育；在1980年前往德國並在1987年取得德國法學博士學位。1989年，在台灣解嚴前後，開始到政治大學法律學系教授法律相關課程。過去二十多年來，在大學法學院教學與研究經驗，有機會近身觀看當前亞洲（以台灣爲主）與歐洲（以德國爲主）法學與法律交流現場。本書作者很深刻體會目前不管是在台灣或者東亞的日本、韓國、中國大陸等都還在主動積極學習歐洲（以德國、法國與英國爲主）、美洲（以美國爲主）法律制度與法律文化的歷程中。

　　跟亞洲各國法律學者相比，上述歐、美國家法律學者對於當代東亞各國法律制度好奇度相對不高，理解也非常有限。僅有少數曾經訪問台灣或在東亞各大學法學院活躍的德國或美國法學者，會在東亞地區進行法律或法學相關演講時，利用機會瞭解東亞各國現行法律制度。他們多數人對於當代東亞各國法律制度與法學研究狀況毫無興趣，也不好奇他們社會法律制度到了另外一個社會（東亞各國）發展情形，他們對於他國法律制度缺乏興趣態度跟清朝中國官員對於西方法文化態度有某種程度類似性。

　　以德國爲例，德國介紹當代中國法律制度工作主要由德國漢學家或者具有法律背景的漢學家進行[2]。但，在東亞地區，以台灣爲例，許多大學

2　德國近代對於中國法制的研究主要有三位重要漢學家的工作，分別是Otto Frank（1863-1946），Karl Buenger及Robert Heuser等學者。其中Karl Buenger著有《Quellen zur Rechtsgeschichte der Tang-Zeit》，Monumenta Serica, Monograph No. IX. Peiping, 1946，本書在1996年由Steyler Verlagsbuchhandlung再版，ISBN編號爲978-3-8050-0375-9。Robert Heuser於1999年出版《Einführung in die chinesische Rechtskultur》，由Institut fuer Asienkde出版，ISBN編號爲978-3-88910-229-4。

法學院教授民法、刑法、憲法與行政法等法律學者都曾留學德國並取得德國法學博士學位。台灣多數法學教授在大學法律系所法學專業課程，往往將德國重要法學者研究成果及主要法典立法、修法與司法實踐納入教學內容並在撰寫論文時，加以介紹。在台灣各大學法學教室、多數法學雜誌或法學家專論處處可見德國法學與法律資訊。

　　十九世紀末到二十世紀初，在中國清朝開啟繼受或移植外國法歷程，在中國大陸於1920年代到1930年代之間所訂定的六法全書法律體系，於1945年二次大戰之後，也在台灣適用。台灣在歷經1895-1945年日本殖民統治時期，以及1945年以來適用在中國大陸的六法全書體系至今，在法學界依舊處於繼受西方，以德國、美國法學為主的歷程。德國或美國當代法學理論與法律系統至今依舊深入影響台灣現行法律體制與法學理論。而，上述這種情形顯然不僅發生在台灣，也發生在中國大陸或日本法學界，也可能同樣存在於香港與新加坡等受到西方影響深遠的華人社會。

　　相對於亞洲學者對於德國、美國或者法國法學理論與立法狀況熱烈研究情形；歐洲及英美各國法學者對於亞洲法學狀況與立法情形並沒有展現相同的興趣與研究精神。近年來德國某些大學開設有當代中國大陸法律課程，但，這些課程往往僅基於實用而開設。這些課程往往著重在財經法等相關領域介紹，因為這些法律攸關跟中國大陸做生意的必要知識[3]。在台灣，不少大學法學院每年邀請德國當代知名法學者到校園進行講學或訪學交流計畫。仔細觀察這些前來台灣交流德國或美國法學者的演講內容與行程，可以發現他們在交流現場，對於台灣或者東亞地區各國立法或法學研究狀況雖然禮貌性表達好奇，但卻缺乏進一步瞭解的企圖。他們多數在思

3　例如德國佛來堡大學東亞法研究所開設中國法導論課程說明：「在中國正在進行一個經濟與社會深入的變遷，也因此30年中國法律制度也在進行重大變遷。本課程在進行有關中國法制史與法律文化簡單介紹之後，將介紹中國法某些基礎領域並從比較法角度針對現代化提出問題，課程重點主要在民法與經濟法。以上文字取自網頁：http://www.jura.uni-freiburg.de/institute/asien/，本書作者進行簡略翻譯。上網日期：2015年4月20日。

考法律或法學理論時，沒有呈現出將台灣或東亞各國立法與法學經驗納入參考範式的跡象[4]。

　　許多德國或美國法學教授都曾經驗到，當他們在台灣各大學法學院進行各種法律相關主題演講時，現場台灣法學教授、法律系所博、碩士學生均表現出對於德國或美國現行法律制度或法學理論發展濃厚興趣並有深入認識。很遺憾的，這些來自德國或美國重要法律學者，僅非常少數會在對話中，表達他們對於台灣或東亞各國現行法律體制或法學理論興趣；這樣的現象令人遺憾，這說明在全球化法學研究領域中，知識不具絕對重要價值。在亞洲與歐洲法學與法律的交流，影響力高下才是影響運作與交流的重要因素。

　　上述現象或許說明台灣法學與法律體制依舊停留在學習或繼受德國、美國法律體制困境。上述在台灣觀察的現象，可以在日本、中國大陸與韓國、香港與新加坡等地區看到。新加坡重要的法學院還以有英國法學教授擔任系主任做為他們國際化的指標。

　　上述這種現象的存在，究竟是因為亞洲社會強調客氣與退縮的文化現象影響著這些地區法學者面對外來法學者的態度？還是因為亞洲各國法律與法學者還停留在繼受與移植他國法文化心態，因此，沒有基於平等的立場，讓來訪外國法學者看到研究東亞地區法學與法律狀況在法學與法律研究上具有重要價值與意義？

　　本書作者認為有關歐、美法律學者為何看不到東亞法學與法律現況對於世界法學舞台重要意義？為何在歐洲尤其是德國或法國等地，目前有關亞洲法律文化或法律制度介紹或翻譯還停留在從商業目的角度或者從東亞各國社會現象一環加以理解，而不是從比較法學或法理論角度加以看待，值得未來進一步研究。

4　以上論述是本書作者在長達25年在大學法學院的觀察體會。

三、光緒二十八年（1902年）清朝學習西方刑法、民法與商法歷程

過去百年來，亞洲與歐洲法律交流主要是日本、中國等東亞各國透過繼受歐洲某些國家法律制度進行著。以中國爲例，繼受歐洲某些國家法律制度始於清朝末年。而清朝繼受歐洲法律制度歷程可以分爲兩個脈絡；第一個脈絡是以清光緒二十四年（西元1898年）戊戌變法開始以及光緒三十三年（1907年）成立憲政編查館（1907年）籌備變法，學習歐洲憲政法律體系歷程[5]。另外一個脈絡則是從光緒二十八年（1902年）清朝任命沈家本、吳廷芳主持修訂法律館，開始學習西方民法、商法與刑事及訴訟法等制度歷程[6]。

關於光緒二十八年，清朝開設法律館修改律例並訂定新刑律過程，《清史稿》志卷第117卷有詳細記載：

逮光緒二十六年，聯軍入京，兩宮西狩。憂時之士，咸謂非取法歐、美，不足以圖強。於是條陳時事者，頗稍稍議及刑律。二十八年，直隸總督袁世凱、兩江總督劉坤一、湖廣總督張之洞，會保刑部左侍郎沈家本、出使美國大臣伍廷芳修訂法律，兼取中西。旨如所請，並諭將一切現行律例，按照通商交涉情形，參酌各國法律，妥爲擬議，務期中外通行，有裨治理。自此而議律者，乃群措意於領事裁判權。是年刑部亦奏請開館修例。

5　參考張晉藩，《中國憲法史》，第二章，君主立憲方案的一次實踐—戊戌變法，北京，人民出版社，2011，頁35-78；另請參考汪榮祖，《晚清變法思想論叢》，（論戊戌變法失敗的思想原因），台北，聯經出版社，1990（民國79年第三次印行），頁99-134。

6　關於沈家本所主持的修訂法律館工作，請參考李貴連，《近代中國法制與法學》，北京大學出版社，2002，頁3-37；黃源盛，〈晚清修律大臣沈家本〉收於《法律繼受與近代中國法》，台北，政治大學法學叢書（55），2007，頁87-120。

　　在開館之後，沈家本、俞廉三等等修訂法律大臣乃於宣統元年（1910年）先將修改律例成果，以「現行刑律」之名交給光緒三十三年（1907年）成立憲政編查館核議並在宣統二年（1911年）年覆奏訂定[7]。沈家本、俞廉三等修訂法律大臣刪定《大清律例》某些條文並訂定《大清新刑律》。

　　宣統二年十二月二十五日清朝資政院會奏議決新刑律總則部分。宣統三年三月二十二日，新刑律分則並暫行章程雖未經過資政院議決。但是，憲政編察館奕劻就以「新刑律尤為憲政重要之端」，上奏，向皇帝請旨，「著將新刑律總則、分則暨暫行章程先為頒佈布，以備實行。」[8]

　　有關清朝末年，修訂法律大臣沈家本與吳廷芳如何於光緒二十八年（1902年）開始，主持修訂法律館，研議刪定《大清律例》，擬定《大清新刑律》、（民律）、《商律》草案；又如何邀請日本學者協助，進行上述法律修訂與訂定過程是過去三十多年來法制史學界重要研究課題。在中國大陸李貴連教授，在台灣黃源盛教授對之都有深入分析。[9]研究者討論清朝如何刪定《大清律例》，擬定《大清新刑律》，擬定《民律》及《商律》草案時，往往會特別說明修律大臣沈家本先生如何主持修訂法律

7　參考《清史稿》，志117，其記載全文如下：「三十一年，先將例內今昔情形不同，及例文無關引用，或兩例重衣復，或舊例停止者，奏準刪除三百四十四條。三十三年，更命侍郎俞廉三與沈家本俱充修訂法律大臣。沈家本等乃微集館員，分科纂輯，並延聘東西各國之博士律師，藉備顧問。其前數年編纂未竣之舊律，亦特設編案處，歸並分修。十二月，遵旨議定滿、漢通行刑律，又刪並舊例四十九條。宣統元年，全書纂成繕進，諭交憲政編查館核議。二年，覆奏訂定，名為現行刑律。」

8　本章之描述主要參考〈憲政編察館奕劻等奏刑律黃冊繕寫告竣裝潢進呈折〉收於懷效鋒主編，李俊／王志華／王為東點校，《清末法制變革史料下卷刑法民商法編》，北京，2010，頁68-69。

9　參考李貴連，《近代中國法制與法學》中〈卷三沈家本專題—沈家本與清末立法〉部分，頁246-286。在該書中李貴連教授說明〈沈家本與清末立法〉一文於1987年第一次發表於北京大學《法學論文集》；另，參考黃源盛，〈晚清修律大臣沈家本〉收於《法律繼受與近代中國法》，頁87-120；陳新宇，〈《欽定大清刑律》新研究〉，收於《法學研究》，2011年第2期，中國社會科學法學院研究所主辦，頁1-24。

館並邀請日本民法、商法與刑法學學者到中國協助立法歷程[10]。

　　從目前相關文獻顯示，沈家本擔任修律大臣之際，開始確實邀請日本學者協助修改《大清律例》或擬定《新刑律》草案，但是在相關法律草案擬定之後，當時清朝政府並非照單全收歐洲法律體制或者僅聽從日本專家意見訂定法律。從目前故宮博物院出版清朝宮中檔與軍機處奏摺及相關研究，可以看到清朝內部重要官員（包括清朝各部院堂官以及各省督撫、御史們）對於《新刑律》草案曾經提出對於草案的各種不同意見與修改建議。這說明清朝統治者雖然想透過繼受或移植歐洲某些國家的法律制度，以解決清朝統治困境，但是在法律變革的歷程中，其面對不同於中國傳統法律體制的《新刑律》草案，清朝統治內部是經過激烈辯論才定案[11]。光緒三十四年七月到宣統元年五月間，清朝各個部會重要官員都針對《新刑律》草案提出修正或反對意見。提出意見者包括兩廣總督兼管廣東巡撫張人駿（奏為刑律草案文義未明寬嚴失當請詳加更訂由）；開缺安徽巡撫馮煦（奏為憲政編查館修訂刑律草案謹略陳大要數端）；北洋大臣直隸總督楊士驤（奏為參考刑律草案謹摘紕繆請飭更訂，附清單一件）、浙江巡撫增韞（奏為參考刑律草案請飭妥慎釐訂由附清單一件）等[12]。

　　根據陳新宇研究，清朝末年初步擬訂《大清新刑律草案》後至少歷經六個以上不同階段法案修正與內部討論歷程[13]。確實，清末之際，沈家本

10　同註9，參考李貴連，〈沈家本與清末立法〉一文及黃源盛〈晚清修律大臣沈家本〉一文。

11　在沈雲龍主編，《近代中國史料叢刊續編》，第81輯，《清末籌備立憲檔案史料》，上、下兩冊內容中，被標示屬於立憲內部議論奏摺就有63件，上奏的人不僅是重要憲政大臣、各省總督或御史們的奏摺，另外還有各地舉人甚至留學生的奏摺。參考《清末籌備立憲檔案史料》，上冊，文海出版社，1981，頁107-365（其中227-253）。

12　參考台灣故宮博物館出版《宮中檔與軍機處檔摺片資料庫》，軍機處摺片，文獻編號：164960、165357、166462、169549等奏摺；更詳細的內容參考高漢成，《簽註視野下的大清刑律草案研究》，北京，中國社會科學出版社，2007，頁67-99；陳新宇，〈《欽定大清刑律》新研究〉，收於《法學研究》，2011年第2期，頁4-8。

13　參考陳新宇，〈《欽定大清刑律》新研究〉，同前註，頁1-24。

所主持修訂法律館首先邀請日本學者岩谷孫藏博士協助起草新刑律草案並
在光緒三十三年（1907年）日本頒布新刑法之後，修訂法律館邀請日本
岡田朝太郎博士協助訂定清朝《新刑律》草案[14]。《大清新刑律》草案擬
定之後，有關該草案修訂內容討論與修改意見並非由日本學者主導；而是
由清朝各重要部會官員及各省總督、巡撫、御史及各個重要官員透過奏摺
簽註進行討論。當時各部會的意見主要透過奏摺表達[15]。這些奏摺回應光
緒三十三年（1907年）成立之憲政編查館要求。憲政編查館將《大清新
刑律》草案分發京師及外省內外各個衙門進行討論並要求各個衙門提出
對於《刑律草案簽註》意見[16]。經過憲政編查館與資政院議員們至少六次
以上關於草案內容辯論與修正建議之後，清朝才在宣統二年（1910年）
十二月二十五日，以皇帝上諭裁定許可《欽定大清刑律》[17]。

　　這份《欽定大清刑律》共分為二編，五十二章，正文共411條，包含
有服制諸圖與《暫行章程》共五條[18]。而，根據當時憲政編查館九年憲政
施行時程規劃，修改新刑律原來預計要在光緒三十四年完成；光緒三十五
年（1909年）核定；光緒三十六年頒佈（1910年）並於光緒三十九年施
行新刑律[19]。沒想到光緒在三十四年過世；《欽定大清刑律》在宣統二年
十二月經過上諭裁可後一年，清朝政府便滅亡。中國進入新政體（北洋政

---

14 同前註，頁4。

15 參考高漢成，《簽註視野下的大清刑律草案研究》，頁67-99；陳新宇，〈《欽定大清刑律》新研
　　究〉，頁4-8。

16 參考高漢成，《簽註視野下的大清刑律草案研究》，頁67-99；陳新宇，〈《欽定大清刑律》新研
　　究〉，頁4-8。

17 在宣統二年四月七日，由奕劻等上奏「呈纂修刑律黃冊並請旨刊印頒行（附清單一件）」，參考軍
　　機處檔摺件，奏摺錄副，文獻編號187233。

18 參考陳新宇，〈《欽定大清刑律》新研究〉，頁4-8。

19 參考《清末民初憲政史料輯刊》，北京，北京圖書館出版社，第二冊，2006，頁341-354，奕劻署
　　名有關「議院未開以前逐年籌備事宜繕具清單」之內容；主要規劃是從光緒三十四年到光緒四十二
　　年各項憲政籌備事宜，在光緒三十四年去世之後，清朝政府再擬定一個以宣統八年為實行憲政的諭
　　令。參考《清末籌備立憲檔案史料》，上冊，同註8，頁67-69。

府時期與民國時期），開始另外一個變法歷程[20]。

　　沈家本所帶領修訂法律館除了修改《大清律例》並擬定《欽定大清刑律》外，另一個重要工作是進行《民法》與《商法》草案擬定工作。在一份由沈家本與俞廉三於光緒三十四年（1908年）十月四日提出奏摺說明，清朝將邀請日本法學專家協助草擬民法或刑法草案[21]。沈家本與俞廉三在光緒三十四年奏摺內說明，當時主要透過大理院推事董康前往日本半年，訪查應該邀請哪些日本法學專家前來中國協助變法。

　　在上述奏摺中提到，透過董康，修訂法律館得知他們原本想要邀請的梅謙次郎法學博士，因為是當時日本政府「隨時顧問必不可少之人」，因此，修訂法律館乃邀請當時深諳商法之日本法學博士志田鉀太郎到中國來，同時請他擔任「修訂法律館」調查員，以協助訂定《民法》與《商法》草案。

　　而，邀請日本法學博士志田鉀太郎到中國工作主要透過當時出使日本國大臣胡維德從中協調[22]。在沈家本與俞廉三於光緒三十四年奏摺也說明修法與訂定法律工作，除了邀請志田鉀太郎之外，還邀請原來就在京師日本法學博士岡田朝太郎、小河滋次郎以及法學士松岡義正等，請他們分別擔任刑法、民法、刑民訴訟法擬定工作[23]。

---

20 清朝末年《修訂現刑律》與《欽定大清刑律》全文，參考收於懷效鋒主編，李俊／王志華／王為東點校，《清末法制變革史料下卷刑法民商法編》，頁165-433及頁455-498。另外，光緒三十一年〈刑部奏刪新律例〉也收於《沈家本全集》第一卷，頁3-69。

21 這份奏摺主要是沈家本與俞廉三作為修訂法律大臣回應翰林院侍講學士朱福銑，在光緒三十三年十一月二十二日上奏給皇帝建議要「慎重私法編列選聘起草客員」的奏摺。這份奏摺由軍機處片交給沈家本等。參考修訂法律大臣沈家本與俞廉三在光緒三十四年十月四日的奏摺。此一奏摺收於台灣故宮博物館出版《宮中檔與軍機處檔摺片資料庫》，軍機處摺片，編號167142。

22 參考修訂法律大臣沈家本與俞廉三在光緒三十四年十月四日的奏摺，同前註，《宮中檔與軍機處檔摺片資料庫》，軍機處摺片，編號167142。

23 參考修訂法律大臣沈家本與俞廉三在光緒三十四年十月四日奏摺，同前註，軍機處摺片，編號167142。另外清末民初協助清朝刑事立法的重要學者岡田朝太郎生平，請參考黃源盛〈岡田朝太郎與清末民初刑事立法〉一文，收於《法律繼受與近代中國法》，同前註，頁121-157。岡田朝太郎曾在1906-1915年之間在北京參與各項法案編纂。

　　清朝末年在擬定學習自歐洲《民法》、《商法》與《新刑律》草案時，開始確實主要透過日本法學學者協助完成。但，從在清朝目前出版宮中檔與軍機處奏摺內容卻可以瞭解，清朝政府並未照單全收日本專家學者修法意見。在清朝內部包括當時京師內、外衙門官員及外省督撫等等都針對《大清新刑律》草案提出修改建議。值得注意的是目前台灣故宮博物院出版《軍機處與宮中檔奏摺資料庫》所收清朝官員們們針對變法的奏折主要是針對《大清新刑律》草案的意見；很少是針對《民法》或《商法》草案表達意見。這背後的因素為何？值得研究？

　　是因為憲政編察館沒有要求，還是因為《民法》或《商法》草案內容所規範的體制對於清朝官員太過陌生所致？或者是因為當時清朝政府並不重視《民法》或《商法》的立法所致？而，這個現象跟當代甚多研究清朝法制學者宣稱「中國傳統法制中缺乏民法體制」的論述是否有關連性，也值得未來更深入探討。

四、光緒三十三年（1907年）清朝憲政編查館角色

　　清朝學習歐洲憲政法律體系脈絡，主要是清光緒二十四年（西元1898年）戊戌變法以及光緒三十三年（1907年）成立憲政編查館（1907年）的變法歷程。在本章中主要著重在光緒三十三年成立憲政編查館工作與角色。憲政編查館成立後，首先派遣大臣到日本、英國、法國、德國等考察各國憲政，著手成立資政院，改變清朝官制並在各省施行憲政與地方自治。目前台灣法學界對於清朝籌備立憲過程研究較少。但，從台灣故宮博物館出版《宮中檔與軍機處檔摺片資料庫》有許多有關各國憲政體制資料以及各憲政大臣出國考察報告書彙整資料。[24]

---

24 有關憲政編查館相關工作，參考沈雲龍主編，《近代中國史料叢刊續編》，第81輯，《清末籌備立憲檔案史料》，上、下兩冊，文海出版社，1981，這兩冊主要收有從光緒三十一年到宣統三年九月各種有關憲政奏摺，內容非常豐富。內容包括五大臣出洋考察各國政治情形、預備立憲宣佈與策劃、清朝內部不同官員對於預備立憲各種奏摺。另外，張晉藩教授在其出版《中國憲政史》則從1885年中法戰爭之後，王韜、鄭觀應提出「議院之法」觀念開始談起並討論1895年中日甲午戰爭之

　　比較清朝留下憲政相關資料、修訂《大清律例》、擬定新刑律過程與修訂法律館在光緒二十八年（1902年）所啟動繼受歐洲《民法》、《商法》、《刑法》等法律制度的相關資料；可以看到清朝政府態度有所不同。清朝政府對於《民法》、《商法》草案回應態度相對被動與消極。

　　在台灣故宮博物院出版《宮中檔與軍機處檔摺片資料庫》可以看到《大清新刑律》草案討論過程中，清朝各部院與外省督撫等官員對於這個草案可能衝擊到傳統中國法律三綱五倫價值體系則有激烈討論。但，對於訂定《民法》、《商法》草案則看不到激烈辯論相關資料[25]。而，相對於清朝政府比較被動與消極面對學習自歐洲各國《民法》、《商法》等法律制度的態度，清朝在光緒三十三年（1907年）成立憲政編查館在學習歐洲憲政體制討論的相對積極並主動。當時清朝政府收集到許多歐洲各國憲政體制的相關資料。

　　光緒三十三年（1907年）憲政編查館成立時訂定有辦事章程。從其內容可以看到清朝統治者在其統治中國最後五年（1907-1911），積極進行憲政訂定之籌備工作[26]。或許因為在這個時刻，清朝統治者已經認識到，如果不進行憲政改革工作，恐怕將無法阻擋人民革命的現實所致[27]。

　　在上面提到台灣故宮博物院出版《宮中檔與軍機處檔摺片資料庫》，可以看到光緒三十三年到宣統三年（1907-1911）之間，許多關於憲政修改討論與章程訂定討論。這個時段不同的奏摺內容，呈現清朝各種有關英

後發生「戊戌變法」。這是論述近代中國早期憲法文化重要書籍；參考張晉藩，《中國憲法史》，北京，人民出版社，2011，頁8-11。

25　比較李貴連，《近代中國法制與法學》，同前註，〈卷三沈家本專題〉，頁246-329；黃源盛，〈晚清修律大臣沈家本〉收於《法律繼受與近代中國法》，同前註，頁87-120以及《宮中檔與軍機處檔摺片資料庫》在光緒三十一至三十四年及宣統一至三年相關奏摺。

26　參考張晉藩，《中國憲法史》，北京，人民出版社，2011，頁108-148。

27　參考《清末籌備立憲檔案史料》，上冊，文海出版社，1981，頁367-601；主要是第二編有關「清末籌備立憲各項活動的情況」編目收集各種資料。

國、德國、日本憲政理論與憲政法規範報告與翻譯成果[28]。

　　光緒三十三年（1907年）七月十五日以憲政編查館大臣何碩慶親王奕劻署名上奏給皇帝《憲政編查館辦事章程》，將沈家本與俞廉三主持修訂法律館負責民法、商法、刑法、刑事與民事訴訟法訂定工作，納入憲政編查館職掌一環。《憲政編查館辦事章程》內容呈現清朝變法活動從光緒三十三年（1907年）擴張成為包含憲政、民、刑法法典及各種行政法變法工作[29]。

　　《憲政編查館辦事章程》在第二條明訂：

　　本館職掌分別如左：

　　一、議覆奉旨交議有關憲政摺件及承擬軍機大臣交付調查各件。

　　二、調查各國憲法，編定憲法草案。

　　三、考核法律館所定法典草案（法典指民法、商法、刑法、刑事訴訟法、民事訴訟法諸種而言）各部院、各省所定各項單行法（單行法只立於一事之章程不屬法典之各法而言）及行政法規（如改訂官制及任用章程之類）。

　　四、調查各國統計，頒訂格式，彙成全國統計表及各國比較統計

---

28 目前由台灣故宮博物院出版《宮中檔與軍機處檔摺片資料庫》共包含有34萬件檔案，其中有許多關於當時出國考察德國、日本及英國憲政相關資料。例如考察日本的達壽收集日本憲政書籍及憲政相關規範。請參考文件編號164987，由達壽於光緒三十四年七月十一日所呈「奏為考察日本憲政情形由」，軍機處檔摺片，奏摺錄副；另外，于世枚有關德意志帝國以及普魯士憲法、地方制度法、選舉法規與政黨體制及官制的報告，請見軍機處檔摺片文獻編號179965、178406、178405、178404、178403、179275、178278、178276、178275、178274、166182等檔案。而有關英國憲政資料，請參考宣統2年6月14日「奏為考察英國憲政編輯各書繕具清本進呈由」檔案，參考軍機處檔摺片，文獻編號188712。

29 1907年成立的憲政編查館主要由憲政編查館大臣何碩慶親王奕劻、大學士張之洞、大學士世續、協辦大學士鹿傳霖等共同負責。參考北京圖書館出版社影印室輯，《清末民初憲政史料輯刊》，北京，北京圖書館出版社，第二冊，2006，所列光緒三十三年的奏稿彙訂稿本，頁636-707。

表。[30]

《憲政編查館辦事章程》第三條到第五條規定說明憲政編查館各局應該負責工作項目。章程第三條規定：

本館設編制局、統計局兩所分司職掌各事。

章程第四條規定：

編制局分爲三科如左：第一科：掌屬於憲法之事。第二科：掌屬於法典之事。第三科：掌屬於各項單行法及行政法規之事。

章程第五條規定：

「統計局分爲三科如左：第一科：掌屬於外交民政財政之事。第二科：掌屬於教育軍政司法之事。第三科：掌屬於實業交通藩務之事。[31]

透過《憲政編查館辦事章程》第二條到第四條規定可以看出光緒三十三年開始清朝變法與繼受歐洲法律體制規劃範圍已經超過光緒二十八年（1902年）成立修訂法律館所時，所進行的民法、刑法、民事訴訟、刑事訴訟或商法等法典草案擬定或修正工作。

清朝政府在成立憲政編察館之後，將繼受歐洲法律體制的規劃擴張到

30　此一章程共包含16個條款。全文請參考北京圖書館出版社影印室輯，《清末民初憲政史料輯刊》，2006年，北京，北京圖書館出版社，第二冊，所列光緒三十三年的奏稿彙訂稿本。頁636-707；其中章程內容主要在頁359-363。本文在此引用括弧內文字在原稿中是以較小的字體兩行呈現（主要是頁359部分）。本段文字的逗點是本文作者所加。

31　以上所列第3-5條內容，請參考《清末民初憲政史料輯刊》，同前註，第二冊，頁360。

跟憲政有關各種法規範及各種民、商、刑法法典與單行行政法規草案的訂定。根據《憲政編查館辦事章程》第二條規定，修訂法律館工作被納入憲政編查館職掌範圍的工作項目內；清朝啓動一個全面與整體變法計畫。[32]

　　爲何清朝在光緒三十三年（1907年）以後，有關繼受歐洲法律的範圍會有如此大的變化，主要可能跟清朝當時面對的政治情勢有關。有學者認爲當時清朝面臨下面三個挑戰：1.西方民族主義思潮的傳入及其對清統治合法性的挑戰；2.平滿漢畛域的內在悖論；3.清末立憲在邊疆的民族因素[33]。

　　根據憲政編查館大臣何碩慶親王奕劻在具奏《憲政編查館辦事章程》繕具清單奏摺中，奕劻一開始便說明：

　　憲政編查館是由原來考察政治館改編而來。

　　考察政治館原是規劃暫時由軍機處王大臣監督。但奕劻在奏摺中說明，當時的考量，是因爲各國立憲的經驗。他認識到各國立憲，

　　無不以法治爲主義。而欲達法制之域，非先統一法制不可。各項法制規模大具，然後憲法始有成立之期。故各國政府大都附設法制局以備考核各處法案，而統一之法案核定以後，始付議會議決。[34]

　　在這份《憲政編查館辦事章程》繕具清單奏摺中，可以看出清朝已經決定透過憲政制度訂定延續他在中國統治。光緒三十三年（1907）十月

32　同前註，《清末民初憲政史料輯刊》，第二冊，頁359-363。

33　有關清朝末年立憲歷程所面對的困境請參考常安〈從王朝到民族—國家：清朝立憲在審視〉收於《政治與法律評論》（Politics and Law Review）2010卷，強世功主編，北京大學法治研究中心與中山大學政治哲學與憲政研究中心主辦，北京大學出版社，頁84-92。

34　同前註，《清末民初憲政史料輯刊》，第二冊，頁355-357；參考張晉藩，《中國憲法史》，北京，人民出版社，2011，頁108-148。

二十八日憲政編查館大臣何碩慶親王奕劻提出有關憲政編查館重要工作人員清單。這份清單說明清朝當時重視憲政實施工作的態度。

　　憲政編查館大臣何碩慶親王奕劻奏摺中，提出「奏爲館務重要遴員分任以專責成僅開列銜名繕具清單」。這份清單共列出至少五十位以上工作人員名單。名單呈現參與憲政編查館工作人員官品：包括有軍機處三品章京王慶平、曹廣楨兩名官員被派充擔任總核工作；宗人府府丞左孝同被派充擔任總務處總辦工作；前民政部右參議吳廷燮被派充擔任編制局局長；二品頂戴山西補用道沈林一被派充擔任統計局局長；前軍機處三品章京華世奎被派充擔任官報局局長等[35]。

　　除此之外，五十多位憲政編查館工作人員還包括有國子監司業、翰林院編修、翰林院侍講、民政部主事、內閣中書、法政科進士、法政科舉人以及大理院奏調留學日本大學畢業生，留美法政畢業生等人[36]。

　　光緒三十四年八月一日內閣奉上諭針對憲政編查館資政院王大臣奕劻等會奏進呈之憲法議院選舉各綱要回應如下：

　　現值國事積弱，事變紛乘，非朝野同心不足以圖存立，非紀綱整肅不足以保治安，非官民交勉不足以促進步而收實效，該王大臣所擬憲法暨議院選舉各綱要條理詳密，權限分明，兼採列邦之良規，無違中國之禮教。不外乎前次迭降明諭：大權統於朝廷，庶政公諸輿論之宗旨。將來編纂憲法暨議院選舉各法即以此作爲準則，所有權限悉應固守勿得稍有侵越。其憲法未頒，議院未開以前悉遵現行制度，靜候朝廷次第籌辦，如期施行。至單開逐年應行籌備事宜均屬立憲國之要政，必須秉公認眞次第推行，著該館院將此項清單附於此次所降諭旨之後刊印謄黃呈請蓋用御寶，分發在京各衙門，在外各督撫、府尹、司道，敬謹懸掛堂上。即責成

35　有關憲政編查館人員清單請參考《清末民初憲政史料輯刊》，第二冊，同前註，頁367-374。

36　參考《清末民初憲政史料輯刊》，第二冊，同前註，367-374。

內外臣工遵照單開各節依限舉辦。[37]

在這份上諭中並針對如何考核予監督籌辦縣政工作有所指示：

每屆六個月將籌辦成績臚列奏聞並咨報憲政編查館查核。各部院領袖堂官、各省督撫及府尹育有交提後人人員應會同前任將前任辦理情形詳細奏明，以期各有考成。免涉諉卸。[38]

接者上諭再強調：

倘有逾期不辦或陽奉陰違或有名無實均得指名據實糾參。定按溺職例議處。該王大臣等若敢扶同諱飾，貽誤國事，朝廷亦決不寬假。當此危急存亡之秋，內外臣工同受國恩均當警覺沈迷，掃除積習。[39]。

從上面上諭內容，可以看到當時清朝統治者表現出堅決施行憲政決心。清朝掌權者顯然意識到如果不變法施行憲政，可能將失去對於中國統治權。當時憲政編查館憲政大臣們在這樣氛圍下，積極進行各項憲政籌備工作。憲政大臣何碩慶親王奕劻、和碩醇親王戴灃、大學士世續、大學士張之洞、協辦大學士鹿傳霖、外務部尚書袁世凱、資政院總裁貝勒銜固山貝子及資政院總裁大學士孫家鼎等人共同聯名提出兩份重要的憲政施行規劃：一份是有關「憲法大綱暨議院法選舉法要領繕具清單」；另外一份則是「議院未開以前逐年籌備事宜繕具清單」。

在這些逐年籌備憲政清單中，詳細規劃從光緒三十四年到光緒四十二

---

37 參考北京圖書館出版社影印室輯，《清末民初憲政史料輯刊》，北京，北京圖書館出版社，第二冊，2006，頁307-309。

38 同前註，頁309。

39 參考《清末民初憲政史料輯刊》，第二冊，同前註，頁309-310。

年共九年期間，清朝將預備完成的各項憲政工作項目[40]。

五、清朝憲政編查館收集德國、英國及日本有關憲政相關資料

以「憲政」、「日本」、「德國」、「英國」「考察大臣」等關鍵字輸入目前由台灣故宮博物院所出版《宮中檔與軍機處檔摺片資料庫》可以看到清朝自光緒三十三年（1907年）開始進行憲政改革，學習認識歐洲憲法體制工作歷程。在清朝末年各種有關如何學習上述各國的憲政奏摺檔案，可以看到光緒三十三年到宣統三年之間，當時考察大臣上奏給清朝皇帝的各國憲政資料。其中以德國、英國與日本憲政相關資料最多[41]。

下面將討論在德國考察之憲政大臣于世枚、英國考察大臣汪大燮、日本考察大臣達壽及在日本留學的楊度等人之奏摺，尤其是有關這些國家相關憲政內容報告。

(一) 考察憲政大臣于世枚上奏十多種有關德意志及普魯士憲政資料

在光緒三十四年及宣統元年期間，當時憲政大臣吏部左侍郎于式枚總共上奏至少十二種跟德國憲政有關的法規範翻譯版本及說明。這些奏摺主要說明德意志帝國或普魯士憲政相關資料。這些奏摺包括：

1. 考察普魯士及德意志憲法成立歷史及締造情形（附清單二件）
2. 奏報普國施行選舉法之情形（摺片）
3. 奏呈譯呈錄普魯士憲法釋要（附一件）
4. 奏為譯注普魯士憲法全文繕單恭呈

40　同前註，頁313-354。

41　此一結論是本文作者以關鍵字「憲政」在台灣故宮博物院出版的《宮中檔與軍機處檔摺片資料庫》34萬件檔案，其中有許多關於當時出國考察德國、日本及英國憲政相關資料。在檔案中也可以看到有關義大利憲法的介紹。例如出使義國大臣錢恂宣統一年七月二十三日「奏報譯解義大利憲法大概」。參考奏摺錄副，軍機處檔摺件，文獻編號181034。

5. 奏報各省諮議局章程權限與普國地方議會制度不符

6. 奏報考察普魯士地方政務制度（附清單一件）

7. 奏報授據法理辦理憲政事（摺片）

8. 奏報仿照普國內閣所屬設立憲政記錄局事（摺片）

9. 奏報考察普魯士議院情形（附一件）

10. 奏報普魯士上下議院事（摺片）

11. 奏報普魯士選舉法事（附清單一件）

12. 事由奏報普魯士政黨情形（附清單一件）[42]

　　于式枚是光緒六年進士，曾經在光緒二十二年以隨員身分跟隨李鴻章前往俄國、德、法、英、美諸國。光緒三十三年擔任傳部侍郎並以考察憲政大臣前往德國並在宣統元年六月返國。于式枚的奏摺內容包括翻譯普魯士憲法全文、官制位號等級暨兩議院新舊選舉法[43]。在清朝末年當各界極力主張立憲之際，于式枚特別表示保留態度，于式枚提出下面說明：

　　德皇接受國書，答言憲政紛繁，慮未必合中國用，選舉法尤未易行。

---

42 請參考于世枚在光緒、宣統年間上奏的資料，有些資料有清楚的時間，例如光緒三十四年七月十七日、在宣統元年三月十五日、宣統元年四月十五日、宣統元年四月十八日、宣統元年四月二十日等上奏的資料，有些則僅列出係光緒年間或宣統年間的資料。這些資料主要是軍機處檔摺件，奏摺錄副，文獻編號包括：164291、166182、178274、178275、178276、178278、178403、178404、178405、178406等檔案。

43 關於于式枚的生平請參考台灣中央研究院人名權威檔。此一檔案係中央研究院以明清檔案（內閣大庫檔案、軍機檔、宮中檔等）為主要參考資料，另輔以故宮典藏之清國史館傳包、傳稿及清史館傳稿，選取學界公認具權威性史料，如《國立故宮博物院清代文獻檔案：武職大臣年表》、《明實錄》、《清實錄》、《清代官員履歷檔案全編》、《明代傳記叢刊》、《清代傳記叢刊》，及今人編纂的《清代名人傳略》、《清代職官年表》、《清人室名別稱字號索引》等參考文獻並使用《清代職官志》、《中國官制大辭典》等參考書籍建立之檔案，總共列有14800餘筆。以上說明取自下面網頁建制說明：http://archive.ihp.sinica.edu.tw/ttsweb/html_name/search.php，上網日期：2015年4月20日。

又昔英儒斯賓塞爾亦甚言憲法流弊，謂美國憲法本人民平等，行之久而治權握於政黨，平民不勝其苦。蓋歐人言憲法，其難其慎如此。今橫議遍於國中，上則詆政府固權，下則罵國民失職，專以爭競相勸導。此正斯賓塞爾所云政黨者流，與平民固無與也。伊藤博文論君臣相與，先道德而後科條。君民何獨不然？果能誠信相接，則普與日本以欽定憲法行之至今；如其不然，則法蘭西固民約憲法，何以革命者再三，改法者數十而猶未定？」[44]，他強調：「臣愚以為中國立憲，應以日本仿照普魯士之例為權衡，以畢士麥由君主用人民意見制定，及伊藤博文先道德後科條之言為標準，則憲法大綱立矣。[45]

于式枚這番話在清朝末年引起社會強烈反彈，以致於被強烈批評。于式枚曾經擔任過吏部侍郎，學部侍郎，總理禮學館事、修訂法律大臣及國史館副總裁。目前出版清朝末年籌備立憲檔案相關出版品甚少看到有關于式枚上奏翻譯德意志憲法、普魯士憲法及普魯士各種跟憲政有關的選舉

---

44 本段內容取自中央研究院人名權威檔有關于式枚說明；參考網頁：http://archive.ihp.sinica.edu.tw/ttsweb/html_name/search.php，同前註。

45 同前註。于世枚在光緒33年，提出下面建言：「憲政必以本國為根據，采取他國以輔益之，在求其實，不徒震其名。我朝道監百王，科條詳備，行政皆守部章，風開亦許言事，刑賞予奪，曾不自私。有大政事、大興革，內則集廷臣之議，外或待疆吏之章。勤求民隱，博采公論，與立憲之制無不符合。上有教誡無約誓，下有遵守無要求。至日久官吏失職，或有奉行之不善，海國開通，又有事例之所無，自可因時損益，並非變法更張。惟人心趣向各異，告以堯、舜、周、孔之道，則以為不足法；告以英、德、法、美之制度，而日本所模仿者，則心悅誠服，以為當行。考日本維新之初，即宣言立憲之意。後十四年，始發布開設國會之敕諭，二十年乃頒行憲法。蓋預備詳密遲慎如此。今橫議者自謂國民，聚眾者輒云團體，數年之中，內治外交，用人行政，皆有干預之想。動以立憲為詞，紛馳電函，上塵宸慮。蓋以立憲為新奇可喜，不知吾國所自有。其關於學術者，固貽譏荒陋，以立憲為即可施行，不審東洋之近事。關於政術者，尤有害治安。惟在朝廷本一定之指歸，齊萬眾之心志，循序漸進。先設京師議院以定從違，舉辦地方自治以植根本，尤要在廣興教育，儲備人才。凡與憲政相輔而行者，均當先事綢繆者也。臣前隨李鴻章至柏林，略觀大概。今承特簡，謹當參合中、西同異，歸極於皇朝典章，庶言皆有本而事屬可行。是臣區區之至願。」以上文字也同樣取自註44網頁；上網日期：2015年4月20日。

法、議院法資料。于式枚所提供資料對於中華民國訂定1949年憲法時有無影響，尚待研究。

(二) 有關考察英國政府臣民答問翻譯與有關英國憲政書籍

在北京圖書館出版社出版《清末民初憲政史料輯刊》第一冊，收有一份清朝末年考察英國憲政大臣上奏有關《考察英國政府答問》資料共約七十頁[46]。在這份答問資料主要答問有關英國憲政兩個問題：

1. 有關政府問題答問

在這部分問題答問內容包括五個主題，分別針對(1)有關國務大臣兼任行政大臣之實益；(2)內閣大臣之資格；(3)國務大臣之權限及其責任；(4)組織內閣辦法；(5)樞密院之地位及其權限等提問。這份資料中對於英國國會制度、行政立法關係、內閣大臣資格、其背景應具備能力：才幹、門第與資產、內閣在憲政上地位以及內閣應由何人組織，如何辦法、樞密院組織、職務、權限與幹事分會等部分有詳細說明[47]。

2. 有關英國臣民問題答問

在這部分問題答問內容包括：(1)臣民國籍的取得與喪失法；(2)臣民之義務與權利的種類。在答問中提到英國國籍取得之法包括生於英地者、生於英國船艦者、英人之子孫。而，在臣民之義務特別強調英國臣民義務權利基於封建之舊法及君主獨治之遺意。臣民義務包括臣民有不得犯叛逆之義務、臣民有宜充鄉勇之義務，有協助保守治平之義務。至於權利則包括永居此國權利、享受保護之權利、得操各種政治選舉之權利、得爲官吏之權利及享有輪業之權利。在答問中並針對外國人權利之限制說

---

46 在這份資料中並未列出考察憲政大臣的署名，應該是汪大燮。參考《清末民初憲政史料輯刊》，2006年，北京，北京圖書館出版社，第1冊，頁515-584。

47 參考《清末民初憲政史料輯刊》，同前註，第一冊，頁515-573。

明；例如說明在1870年之前外國人不得在英國購置地產，但在答問製作之際已經廢除這項限制。答問還提到在英國外國人不得參與選舉之事及充各項官吏之事[48]。

《宮中檔與軍機處檔摺片資料庫》還收有宣統二年六月（1910年）出使日本國大臣郵傳部左侍郎汪大燮整理他在宣統元年二月十五日（1909年）出使英國期間收集之英國憲政相關書籍並加以翻譯並上奏皇帝[49]。在這份上奏資料提到英國憲政相關書籍：

1. 考察英憲要目答問10卷，共10冊，裝成上下兩函
2. 英國憲法要義4卷共2冊
3. 英政樞綱要5卷，共2冊
4. 英樞密院紀要2卷共2冊
5. 英曹部通考20卷共5冊
6. 英國會通考14卷共6冊
7. 英選舉法志要17章，共4冊
8. 英國會立法議事詳規三卷共2冊
9. 理財金鑑10卷共2冊
10. 英國法庭沿革考略5章凡1冊
11. 英司法今制考3卷凡2冊
12. 英威民政輯要8卷共四冊
13. 英制屬政略5卷凡3冊。總共14種書，48測裝成15函

透過這份汪大燮提出之「奏爲考察英國憲政編輯各書繕具清本」書單，可以瞭解清朝末年繼受歐洲憲政相關制度時，對於英國憲政制度有

---

48 參考《清末民初憲政史料輯刊》，同前註，第一冊，頁575-584。
49 參考汪大燮奏摺，收於台灣故宮博物院出版的《宮中檔與軍機處檔摺片資料庫》，軍機處檔摺片，編號188712。

某種程度的掌握；清朝當時並非僅透過日本學者瞭解英國或德國憲政體制。[50]

(三) 有關考察日本憲政實行情形

在台灣故宮博物院出版《宮中檔與軍機處檔摺片資料庫》有清朝末年出使日本大臣或其他官員有關日本憲政介紹的奏摺。其中重要上奏資料主要來自楊度與達壽兩人。在楊度與達壽上奏皇帝資料，呈現出國考察憲政大臣或者出使日本的中國官員對於日本憲政觀察與分析[51]。

光緒三十四年七月十一日考察憲政大臣達壽有兩份奏摺針對日本憲政及歐洲各國憲政加以分析。在第一份「奏為考察日本憲政情形由」奏摺，共有三十八頁報告，主要是達壽從光緒三十三年十月（1907年）到日本考察憲政超過半年期間，對於世界各國憲政體制分析[52]。

透過這份報告可以瞭解清朝統治者在光緒三十四年（1908年）期間，對於世界各國憲政發展深入瞭解與掌握情形。達壽奏摺內容包括下面幾個重點：

1. 有關當時世界各國憲政發展分析

達壽在這份奏摺第四至九頁主要分析歐洲各國及日本憲政發展。針對歐洲憲法發展，他提到：

> 參考歐洲憲法之發生其淵源有二，一由歷史之沿革，一由學說之闡明而其結果皆為人民反抗其君流血漂杵而得者也。歐洲中古本為封建制度，各私其土各子其民，威福日增漸流橫暴，其在英也，則有英文約翰英

---

50 參考汪大燮奏摺，同前註，《宮中檔與軍機處檔摺片資料庫》，軍機處檔摺片，編號188712。

51 參考考察憲政大臣達壽與憲政編查館行走楊度奏摺，收於《宮中檔與軍機處檔摺片資料庫》，軍機處檔摺片，文獻編號164987、164991及179084。

52 參考達壽在在光緒三十四年七月十一日奏摺，台灣故宮博物院出版《宮中檔與軍機處檔摺片資料庫》，軍機處檔摺片，編號164987。

王查理斯英文威廉三次之革命，遂訂權利法章。准權大典、權利請願三次之憲章。其在美也，則因英國賦斂殖民之虐，遂起脫離母國之心。十三州逼而稱兵，華盛頓舉為領袖，糜財鉅萬血戰七年卒開獨立之廳，遂訂成聞知法。[53]

2. 分析日本憲法訂定背景並強調日本能夠小國戰勝大國主要是立憲

達壽在奏摺中提到：日本

乃於明治二十二年布憲法，二十三年開國會焉，蓋自伊藤博文等考察憲政歸朝以來，相距不及七年耳，於是一戰而勝我國，在戰而勝俄羅斯。名譽隆於全球，位次躋於頭等。論者謂其甲午甲辰之捷非小國能戰勝大國，時立憲能戰勝專制也。[54]。

3. 強調當時國際競爭重要性及帝國主義之精神

達壽在奏摺中說明：

今天下一國際競爭之天下也，國際競爭者非甲國之君與乙國之君競爭，實甲國之民與乙國之民競爭也。故凡欲立國於現世界之上者，非先厚其國民之競爭不可。[55]

接著，達壽針對當時帝國主義，有下面的分析：

53　同前註，參考達壽在光緒34年7月11日奏摺第4頁，軍機處檔摺片，文獻編號164987。
54　同前註，達壽奏摺第10頁。
55　同前註，達壽奏摺第10頁。

國民之競爭力有三，一曰戰鬥之競爭力，一曰財富之競爭力，一曰文化之競爭力。備此三者而後帝國主義可行。帝國主義者距全國人民之眼光使之射於世界之上，高掌遠　不爲人侮而常欲侮人，不爲人侵而常欲侵人。故軍國主義者即戰鬥之帝國主義也，殖民政策也，勢力範圍也，門戶開放也，利益均霑也，關稅同盟也，及財富之帝國也，宗教之傳播，國語之擴張，風俗習慣之外展即文化帝國主義也，今之列國或於此三主義中取其二焉或並取其三焉。」。[56]

4. 對於清朝憲政的建議

達壽在這份奏摺中，特別談分析各國當時憲政君主權限，他分別針對日本、法國、比利時君主地位加以分析，尤其強調採欽定憲法意義。他提出五個清朝應該採取欽定憲法理由。下面僅列出其中一段：

惟日本憲法由於欽定開張明義首列天皇。而特權大權又多列記，非特別記已也，即其未經列記之事亦爲天皇固有之權。今試就其列記者言之，一曰裁可法律之大權，二曰召集議會及開閉解散之大權，三曰發代法律之敕令之大權，四曰發依政命令之大權，五曰定行政各部官制及任免文武官之大權，六曰統帥海軍陸軍訂其編制及常備兵額之大權，七曰宣戰媾和及締結條約之大權，八曰宣告戒嚴之大權，九曰授與榮典之大權，時約恩赦之大權，十一曰非常處分之大權，十二曰發議改正憲法之大權。凡此大權皆爲歐洲各國憲法所和有而日本學者尚未有漏未規定時起疑問之端。[57]

最後達壽建議：

56　同前註，達壽奏摺第11頁。
57　同前註，達壽奏摺第23-24頁。

中國制訂憲法於君主大權無妨援列記之法，詳細規定既免將來疑問之端，亦不至於開設國會時爲法律所限制，此欽定可以存國體而鞏主權者一也。[58]

達壽在這份奏摺中也針對臣民之權利、政府組織、君主國體或民主國體以及國家與軍隊的關係等說明爲何要採取欽定憲法並不斷強調日本欽定憲法的制度內容[59]。

在同一日達壽提出奏摺「奏爲出使日本考察憲政事件摘要進呈由」並在奏摺中再次簡單分析日本憲政並列出一份跟日本憲政有關資料及憲法學者著作目錄[60]。奏摺中附有一份清單，包含十五冊憲政書籍，其標題如下：

1.日本憲政史，上下兩冊及日本憲政史附錄一冊共3冊
2.歐美各國憲政史略
3.日本憲法論卷上中下及日本憲法參考共4冊
4.比較憲法卷一到卷五共5冊
5.議會說明書上下兩冊共2冊[61]

由上面所提奏摺可以看到清朝在光緒三十三年到宣統二年之間，對於

---

58 同前註，達壽奏摺第24頁。

59 同前註，達壽奏摺第24-34頁。

60 同前註，參考達壽在光緒三十四年七月十一日，「奏爲出使日本考察憲政事件擇要進呈由」奏摺，參考軍機處檔摺片，文獻編號164991。這份文件包含兩個檔案，第一個檔案僅有四頁，簡單說明達壽在日本理解世界各國憲政的過程，包括他透過日本大學法科學長穗積八束、法學博士有賀長雄，貴族願書記官長太田峰三郎的講解日本憲政史與歐洲憲政史。在這份奏摺中同時提到奧（澳）國憲法學者斯達因及德國憲政學者古耐斯特的憲法學說對於日本伊藤博文之影響；第二份檔案則是介紹日本憲政相關書籍清單。

61 同前註，軍機處檔摺片，文獻編號164991；第二份檔案。

當時歐洲德國、法國、英國及日本憲政施行方式瞭解甚深。清朝考察憲政大臣們在報告中，呈現他們主要考量：清朝可以如何藉由立憲，維持大清皇帝的權力。

　　清朝政府雖然在光緒三十二年（1906年）九月一日宣布預備立憲，但是在學習歐洲憲政的歷程中，無法表現其放棄滿洲人的統治利益；因此在光緒三十四年（1908年）十一月光緒皇帝與慈禧太后相繼死亡之後，清朝政府面對當時發生在中國各地起義事件，無法應變，終於在1912年終結其統治中國268年的政權。中國開始另外一個政治與法律變革歷程。

六、反思百年來亞洲與歐洲法律交流─以清末變法經驗為中心

　　本章嘗試從清朝末年變法角度，論述一百年來亞洲與歐洲法律交流歷程。在經過一百多年，中國繼受歐洲法律制度經歷之後，再度回顧清朝在十九世紀末，二十世紀初，如何放棄已經發展數千年傳統法制，繼受歐洲（以德國為主）法律制度歷程具有法制史重要意義。

　　在本章中，想要釐清，清朝統治者繼受歐洲法律體制的過程並非僅僅透過日本學習歐洲法律制度。清朝政府在有關修訂《大清律例》，擬定《民律》、《商律》或《新刑律》草案初期，固然透過日本法學專家協助，進行初步草案擬定工作。但，從目前出版清朝光緒皇帝與宣統皇的《宮中檔》、《軍機處》檔案內容可以發現清朝在1907年成立憲政編查館前後，開始直接派遣考察憲政大臣或留學生前往歐洲各國學習德國、法國甚至英國憲政法律體系[62]。如果僅觀察清朝末年修訂《大清律例》或者擬定《民律》、《新刑律》或《商律》草案過程，會以為清朝政府這樣的

62　在光緒三十三年七月二十八日由湖南試用道李頤「請召留日學生回籍學習以除隱患呈」中提到東洋留學生合官費自費共有一萬數千人。同日，翰林院編修陳驤「為學堂急宜擇要舉辦力除弊端呈」中提到：「各省學堂林立，幼婦淺派學生留學外洋」，可見當時的中國已經有許多學生親自到外國學習各種西方知識；參考《清末籌備立憲檔案史料》，下冊，文海出版社，1981，頁986-991。

帝國，在其統治末期學習歐洲法律制度時僅僅依賴日本專家學者或依賴日本經驗；完全缺乏主動性。本章企圖透過憲政編查館成立之後，清朝政府變法歷程的敘述，提出另外可能觀點。

　　如果回顧清朝在西元十八世紀中葉，乾隆五十八年（西元1793年）回應英國國王派遣馬戈爾尼使節團，請求要跟清朝交流信件時，可以發現當時清朝封閉的天朝心態。在當時，乾隆皇帝於上諭說明：

　　若云仰慕天朝。欲其觀習教化，則天朝自有天朝禮法，與爾國各部相同。爾國所留之人即能學習，爾國自有風俗制度，亦斷不能效法中國。即學會亦屬無用。天朝撫有四海，惟勵精圖治，辦理政務。奇珍異寶並不貴重，爾國此次貢進各物，念其誠心遠獻，特諭該管衙門收納。其實天朝德威遠被，萬國來王，種種貴重之物，梯航畢集，無所不有。爾之正使等所親見。[63]

　　從今日的角度看來，這是一個多麼以自我為中心天朝自信與封閉心態。清朝這種以自我為中心天朝心態持續到十九世紀初；嘉慶皇帝於嘉慶二十一年（1817年）回應英國國王要求貿易敕諭中提到：

　　嗣後爾國王勿庸遣使遠來，徒煩跋涉，但能傾心效順，不必歲時來朝始稱向化也，俾爾永遵，故茲敕諭。[64]

　　上述這樣的心態如何在1900年前後有重大變化，值得再進一步研究。如果研究者僅從光緒二十八年（1902年）沈家本與伍廷芳所在主持

63　參考中國第一歷史檔案館編，《英使馬嘎爾尼訪華檔案史料匯編》，北京，國際文化出版公司，1996，頁77-78。

64　參考中國第一歷史檔案館編，《英使馬嘎爾尼訪華檔案史料匯編》，北京，國際文化出版公司，1996，頁49-50。

修訂法律館上奏說明，認爲清朝政府僅是透過邀請日本法學博士志田鉀太郎、岡田朝太郎、小河滋次郎以及法學士松岡義正等人，協助學習歐洲法律體制；起草民法、刑法與刑民訴訟法草案內容；或許讓人不能瞭解，爲何清朝當時這樣一個世界經濟大國，僅因爲幾次戰爭失利，就願意放棄已經存在千年之久傳統法律體系（祖宗之法）學習他國法律體制，並在學習過程中，如此謙卑且以失去主體性態度學習歐洲法律體系。

　　本章認爲或許我們看到的清朝變法歷程角度應該有所調整。法制史研究者未來如何從清朝末年其他文獻史料，重新建構清朝繼受歐洲法律制度歷程並給予新詮釋，或許將有是一個可以發展的研究脈絡。

　　根據李貴連教授研究，早在1840年第一次鴉片戰爭之後，清朝重要大臣林則徐便開始進行歐洲法律體制翻譯工作。李貴連教授提到，林則徐先生主持翻譯瑞典法學家瓦特爾（Vattel）所著《國際法》部份內容並以《各國律例》爲名出版[65]。中國從1861年開始到戊戌變法之前，30多年間，共翻譯有《萬國公法》、《公法會通》、《公法便覽》、《公法千章》、《公法總論》、《各國交涉公法》等外國法律或法學著作[66]。除了翻譯日本法律之外，早在1866年法國人畢利（Billequin，A. A）來華擔任同文館化學間間天文學教習時，已經將法國法律翻譯成漢文[67]。光緒六年（1880年）清朝同文館出版《法國律例》一書，其內容就包括法國六種法典，《刑律》、《刑名定範》、《貿易定律》、《園林則例》、《民律》與（民律指掌）等[68]。其中法國《民律》占全書內容比重最大；幾乎是全書的二分之一[69]。

65　參考李貴連，〈近代中國法律的變革與日本影響〉收於《近代中國法制與法學》，北京大學出版社，頁70。

66　同前註，頁70。

67　參考李貴連，〈晚清的法律翻譯：《法國民法典三個中文譯本的比較研究》收於《近代中國法制與法學》，北京大學出版社，2002，頁50。

68　同前註，頁50-53。

69　同前註，頁50。

　　過去有關於清朝末年變法歷程的研究，或許侑於檔案出版與取得不易，因此無法全面理解清朝與歐洲法律交流全貌。目前透過出版清朝《宮中檔》與《軍機處》或者清朝《內閣》檔案，可以較爲全面瞭解清朝政府如何從「天朝」觀念走向繼受或學習他國（尤其以歐洲的德國、法國、英國）法律體系歷程。

　　在過去二十多年間，法學界透過沈家本先生文集出版，分析清朝末年之際修訂法律館在《大清新刑律》與《民律》、《商律》草案擬定過程學習與繼受歐洲法律歷程[70]。未來法制史研究者可以在此一研究基礎，繼續追問，清朝在憲政編查館成立之後，繼續繼受歐洲法律制度的歷程？清朝是否也如日本在明治維新時期派遣留學生前往歐洲各國或者日本留學，學習當地法律制度[71]。那些在清朝統治末期，被派往德國、英國或者法國、美國的中國留學生是否繼續在北洋政府時期，中華民國政府時期繼續協助中國認識歐洲各國法律體系，其過程與脈絡爲何？都是未來法制史研究學者可以研究的重要主題。

　　當代法學者如何透過反思華人社會過去百年來繼受歐洲法律制度歷程並研究繼受外國法一百年之後，華人地區法律制度與法律文化跟傳統中國法律制度與法律文化差異爲何？華人社會或東亞各國社會法學研究者，如何在二十一世紀，透過分析過去百年來，向歐洲或美國學習法律制度與法

70　《沈家本全集》共有八卷，主要由中國政法大學法律古籍整理研究所及中國社會科學院法學研究所法制史研究室整理，徐世虹教授擔任主編，沈厚鐸、徐立志、南玉泉等三人擔任副主編，北京，中國政法大學出版社，2008。

71　有關日本如何派遣留學生到德國、法國及英國學習這些國家的法律，請參考田口正樹，〈Santaro Okamatzu in Europa〉，收於《The Hokkaido Law Review》, Vol. 64, July, 2013, Nr.2, pp. 341-372。根據田口正樹教授的研究，明治時期的日本有多位留學生前往歐洲、以德國、法國、英國爲主，學習各國法律。田口正樹教授在論文中指出，二十世紀初許多日本的重要民法學者或刑法學者曾經留學德國、法國或英國。例如穗基陳重、牧野英一、織田萬等都在歐洲學習法律。以岡松參太郎爲例，他在1896年、1897年在德國柏林大學（Friederich-Wilhelms Universitaet zu Berlin）參與下列德國教授之課程：Dernburg（Pandekten）、Eck（Buegerliches Gesetzbuch fuer das Deutsche Reich）、Oertmann、Seckel、Perniche（Roemisches Recht）等課程（344、364-365）。

學理論經驗，創造出一個更適合自己社會新法律體制與法學理論；使得亞洲與歐洲法律交流由單向的交流走向平等且雙向法律交流，是本書作者本章的重要目標。

七、結論

　　本章透過回顧清朝在光緒二十八年（1902年）繼受德國、法國《刑法》、《民法》及《商法》法律體系並從光緒三十三年（1907年）成立憲政編查館，啓動學習歐洲憲政法律體系歷程，反思過去百年來亞洲與歐洲法律交流歷程。

　　透過史料分析，可以瞭解清朝政府在繼受歐洲法律制度之初，確實透過邀請日本法學者，幫助擬定《民律》、《商律》或《新刑律》草案。但是，在光緒三十三年憲政編查館成立之後，清朝政府開始派遣考察憲政大臣與留學生前往德國、法國、英國與美國，主動學習並翻譯歐洲各國憲政體制相關資料。

　　清朝政府從借鏡日本繼受歐洲法律制度經驗到光緒三十三年（1907年）改變態度，積極且主動瞭解英國與德國憲政法律體制並有翻譯成果。目前台灣故宮博物院出版清朝《宮中檔》與《軍機處》奏摺，說明清朝末年對於學習或繼受歐洲憲政法律體系的激烈辯論與修法討論歷程[72]。而，每一個攸關憲政體系（包括資政院、諮議局及各省憲政、官制改變）政策決定與辯論都呈現清朝繼受外國法律制度所進行之轉譯與創造新的法律制度歷程。

　　亞洲地區的法制史研究者，對於過去將近百年繼受歐洲法的經驗，有必要在未來從自己社會或國家主體性角度出發，重新審視繼受外國法律歷

---

72 日本學者曾田三郎，在其專著《立憲國家中國之始動—明治憲法與近代中國》一書中將特別研究清朝政府如何透過日本學習西方憲政。在其書中第二章與第三章特別提到戴澤、端方、達壽、李家駒等人如何參考日本憲政資料認識憲政體制與官制。如果僅看日本學者這個角度的論述不免以爲清朝的中國繼受歐洲憲政法律體系主要是透過日本。參考曾田三郎《立憲國家—中國之始動—明治憲法與近代中國》，京都，思文閣出版，2009，頁59-173，頁294-306，362-368。

程並重新賦予意義[73]。本書作者認為唯有當亞洲各國法學者有能力從亞洲與歐洲法律交流經驗，反思過去百年來繼受他者（歐洲各國）法律體系歷程並思考這個歷程對於自己社會影響，才能透過繼受經驗，創造適合自己社會法律制度。在全球化時代，亞洲法學者如何擺脫僅單方繼受或學習歐洲法律體系處境，發展出具有平等且對話的亞洲與歐洲法律交流，是個值得努力的目標。

---

73 所謂具有主體性的角度出發是指研究者不僅從他者視角觀看自己的法文化，而還需要用自己的主體觀點分析法制史料。本文作者發現過去百年來，日本學者對於中國大陸或台灣法制史的研究非常積極，他們主要從日本觀點研究中國傳統法制或法律繼受歷程這樣的以日本法文化主體角度觀看中國或台灣的研究角度需要在翻譯時被注意，而，如果翻譯者，沒有主體的觀察日本學者著作角度與觀點，將會不自覺以他者觀點觀看自己社會法律文化。

第十章 | 清朝法律制度在當代台灣的延續與斷裂[1]

一、前言

本章主要從台灣當前法律體制尋找清朝法制影響痕跡及變化。台灣曾經在受到清朝統治長達兩百多年（1683-1895），受到日本統治50年（1895-1945）。從1945年開始，中華民國政府法律體制開始在台灣適用。1949年中華人民共和國成立，在當年就廢除1920到1940年代在中國大陸訂定之六法全書法律體制。1949年開始，台灣、金門、澎湖及馬祖等地區成為世界上繼續延續中華民國法律體系的社會。本書將嘗試從台灣1949年到2015年之間尋找清朝法律制度在台灣的延續與斷裂痕跡。

本章分為三部分，首先分析中華民國政府在1949年到台灣之後，如何運用從中國大陸帶來的六法全書法律制度在台灣運用並因應政治局勢變化，以戒嚴法規範及動員戡亂時期法規範改變既有的六法全書法律體制。第二部分則從本書作者在2012年初版之《清代法制新探》一書所分析的清朝法制特色尋找相關制度在台灣的延續與變遷。在此部分主要分析1955年台灣立法院訂定《鄉鎮市調解條例》與清朝審判體制中的「細事」審判制度的相類似之處。第三部分則論述在台灣逐漸透過修法改變的法律制度，主要分析台灣《刑事訴訟法》第27條如何歷經多次修法，改變清朝法制中嚴格限制第三人參與他人訴訟的法規範體制，藉此說明台灣

---

[1] 本章曾經發表於2015年1月20日輔仁大學法學院與北京人民大學法學院合辦「傳統中國法與兩岸當前司法改革」，當時題目為〈清代傳統司法體制與台灣當前司法體制的比較——一個法制史的考察〉。當時論文著重說明清朝某些法制今日仍舊存在台灣；某些法制則因為其精神與當代人權保障法律體制不相符合，在台灣逐漸透過修法而失去影響。

繼受外國法一百多年之後，如何透過立法與修法，逐漸改變清朝法律制度的某些價值選擇，形成新的法律體制。

二、台灣1949到1990年戒嚴時期與動員戡亂時期的法律制度

中國國民黨所主政之中華民國政府在1949年全面從中國撤退來到台灣開始對於台灣進行統治。從1949年到1987年，中華民國政府透過戒嚴令使台灣進入戒嚴時期，對於台灣進行長達38年戒嚴的統治。另外，在1954年中華民國政府通過在中國大陸訂定之《動員戡亂時期臨時條款》，讓台灣進入動員戡亂時期，許多六法全書的法律因此受到限制，無法適用。《動員戡亂時期臨時條款》在台灣於1991年才被宣告終止。

由上面的論述可知，1949到1990年主要規範台灣社會的法律制度並非中國大陸1920年代到1940年代訂定之承平時代法律體制，而是戒嚴令下的特別法規範。這段時間在台灣的國民大會（制憲機關）或立法院（立法機關）的運作不多。不管在憲法的運用或修正或者一般立法或修法活動都不活躍。當時主導台灣社會的法規範主要是戒嚴令與因應《動員戡亂時期臨時條款》所訂定各種法規範[2]。

今日在台灣多數人對於戒嚴令在台灣的施行逐漸淡忘，根據邱國禎的研究，說明戒嚴令是在1949年5月19日由當時台灣省政府及台灣省警備總司令部所頒布，正式名稱爲「台灣地區緊急戒嚴令」[3]。在1948年（民國37年）12月10日，由中國國民黨在中華民國執政時，頒布了全國性的戒嚴。當時台灣省、新疆省、西康省、青海省、及西藏地方則不在戒嚴範圍

2　關於台灣的戒嚴與《動員戡亂時期臨時條款》的訂定背景，參考網頁http://www.southnews.com.tw/ Myword/05/myword0519.htm，上網日期：2015年5月25日。

3　台灣在1947年2月28日就由當時台灣省警備總司令部兼總司令陳儀發布台北市區臨時戒嚴，禁止任何的集會遊行，另外將每日下午8點到翌日上午6點列爲特別戒嚴時間，在此期間除因故搭乘火車或公共汽車外，其餘概不得在市區通行。關於這個臨時戒嚴令可在網頁上看到當時台灣新生日報關於此一佈告的刊登。網頁：http://ip194097.ntcu.edu.tw/course/TOStou/19470301-sinsengpo-kaigiam. asp，請參考網頁http://www.southnews.com.tw/Myword/05/myword0519.htm。

內[4]。

　　1949年（民國38年）5月19日由陳誠以主席兼總司令身分公布的戒嚴令全文可以在維基百科看到。陳誠所公告的戒嚴令包括如下之內容：

一、本部爲確保本省治安秩序，特自五月二十日零時起，宣告全省戒嚴。

二、自同日起，除基隆、高雄、馬公三港口在本部監護之下，仍予開放，並規定省內海上交通航線（辦法另行公布）外，其餘各港，一律封鎖，嚴禁出入。

三、戒嚴期間規定及禁止事項如左：

　　1.自同日起，基隆、高雄兩港市，每日上午一時起至五時止，爲宵禁時間；非經特許，一律斷絕交通。其他各城市，除必要時，由各地戒嚴司令官依情形規定實行外，暫不宵禁。

　　2.基隆、高雄兩市各商店及公共娛樂場所，統限於下午十二時前，停止營業。

　　3.全省各地商店或流動攤販，不得有抬高物價，閉門停業，囤積日用必需品擾亂市場之情事。

　　4.無論出入境旅客，均應遵照本部規定，辦理出入境手續，並受出入境之檢查。

　　5.嚴禁聚眾集會、罷工、罷課及遊行請願等行動。

　　6.嚴禁以文字標語，或其他方法散佈謠言。

　　7.嚴禁人民攜帶槍彈武器或危險物品。

4　全文爲：「查全國各省除新疆、西康、青海、臺灣四省及西藏外，均予實施戒嚴，並劃長江以南各省爲警戒地域，前經民國三十七年十二月十日，依據動員戡亂時期臨時條款之規定，明令公布在案。茲依經行政院會議之決議，將蘇南、皖南各縣及湘、贛、浙、閩、粵、桂六省全部，一併劃作接戰地域，特公布之。此令。代總統李宗仁，行政院院長閻錫山。」資料取自維基文庫。

　參考維基百科，網頁：http://zh.wikipedia.org/wiki/%E6%88%92%E4%B8%A5

8. 居民無論家居外出，皆須隨身攜帶身分證，以備檢查，否則一律拘捕。

四、戒嚴期間，意圖擾亂治安，有左列行為之一者，依法處死刑：

1. 造謠惑眾者。

2. 聚眾暴動者。

3. 擾亂金融者。

4. 搶劫或搶奪財物者。

5. 罷工罷市擾亂秩序者。

6. 鼓動學潮，公然煽惑他人犯罪者。

7. 破壞交通通信，或盜竊交通通信器材者。

8. 妨害公眾之用水及電氣、煤氣事業者。

9. 放火決水，發生公共危險者。

10. 未受允准，持有槍彈或爆裂物者。

五、除呈報及分令外，特此佈告通知[5]。

1949年5月19日發布的戒嚴令要到1987年才由當時的蔣經國總統宣告解嚴。在總統府公報可以看到下面資料[6]：

總統令　中華民國七十六年七月十四日

准立法院中華民國七十六年七月八日（76）台院議字第一六四一號咨，宣告臺灣地區自七十六年七月十五日零時起解嚴。

5　戒嚴令的全文可見維基文庫網頁，參考網頁：http://zh.wikisource.org/wiki/，以戒嚴令關鍵字尋找。上網日期：2015年5月25日。

6　參考台灣總統府公報第4794期，內有1987年（民76年）7月14日解嚴令。但總統府公報內並未有台灣1949之戒嚴令；因為，當時戒嚴令是由台灣省主席兼總司令陳誠發布。關於台灣總統府公報查詢網頁：http://www.president.gov.tw/Default.aspx?tabid=84。

　　總統　蔣經國　　行政院院長　俞國華　　國防部部長　鄭爲元

　　另外，台灣在中華民國政府於1949年12月7日遷至台灣之後，於1954年2月16日透過在臺北召開第一屆國民大會第二次會議決議在中國大陸訂定《動員戡亂時期臨時條款》繼續在台灣有效[7]。目前在台灣總統府公報中僅能查到民國49年（1960年）3月11日總統令公布之「第一屆國民大會第三次會議依照憲法第一百七十四條第一款程序修訂動員戡亂時期臨時條款」。該令之全文如下：

　　總統令　四十九年三月十一日

　　第一屆國民大會第三次會議依照憲法第一百七十四條第一款程序修訂動員戡亂時期臨時條款，茲公布之。此令。總統　蔣中正　行政院院長陳誠

動員戡亂時期臨時條款
　　茲依照憲法第一百七十四條第一款程序制定動員戡亂時期臨時條款如左：
　　總統在動員戡亂時期爲避免國家或人民遭遇緊急危難或應付財政經濟上重大變故得經行政院會議之決議爲緊急處分不受憲法第三十九條或第四十三條所規定程序之限制。

7　1948年3月29日中華民國第一屆第一次行憲國民大會在南京開會時通過之戒嚴令，從1948年4月18日，依憲法第一百七十四條第一款程序制定動員戡亂時期臨時條款，給予總統緊急處分權，不受憲法第39及第43條程序規定之限制並給予總統得能緊急處分當時中共之作亂。民國42年（1953年）3月2日第一屆第二次國民大會在台北開會，選舉蔣中正爲第二次總統。關於國民大會的運作與過程，參考台灣國史館有關國民大會檔案之說明，網頁：http://www.drnh.gov.tw/ImagesPost/6aa4d191-e4cc-430f-8515-484a0df61bd6/6aa4d191-e4cc-430f-8515-484a0df61bd6.pdf。上網日期：2015年5月25日。

前項緊急處分立法院得依憲法第五十七條第二款規定之程序變更或廢止之動員戡亂時期總統副總統得連選連任不受憲法第四十七條連任一次之限制。

國民大會創制複決兩權之行使於國民大會第三次會議閉會後設置機構研擬辦法連同有關修改憲法各案由總統召集國民大會臨時會討論之。

國民大會臨時會由第三任總統於任期內適當時期召集之。

動員戡亂時期之終止由總統宣告之。

臨時條款之修訂或廢止由國民大會決定之[8]。

民國80年4月30日台灣先宣告終止中華民國之動員戡亂時期。當時的總統令內容如下[9]：

總統令　中華民國八十年四月三十日

茲依據動員戡亂時期臨時條款第十項之規定，宣告動員戡亂時期於中華民國八十年五月一日終止。

總統　李登輝　行政院院長　郝柏村

至於動員戡亂時期臨時條款則在民國80年（1991年）5月1日以總統令公布廢止。其內容如下：

總統令　中華民國八十年五月一日

第一屆國民大會第二次臨時會依照中華民國憲法第一百七十四條第一

8　全文取自台灣總統府公報第1104號。相關網頁請參考本章註6。
9　參考總統府公報第5402期，民國80年（1991年）4月30日。

款之規定，議決廢止動員戡亂時期臨時條款，茲公布之。

　　總　統　李登輝　行政院院長　郝柏村[10]

　　而在總統令宣告終止中華民國之動員戡亂時期，在台灣同時以中華民國80年5月1日總統令，通過中華民國憲法第一次增修條文。
　　該憲法增修條文公告文字如下：

　　總統令　中華民國八十年五月一日

　　第一屆國民大會第二次臨時會依照中華民國憲法第二十七條第一項第三款及第一百七十四條第一款之規定，通過中華民國憲法增修條文，茲公布之。

　　總　統　李登輝　行政院院長　郝柏村

　　1991年5月1日的總統令附有中華民國憲法增修條文。這個增修條文先說明這是由中華民國80年4月22日第一屆國民大會第二次臨時會第六次大會所通過，並經中華民國80年5月1日總統公布。另外，增修條文說明修憲的原因如下[11]：

　　為因應國家統一前之需要，依照憲法第二十七條第一項第三款及第一百七十四條第一款之規定，增修本憲法條文如左：……

　　在本章中下面僅列出第五條、第八條、第九條與第十條如下：

10　參考台灣總統府公報，第5403期。
11　參考台灣總統府公報，第5403期。

中華民國80年（1991）5月1日憲法增修條文第五條：

國民大會第二屆國民大會代表應於中華民國八十年十二月三十一日前選出，其任期自中華民國八十一年一月一日起至中華民國八十五年國民大會第三屆於第八任總統任滿前依憲法第二十九條規定集會之日止，不受憲法第二十八條第一項之限制。

依動員戡亂時期臨時條款增加名額選出之國民大會代表，於中華民國八十二年一月三十一日前，與國民大會第二屆國民大會代表共同行使職權。立法院第二屆立法委員及監察院第二屆監察委員應於中華民國八十二年一月三十一日前選出，均自中華民國八十二年二月一日開始行使職權。

第五條的規定給予台灣社會選舉第二屆國民大會代表與立法委員正當性基礎。根據第五條規定台灣才終止長達四十多年第一屆國民大會代表與立法委員的任期。在台灣第一屆國民大會與立法院被稱為「萬年國會」。

民國80年憲法增修條文第八條規定：

動員戡亂時期終止時，原僅適用於動員戡亂時期之法律，其修訂未完成程序者，得繼續適用至中華民國八十一年七月三十一日止。

民國80年憲法增修條文第九條規定：

總統為決定國家安全有關大政方針，得設國家安全會議及所屬國家安全局。行政院得設人事行政局。前二項機關之組織均以法律定之，在未完成立法程序前，其原有組織法規得繼續適用至中華民國八十二年十二月三十一日止。

民國80年憲法增修條文第十條規定：

自由地區與大陸地區間人民權利義務關係及其他事務之處理，得以法律為特別之規定。

由於中華民國政府到台灣之後，對外宣稱其延續中華民國的法統，因此到台灣還是以中國在聯合國代表出席於國際社會。1971年台灣被決定退出聯合國[12]。在台灣總統府公報僅能看到一份有關中國民國常駐聯合國代表團組織條例，暫停適用的總統令[13]：

總統令　中華民國六十二年十一月三十日

中華民國常駐聯合國代表團組織條例，暫停適用。

總統　蔣中正　行政院院長　蔣經國　外交部部長　沈昌煥

本章在本部分說明台灣從1949年以來重要法律制度結構的變遷。台灣從1991年開始，法律制度才回到1947年在中國大陸訂定之《憲法》規範下的法律秩序。從1991年代開始，在台灣歷經多次修憲與各種法律的訂定與修改。在台灣，一直到1987年戒嚴令解除之後，才開始有機會透過立法與修法回應社會需求。

透過上述討論，說明中華民國政府從1949年自大陸撤退開始統治台灣之時，重要的法規範制度內容與其變遷藉，這樣的社會變遷與法律變遷的歷程或許在未來可以跟清朝於1644年入主中國中原地區的法律變遷與

---

12 1971年10月25日第26屆聯合國大會會議就「恢復中華人民共和國在聯合國組織中的合法權利問題」進行表決，在第2758號決議恢復中華人民共和國在聯合國的合法權利。

13 參考總統府公報2658號。

社會變遷的關係進行比較並藉此探討台灣從1949年到1991年特別時期之法律制度與清朝初期統治中國之特別時期法律制度之相同與相異之處。

下面本章將從清朝區分「重罪」與「細事」的審判制度以及清朝對於第三人在審判角色排斥法規範設計，在台灣現行法律制度的延續與變遷；藉此評估清朝法律體制目前對於台灣的影響。[14]此乃延續本書作者在《清代法制新探》一書對於清朝法制特色的觀察與分析並將之延伸到清朝法律與當前台灣法律體制關係的觀察。[15]

三、清朝區分「重罪」與「細事」審判體制以及其在台灣可能延續

當代許多法制史研究者分析清朝審判體系時，主要集中有關清朝區分「重罪與細事」審判系統。事實上，清朝審判體系更為複雜與多元。除了區分「重罪與細事」審判系統外，清朝還有根據旗人身分、官吏身分以及特定區域所設計之審判體系。這些審判體系包括刑部、內務府、都察院、五城步軍統領衙門、順天府及各旗營、城坊及地方有司等衙門[16]。

當代許多中國法制史的研究者將清朝區分「重罪」與「細事」審判體

---

14 本章以下部分主要取自本書作者2015年1月在台灣輔仁大學與大陸人民大學共同舉辦之「傳統中國法與兩岸當前司法改革」研討會的文章，當時論文題目為〈清代傳統司法體制與台灣當前司法體制的比較——個法制史的考察〉請參考本章註1之說明。

15 參考陳惠馨，〈清朝法律的特色—比較法制的參考〉收於《清代法制新探》，台北，五南圖書，第2版，2014，頁147-168。

16 薛允升編《讀例存疑》卷39，刑律之15，訴訟1中列有乾隆四十八年有關「越訴」例文，其內容為：八旗人等如有應告地畝，在該旗佐領處呈遞。如該佐領不為查辦，許其赴部及步軍統領衙門呈遞。其有關涉民人事件，即行文嚴查辦理。若違例在地方官濫行呈遞者，照違制律從重治罪，該管官員俱各嚴行議處。」；另外，嘉慶十年條例內容為：「刑部除呈請贖罪留養外省題咨到部，及現審在部有案者，俱據呈辦理外，其餘一切並無原案詞訟，均應由都察院、五城步軍統領衙門、順天府及各旗營接收，分別奏咨送部審辦，概不准由刑部接收呈詞。至錢債細事、爭控地畝，並無罪名可擬各案，仍照例聽城坊及地方有司自行審斷，毋得概行送部。」。以上《大清律例》條例內容參考日本京都大學寺田浩明先生網頁http://www.terada.law.kyoto-u.ac.jp/dlcy/index.htm，上網日期：2015年4月20日。

制跟近代西方的刑事審判系統與民事審判系統相類比。透過這樣的類比使
得當代人用他們熟悉的歐陸審判制度，想像清朝審判制度。但是，這樣的
類比卻忽略清朝除了《大清律例》規範的審判制度之外，還有其他審判體
系。事實上，清朝審判體系與近代歐陸區分民事、刑事的審判制度結構有
很大差異；任何簡單的類比將會使清朝審判制度的原貌失真。未來中國法
制史研究者，除了分析《大清律例》刑律訴訟門所規範之審判制度外，也
可以進一步針對清朝其他衙門審判系統，包括內務府關於王公貴族的審
判或者關於旗人的審判體系等進行比較全貌性的研究，以呈現清朝多層
次、多元且複雜審判制度全貌。

　　本章下面僅著重分析清朝區分「重罪與細事」的制度設計與思維，在
台灣可能的延續性。[17]透過台灣在1955年立法院通過之《鄉鎮調解條例》
訂定背後思考與清朝《大清律例》區分「細事」與「重罪」之審判制度思
考比較，尋找清朝法律思想在台灣的延續性。本章認爲清朝法律制度設計
區分「細事」與「重罪」背後有一定訴訟制度設計考量。究竟區分「細
事」與「重罪」的考量邏輯爲何？他跟所謂的訴訟經濟或訴訟本質關連性
爲何？或者他跟清朝統治的統治策略有無關連等，都有待更深入研究與分
析。另外，當代人往往認爲清朝法規範在程序規定上比不上當代民事訴訟
法或刑事訴訟法設計的精密度，甚至以爲清朝法律制度中程序規範太過
簡略的想法是否眞實，也值得未來深入研究[18]。本章僅討論清朝區分「細

17　日本滋賀秀三教授或美國黃宗智教授，將清代「命盜重案」與戶婚、田土、錢債等細事」區分跟歐
　　陸當代審判體系區分「民事案件」與「刑事案件」相類比。台灣法社會學研究者林端教授對於滋賀
　　秀三、黃宗智及多位學者對於中國古代法律論述有深入分析。林端教授也將清代審判區分爲刑事案
　　件（命盜重案），民事案件（戶婚田土錢債等細事）。參考林端，《韋伯論中國傳統法律—韋伯比
　　較社會學的的批判》，台北，三民書局，2003，頁58-93，頁93-101。另，參考里贊，《晚清州縣訴
　　訟中的審斷問題—側重四川南部縣的實踐》，北京，法律出版社，2010，頁65。
18　當代法制史研究者對於清朝審判制度另外一個刻板印象是認爲清朝有關訴訟程序法規範太過簡略。
　　但是如果分析《大清律例》中各種程序法規範，可以發現他其複雜性。《大清律例》（刑律）「訴
　　訟門」共有12個「律」文以及律文之後94個「例」。而12個「律文及94個例內容內涵如果以今日法
　　規範模式或許需要數百條條文加以規範。

事」與「重罪」審判制度思考，尤其是有關「細事」糾紛解決思考，在台灣可能的延續。

根據《大清律例》規定，細事包括戶婚、田土、錢債、鬥毆、賭博等案件。雍正六年於《大清律例》（刑律）訴訟門，「越訴」律訂定許多新的條例，規定「細事」審判管轄衙門；例如規定細事應於「事犯地方告理」，「不得於原告所住之州縣呈告」。這種關於審判管轄衙門規定跟當代民事訴訟法與刑事訴訟法有關法院管轄的規定有一定類似性。《大清律例》（刑律）訴訟門，「越訴」有關管轄機構的規定如下：

> 戶婚、田土、錢債、鬥毆、賭博等細事，即於事犯地方告理，不得於原告所住之州縣呈告。原籍之官，亦不得濫准。行關彼處之官，亦不得據關拘發，違者，分別議處。其於事犯地方官處告准，關提質審，而彼處地方官匿犯不解者，照例參處。[19]

乾隆五年也在《大清律例》（刑律）訴訟門，「告狀不受理條」限定每年一定時間內（自四月初一日至七月三十日）因為時正農忙，戶婚、田土等細事，一概不准受理。該條例規定：

> 每年自四月初一日至七月三十日，時正農忙，一切民詞，除謀反，叛逆、盜賊、人命、及貪贓壞法等重情，並姦牙、鋪戶騙劫客貨，查有確據者，俱照常受理外，其一應戶婚、田土等細事，一概不准受理。自八月初一日以後，方許聽斷。若農忙期內受理細事者，該督撫指名題參。[20]

另外，清朝運用設立循環簿，記載州縣自行審理之戶婚田土等項事務，用以控制當時州縣所負責審理的細事案件審判進度。雍正七年於

---

19 此一條例係在雍正六年於大清律例刑律訴訟門越訴條新增的條例。

20 此一條例原來在康熙27年就訂定，後在乾隆5年修改。

《大清律例》（刑律）訴訟門，「告狀不受理條」增加下面規定：

　　州縣自行審理一切戶婚田土等項，照在京衙門按月註銷之例，設立循環簿，將一月內事件填註簿內，開明已、未結緣由，其有應行展限及覆審者，亦即於冊內註明，於每月底送該管知府、直隸州知州查核循環輪流註銷。其有遲延不結，朦混遺漏者，詳報督撫咨參，各照例分別議處。

　　為何清朝要區分「細事」與「重情」兩種不同審判處理類型。其背後的思考為何？他是否是一種訴訟經濟考量或者是一種針對糾紛型態而設計的制度，到目前為止，相關討論不多。但是有趣的是，在台灣繼受外國法將近一百多年了，卻在特定的法規範中有類似清朝「細事」的糾紛處理機制，這個機制是《民事訴訟法》外的糾紛解決制度，也就是《鄉鎮調解條例》。

　　《鄉鎮調解條例》在台灣於1955年在立法院通過。在這之前，台灣從1895年到1945年之間處於日本統治殖民時期。日本在1922年開始有系統的將現代西方法律制度引進台灣，並在台灣建立現代西方審判制度並建築新式法院。而從1945年開始，台灣開始適用在中國大陸訂定之現代西方六法全書法律體系；而如前面所說，這套在中國大陸訂定的六法全書法律制度從1949年開始，被共產黨政府在中國大陸宣告廢止，因此僅在台灣、金門、馬祖及澎湖等地區適用。

　　既然清朝《大清律例》區分「細事」與「重情」審判制度在台灣從1895年不再是有效的審判制度。但是，為何在台灣當代法律體系中，卻對於類似清朝細事等特定私法糾紛，例如債務案件或損害賠償案件；以及告訴乃論的刑事案件，例如車禍案件或毀謗案件等訂定《鄉鎮調解條例》加以處理。

　　比較《鄉鎮調解條例》所處理的案件類型跟清朝「細事」審判的案件類型有一定的相類似性。《鄉鎮市公所調解條例》在1955年4月通過。第一條規定：

　　鄉鎮公所應依本條例之規定設置調解委員會，辦理左列調解事項：
一、民事事件。二、告訴乃論之刑事事件，其最重本刑在三年以下者。

　　《鄉鎮市公所調解條例》於1982年及2005年修改，現在此條規定：

　　鄉、鎮、市公所應設調解委員會，辦理下列調解事件：一、民事事
件。二、告訴乃論之刑事事件。

　　這一條所規定之「民事事件及告訴乃論之刑事事件」之範圍類似清朝
戶婚、田土等民間詞訟細事案件。目前在台灣社會《鄉鎮調解條例》對
於糾紛解決有重要意義。從台灣司法院統計處編印之《司法統計年報》顯
示，台灣每年法院核定之鄉鎮市公所調解案件，民國93年（2004年）有
83,521件，民國102年（2013年）有111,456件[21]。台灣《鄉鎮調解條例》
有關民間糾紛的解決或許可以說是清朝法制在台灣社會的延續[22]。
　　《鄉鎮調解條例》在台灣於民國44年（1955年）公布，根據當時立
法討論紀錄，立法委員劉崇齡的說明這個法律跟中國傳統社會對於訴訟看
法之關連性：

　　凡一個案件經過法院判決之後，雖然很公正。但是敗訴之一方面始終
不承認自己沒有理由，認為自己很合道理。而且為顧全面子關係一經敗訴
氣憤難平，因此對於勝訴者發生許多仇恨，往往歷子孫數代這種仇恨仍然

21　以上資料取自民國102年司法統計年報http://www.judicial.gov.tw/juds/index1.htm，地方法院表48有關
　　地方法院辦理鄉鎮調解事件審核情形－按年別分。另外在同一統計年報顯示地方法院表5有關地方
　　法院辦理民事事件收結件數－按年別分，顯示2013年收結民事案件約2,530,089件。
22　參考，中正大學法學院蕭閔謙碩士論文，《撰鄉鎮市調解制度之研究─以道路交通事故調解為
　　例》，指導教授：郝鳳鳴博士，民國102年（2013年）5月，內容共有133頁及東海大學法律學系研
　　究所陳逸紋碩士論文，《我國鄉鎮市調解制度與中國人民調解制度之比較研究》。指導教授為石佳
　　立博士與梁松雄博士，2013年1月。

存在。若是經過鄉鎮調解，這種仇恨可以消除。因爲經過雙方同意，才能調解。調解成立後，自然不會有什麼仇恨[23]。

　　除了《鄉鎮調解條例》之外，在台灣目前有許多法規範也設有調解制度，例如2012年立法通過《家事事件法》，在第23條規定：

　　家事事件除第三條所定丁類事件外，於請求法院裁判前，應經法院調解。前項事件當事人逕向法院請求裁判者，視爲調解之聲請。但當事人應爲公示送達或於外國爲送達者，不在此限。除別有規定外，當事人對丁類事件，亦得於請求法院裁判前，聲請法院調解。

　　《家事事件法》第24條規定：

　　關於未成年子女權利義務行使負擔之內容、方法及其身分地位之調解，不得危害未成年子女之利益。[24]

　　不僅台灣如此，在中國大陸於2010年8月28日也通過《中華人民共和國人民調解法》。在第1條規定：

　　爲了完善人民調解制度，規範人民調解活動，及時解決民間糾紛，維護社會和諧穩定，根據憲法，制定本法。

　　該法規並未規定哪些民間糾紛屬於本法調解對象，僅在第2條規定：

23　請參考立法院公報43卷13期號4冊，頁63-66紀錄。會議時間爲43年（1954年）4月27日二讀的討論。
24　有關《家事事件法》規定參考台灣《全國法規資料庫》網頁：http://law.moj.gov.tw/LawClass/LawAll.aspx?PCode=B0010048，上網日期：2015年4月20日。

本法所稱人民調解，是指人民調解委員會通過說服、疏導等方法，促使當事人在平等協商基礎上自願達成調解協議，解決民間糾紛的活動。

《中華人民共和國人民調解法》第22條規定：

人民調解員根據糾紛的不同情況，可以採取多種方式調解民間糾紛，充分聽取當事人的陳述，講解有關法律、法規和國家政策，耐心疏導，在當事人平等協商、互諒互讓的基礎上提出糾紛解決方案，說明當事人自願達成調解協議。

有趣的是《中華人民共和國人民調解法》並未明確說明，何謂民間糾紛？他屬於哪一種法律所規範的糾紛範圍？如何確定哪些糾紛屬於《中華人民共和國人民調解法》規定可以由人民調解委員會介入之糾紛？無法從法規範內容得知。

目前中國大陸司法部司法研究所在2012年10月發布〈人民調解制度發展研究報告〉說明，當時全國人民調解組織有82.4萬個，人民調解員有494萬人[25]。根據這份報告說明：

「民間糾紛」是一個特定的概念，既不同於法律上的「民事糾紛」，也不同於通常稱的「社會矛盾」或者「人民內部矛盾」等術語，是對於那些具有普遍性、多發性、廣泛性，情節比較簡單，法律後果比較輕微等特點的多種糾紛的概括，其具體種類和範圍隨著社會的發展而不斷變化。如婚姻家庭鄰里糾紛，贍養、扶養糾紛、房屋宅基地糾紛、損害賠償糾紛、生產經營糾紛及新形勢之下突現的有關土地承包、經濟合同、計畫生育、村務管理方面的糾紛。有關企業轉制、破產、租賃、兼併和轉讓過程

---

25 該報告全文請參考司法部司法研究所網頁：http://www.moj.gov.cn/yjs/content/2012-10/18/content_2787430.htm?node=30053，上網日期：2015年4月20日。

中引發的勞動爭議糾紛，有關市政建設、危舊房改造中徵地拆遷、安置補償、噪音擾民、物業管理、房地產買賣等方面的糾紛。[26]

上面這個由中國大陸司法部司法研究所在2012年10月發布〈人民調解制度發展研究報告〉有關何謂民間糾紛的說明包山包海，從內容無法看出他跟清代「重罪與細事」制度關連性。倒是在台灣的《鄉鎮調解條例》的處理範圍很明顯跟清朝《大清律例》（刑律）「訴訟門」規範「細事」範圍有一定相類似性，這個相類似性能或許可以代表台灣社會延續清朝訴訟糾紛解決思考方式。

四、清朝對於第三人在審判角色設計與其在台灣訴訟制度的變化

清朝法律制度對於第三人參加他人訴訟有嚴格限制。而1934年在中國大陸訂定的《刑事訴訟法》第27條開始給予第三人參與訴訟的可能。當時第27條規定：

被告於起訴後，得隨時選任辯護人。被告之法定代理人、配偶、直系或三親等內旁系血親或家長、家屬，得獨立為被告選任辯護人[27]。

這個規定跟清朝《大清律例》（刑律）「訴訟門」「教唆詞訟律」嚴格限制訴訟外第三人參與他人的訴訟的規定開始有所不同。而在過去多年來，台灣立法院對於《刑事訴訟法》第27條有多次修改，逐漸擴大第三人參與他人刑事訴訟的可能。

下面先說明清朝有關第三人參與他人訴訟的限制規定。清朝末年《大

---

26 本段文字取自〈人民調解制度發展研究報告〉，參考同前註之網頁。

27 關於刑事訴訟法第27條的變遷請參考台灣立法院的法律系統有關法條沿革之網頁：http://lis.ly.gov.tw/lgcgi/lglaw?@@846930886，上網日期：2015年5月25日。

清律例》（刑律）「訴訟門」「教唆詞訟律」有12條例文加以補充。在薛允升編《讀例存疑》可以看到這條律文所附條例的演變。例如「例1」及「例2」主要參考明朝《問刑條例》規定並經雍正朝，乾隆朝修訂[28]。

　　在《大清律例》於刑律「教唆詞訟律」規定，地方官要查拏禁緝教唆詞訟的訟師：

　　　　凡教唆詞訟，及爲人作詞狀，增減情罪，誣告人者，與犯人同罪。若受雇誣告人者，與自誣告同。受財者，計贓，以枉法從重論。其見人愚而不能伸冤，教令得實，及爲人書寫詞狀，而罪無增減者，勿論。

　　雍正三年並增加條例規定：

　　　　代人捏寫本狀，教唆或扛幫赴京，及赴督撫並按察司官處，各奏告強盜、人命重罪不實並全誣十人以上者，俱問發近邊充軍。

　　爲了降低訟師危害擾民，乾隆元年於「教唆詞訟律」增加例文規定：

　　　　訟師教唆詞訟，爲害擾民，該地方官不能查拏禁緝者，如止係失於覺察，照例嚴處。若明知不報，經上司訪拏，將該地方官照姦棍不行查拏例，交部議處。

　　除此之外，《大清律例》（刑律）訴訟門「教唆詞訟律」也禁止人民刻印或購買訟師密本。乾隆七年增加「教唆詞訟律」例文規定：

　　　　坊肆所刊訟師秘本如《驚天雷相角》、《法家新書》、《刑臺秦鏡》

28　參考日本京都大學寺田浩明先生網頁所載薛允升編，《讀例存疑》，http://www.terada.law.kyoto-u.ac.jp/dlcy/index.htm，上網日期：2015年4月20日。

等一切搆訟之書，盡行查禁銷燬，不許售賣。有仍行撰造刻印者，照淫詞小說例，杖一百，流三千里。將舊書復行印刻及販賣者，杖一百，徒三年。買者，杖一百。藏匿舊板不行銷燬，減印刻一等治罪。藏匿其書，照違制律治罪。其該管失察各官，分別次數交部議處。

　　清朝這種嚴格禁止第三人參與他人訴訟規定，跟德國1495年《帝國法院組織法》明確允許第三人參與他人訴訟的設計有所不同。[29]

　　德國在1495年帝國法院組織法規定代理人（Prokuratoren）及Advokaten（辯護人），得協助當事人進行訴訟[30]。《帝國法院組織法》第六條代理人宣誓規定及第七條有關辯護人宣誓內容可以看到德國神聖羅馬帝國採取鼓勵第三人參與他人訴訟制度。例如第六條規定（Amtseid der Prokuratoren）：

　　由帝國法院所接受的發言者必須是有經驗且受過教育，還要受到國王或皇帝或者帝國法院法官的肯定並向聖靈發誓他將對於他所接受代理的當事人完全的支持並對於他們的法律訴訟盡其最好的知識與良心認真的研究。

　　他不會錯誤的陳述且不會由自己或他的當事人惡意的拖延訴訟。他不得針對他所代理的法律事務跟他的當事人進行特定安排，他不得將他從當事人之處取得的秘密信息，基於傷害他的當事人目的給與他人。

　　要尊敬法院及法院的人事。在法院之前虔誠的出庭並避免違反法院的規定，不得與當事人在法院訂定的酬勞外，協商提高酬勞之事。如果跟他的當事人因為酬勞發生衝突，由同一法院的法官或指派之人決定並接受其決定。

29　神聖羅馬帝國在1495年通過的「帝國組織法」僅有32個條文，原文可在下面網站查到，http://ra.smixx.de/Reichskammergerichtsordnung_1495.pdf，上網日期：2014年12月30日。

30　相關討論請參考陳惠馨，《清代法制新探》，台北，五南圖書，2014，第二版，頁165-166。

　　對於他所接受的法律事件不能無理由的不受理而且應該從頭到尾以誠信代理當事人且不可以有惡意的行為。[31]

　　在第七條有關辯護人宣誓規定：

　　同樣的辯護人也必須根據上面條文寫的進行宣誓，對於他的當事人基於維護其權利加以建議及爲其利益行動。[32]

　　上面德國的類似規定在1934年中國大陸訂定《刑事訴訟法》第27條納入。而台灣《刑事訴訟法》第27條在過去數十年來歷經多次修正，每次的修正都在擴大第三人參與他人訴訟的可能。這呈現台灣訴訟審判制度逐漸將我們所學習繼受之德國訴訟制度精神，也就是德國《帝國法院組織法》所規定給予訴訟外第三人參與訴訟制度，支持當時人主張訴訟的精神，在台灣審判制度實踐。

　　台灣《刑事訴訟法》第27條規定，共歷經民國56（1967年），民國71年（1982年），民國86（1997年）以及民國103年（2014年）修正。每一次的修正都在給予訴訟當事人更多選任辯護人之權利[33]。

　　民國56年刑事訴訟法第27條將原來法律規定「被告得於起訴候選任辯護人」改爲「被告得隨時選任辯護人」[34]。這次的修法也給予被告之法

31　同前註，陳惠馨，《清代法制新探》，頁165。

32　同前註，頁166。

33　刑事訴訟法的修法歷程請參考立法院法律系統網頁及全國法規資料庫網頁，http://law.moj.gov.tw/LawClass/LawHistory.aspx?PCode=C0010001。

34　台灣刑事訴訟法在民國56年（1967年）有大幅度的修正，相關修正的討論請見立法院法律系統網頁以及立法院公報56卷38期號13冊5-429頁，55卷37期號9冊82-114頁；55卷37期號9冊114-122頁；55卷37期號12冊84-125頁（以下均爲卷37期）；13冊420-445頁；15冊98-107頁；18冊88-115頁；18冊114-115頁；55卷38期號4冊164-171頁；（以下均爲第38期）6冊140-166頁；7冊16-42頁；8冊53-77頁；9冊21-23頁；9冊60-95頁；10冊26-56頁；10冊74-117頁；11冊51-89頁；11冊113-144頁；12冊12-51頁；12冊76-107頁；13冊444-454頁。總共歷經55年7月1日到56年1月13日。

定代理人、配偶、直系或三親等內旁系血親或家長、家屬，得獨立爲被告選任辯護人之權利。

　　台灣於1982年7月修正《刑事訴訟法》時，再度擴充第27條的規定，修改後的第27條不僅給予被告隨時選任辯護人之權利也給犯罪嫌疑人選任辯護人之權利。修改後的《刑事訴訟法》第27條規定：

　　被告得隨時選任辯護人。犯罪嫌疑人受司法警察官或司法警察調查者，亦同。被告或犯罪嫌疑人之法定代理人、配偶、直系或三親等內旁系血親或家長、家屬，得獨立爲被告或犯罪嫌疑人選任辯護人。

　　在立法院提出的法律修訂理由書說明，本條修訂主要使起訴前被告亦得隨時選任辯護人。另外，說明：本法對於涉嫌犯罪而受司法警察官或司法警察調查中，尚未移送檢察官者，稱曰「犯罪嫌疑人」，其權益亦有保護之必要，爰於本條第一項增訂「犯罪嫌疑人受司法警察官或司法警察調查者，亦同」一句，以示犯罪嫌疑人亦有選任辯護人之權[35]。

　　1997年10月台灣立法院再度修正《刑事訴訟法》第27條規定：

　　被告得隨時選任辯護人。犯罪嫌疑人受司法警察官或司法警察調查者，亦同。被告或犯罪嫌疑人之法定代理人、配偶、直系或三親等內旁系血親或家長、家屬，得獨立爲被告或犯罪嫌疑人選任辯護人。被告或犯罪嫌疑人因智能障礙無法爲完全之陳述者，應通知前項之人得爲被告或犯罪嫌疑人選任辯護人。但不能通知者，不在此限。

　　而爲了更徹底保障訴訟被告或犯罪嫌疑人之權利，台灣在2014年12

35　關於第27條在1982年的修法理由請參考台灣立法院法律系統網頁：http://lis.ly.gov.tw/lgcgi/lglaw?@224:1804289383:f:NO%3DE04552*%20OR%20NO%3DB04552$$10$$$NO-PD，上網日期：2015年5日。

月修正並於2015年1月生效之《刑事訴訟法》第27條規定：

> 被告得隨時選任辯護人。犯罪嫌疑人受司法警察官或司法警察調查者，亦同。
> 被告或犯罪嫌疑人之法定代理人、配偶、直系或三親等內旁系血親或家長、家屬，得獨立爲被告或犯罪嫌疑人選任辯護人。
> 被告或犯罪嫌疑人因精神障礙或其他心智缺陷無法爲完全之陳述者，應通知前項之人得爲被告或犯罪嫌疑人選任辯護人。但不能通知者，不在此限。

在立法理由中說明，原來條文第三項通知選任辯護人規定，僅限智能障礙者，爲避免其他心智障礙，如自閉症、精神障礙、失智症等族群有此需求但被排除，特參考民法第14條、刑法第19條修正爲精神障礙或其他心智缺者，擴大於所有心智障礙類族群[36]。

透過上面有關台灣《刑事訴訟法》第27條多次修改歷程之說明，本書作者想呈現台灣社會如何從一個不鼓勵第三人參與他人訴訟的社會走向一個給予第三人（主要是辯護人），參與他人審判的制度。這個制度讓一個犯罪嫌疑人或被告有聘請辯護人或指定公設辯護人爲其辯護的可能。而一次又一次《刑事訴訟法》的修法說明一個社會要跟傳統法律文化告別需要一些時間與過程。

最後本書作者要特別說明台灣在2004年通過《法律扶助法》。這個法律給予無資力聘請律師爲其辯護的人，得到法律扶助的可能。《法律扶助法》第一條規定：

> 爲保障人民權益，對於無資力，或因其他原因，無法受到法律適當保護者，提供必要之法律扶助，特制定本法。

36　關於本條修正之理由請見立法院法律系統之網頁，有關法條沿革部分，網頁同註34。

《法律扶助法》第2條還規定：

本法所稱法律扶助，包括下列事項：一、法律諮詢。二、調解、和解。三、法律文件撰擬。四、訴訟或仲裁之代理或辯護。五、其他法律事務上必要之服務及費用之扶助。六、其他經基金會決議之事項。

透過上述有關《刑事訴訟法》第27條的修正以及《法律扶助法》的訂定內容，說明台灣社會逐漸透過一次又一次的修法，改變清朝法律制度不鼓勵第三人參與訴訟的制度設計。這顯示台灣社會的法律制度對於人民爭取權利保障的支持；這跟清朝審判制度排除或限制第三人參與訴訟的設計有所不同。

五、結論

本章透過分析台灣在1949到1990年的戒嚴時期與動員戡亂時期的法律制度；並嘗試從台灣在過去六十年來，法律制度的變遷以及清朝法律制度的特色分析清朝法律制度在台灣的延續與變革歷程。清朝審判制度區分「重罪」與「細事」以及台灣《鄉鎮調解條例》或其他法律所設計之調解制度，是否跟清朝法律制度中有關「細事」審判制度之想像有一定的關連性，值得進一步檢驗，但從上述相關法律制度的內容，可以看到清朝法律制度跟台灣現有法律制度高度相類似性。

而從清朝《大清律例》對於第三人參與他人訴訟的禁止規範與台灣過去多年來，修改《刑事訴訟法）第27條內容，給予被告或犯罪嫌疑人在起訴前（警局與檢察署）的偵查以及起訴後之審判過程，得到訴訟外第三人（辯護人）的支持與幫助，說明台灣逐漸改變清朝社會嚴格禁止第三人參與他人訴訟或審判的制度設計。另外，透過台灣訂定《法律扶助法》也說明台灣社會目前更積極給予訴訟中當事人更實質訴訟支持。

在本書第一章，本書作者強調法制史研究者可以進一步研究不同地區的華人社會，在過去一百多年如何透過繼受外國法律體制，逐漸跟清朝

的法制告別？或者在不同的生活層面，這些法規範的變遷或維持如何進行？本書作者在第一章也提到，清朝整體法律體制，在不同地區的華人社會真的已經走入歷史了嗎？如果是？他們脫離清朝法制的脈絡為何？僅透過改變法規範規定，就能改變一個社會嗎？在不同華人地區，是否在經過一百年之後，整體社會中法律制度或法律思維均已經由外來法律體制的內涵所取代？有無可能，在不同地區華人社會，事實上還各自保留著某些清朝法律體制形式或價值內涵？

　　在本章中，本書作者嘗試從台灣1949年戒嚴到1991年解嚴時期法律規範以及從1955年訂定之《鄉鎮調解條例》以及1967年、1982年、1997年以及2014年《刑事訴訟法》第27條的修正歷程說明，在台灣清朝法律體制可能的延續與變遷。本書作者希望藉此嘗試，引發更多華人社會法學或法制史研究者，將過去一百年來繼受外國法之華人社會法律制度之變遷情形與傳統清朝法制進行比較研究。希望透過這樣的比較研究找出在當代華人社會融合傳統中國法律制度與繼受外國法律制度的各種可能範式，以便脫離被外國法學與法律殖民的困境。

國家圖書館出版品預行編目資料

多元觀點下清代法制／陳惠馨著. — 初版.
— 臺北市：五南, 2015.07
　　　面；　　公分.
ISBN 978-957-11-8166-0（平裝）

1.中國法制史　2.清代

580.927　　　　　　　　104010808

1QA6

多元觀點下清代法制

作　　　者 ─ 陳惠馨(263.3)

發 行 人 ─ 楊榮川

總 編 輯 ─ 王翠華

主　　編 ─ 劉靜芬

責任編輯 ─ 張婉婷

封面設計 ─ 佳慈創意設計

出 版 者 ─ 五南圖書出版股份有限公司

地　　　址：106台北市大安區和平東路二段339號4樓

電　　　話：(02)2705-5066　　傳　　真：(02)2706-6100

網　　　址：http://www.wunan.com.tw

電子郵件：wunan@wunan.com.tw

劃撥帳號：01068953

戶　　　名：五南圖書出版股份有限公司

法律顧問　林勝安律師事務所　林勝安律師

出版日期　2015年7月初版一刷

定　　　價　新臺幣380元